课堂教学新样态丛书

# 决胜课堂 28 招

沈 杰 ◎ 主编

丛书主编 杨四耕

华东师范大学出版社
·上海·

图书在版编目(CIP)数据

决胜课堂 28 招/沈杰主编. —上海:华东师范大学出版社,2022
(课堂教学新样态丛书)
ISBN 978 - 7 - 5760 - 2625 - 2

Ⅰ.①决… Ⅱ.①沈… Ⅲ.①课堂教学-教学法-小学 Ⅳ.①G622.421

中国版本图书馆 CIP 数据核字(2022)第 033105 号

课堂教学新样态丛书
## 决胜课堂 28 招

丛书主编　杨四耕
主　　编　沈　杰
责任编辑　刘　佳
项目编辑　林青荻
特约审读　郑　月
责任校对　董　亮　时东明
装帧设计　卢晓红

出版发行　华东师范大学出版社
社　　址　上海市中山北路3663号　邮编 200062
网　　址　www.ecnupress.com.cn
电　　话　021-60821666　行政传真 021-62572105
客服电话　021-62865537　门市(邮购)电话 021-62869887
地　　址　上海市中山北路3663号华东师范大学校内先锋路口
网　　店　http://hdsdcbs.tmall.com

印　刷　者　上海商务联西印刷有限公司
开　　本　787×1092　16 开
印　　张　16.25
字　　数　151 千字
版　　次　2022 年 4 月第 1 版
印　　次　2022 年 4 月第 1 次
书　　号　ISBN 978-7-5760-2625-2
定　　价　52.00 元

出版人　王　焰

(如发现本版图书有印订质量问题,请寄回本社客服中心调换或电话 021-62865537 联系)

## 编委会

**主 编**

沈 杰 秦 红

**副主编**

朱世斐

**编 委**

李 丽 李 超 宗若兰

# 被重新定义的课堂

苏联教育家赞科夫在《教学与发展》一书中指出：课堂教学必须"使班上所有的学生都得到一般发展"。也就是说，课堂教学要引导学生在认知、情感、技能等方面发生整体改变，在思维方式、情感体验、思想境界、为人处世等维度发生实质性变化；课堂教学应释放出生命感、意义感、眷注感、智慧感、美妙感、意境感、期待感……

长久以来，我们的课堂特别重视知识传承，以致许多学生能从容应对考试，却在生活中显得无能。有一位德国专家说："你们的教科书比我们的教科书厚，你们的题目比我们的题目难，但是你们得买我们的货。"这句话给我们的教育敲响了警钟，值得每一个人思考：请给知识注入生命，用经验激活知识，用智慧建构知识，用情感丰富知识，用心灵感悟知识，用想象拓展知识，让知识变得鲜活，让孩子们领悟到生命的伟岸！课堂教学是思想与思想的碰撞，是心灵与心灵的相遇，是生命与生命的对话，让我们用热情去拥抱课堂——课堂是眷注生命的地方。

我们必须清醒：如果把揭示人生的意义看作是认识论的任务，我们就永远不可能把这个意义揭示出来，因为，知识的增长并不一定使生活变得完美。当认识、知识成了第一性的东西，情感和意志便成了奴仆。这样，一个人受的教育越多，他们的思想就越会被包裹在一层坚实的知识硬壳之中。其实，臻达人性完美需要"另一种"教学，这种教学与理解融合，教学本身即理解，理解本身即教学。教学是生命意义的澄明，使人不断地自我超越，"不停地'进入生活'，不停地变成一个人"。说白了，课堂里蕴涵着"人是什么"的答案。因此，在一般意义上，教学即对理解的自觉追求；在终极意义上，教学即理解。它们共同揭示了一个深刻的道理：课堂是善解人意的地方。

俄国教育学家乌申斯基曾经说过："教育的主要目的在于使学生获得幸福，不能为任何不相干的利益而牺牲这种幸福。"诺丁斯也提过："一种好的教育就应该极大地促进个人和集体的幸福。"课堂教学是师生双边活动，没有教师幸福地教，也就没有学生幸福地学。当老师和学生积极参与到课堂教学之中，让生命释放意义感，他们就能在丰富多彩的教学活动中成长，获得生命意义上的幸福感。幸福是人类的永恒情结，课堂教学不仅应给人高品位的精神生活，而且应给人高品位的幸福体验。从一定意义上说，课堂是守望幸福的地方。人的一生能否过得幸福，很大程度上取决于他今天在课堂生活中能否获得幸福。这或许就是课堂教学的深刻意义所在。

我们的课堂善用纪律规范行为，用训练规约思想，却漠视人的情感与独特感受，课堂因此没有了盎然的生气。课堂理应是春暖花开的地方，宁静，安全，温馨，轻松。在这里，有家的感觉，不用担心"万一说错了怎么办"，孩子们敢于说"我有不同的想法""老师，你讲错了"；在这里，孩子们不怕"露怯"，不怕"幼稚"，能道出困惑，能露出观点，能形成质疑；在这里，有诗情画意，有奇思妙想，有思维碰撞，有情景，有灵气，课堂因此有了一种奇妙的意境感。

课堂也是为放飞梦想而存在的。孩子们充满想象，面对这个世界，他们无拘无束，内心有太多美好的期待。他们渴望走向社会，走进自然。课堂是广袤的天地，上下五千年，纵横数万里，任你穿越。课堂中心、书本中心、教师中心，多么不堪一击！课堂教学要回归曾经远离了的生活世界，穿越时间隧道，把过去、现在、未来浓缩在一起，跨越空间的界碑，让孩子们享受人类文明的成果。由此，课堂是凝视梦想的地方，这里有未来，有远方，有充满张力的诗……

怀特海说："教育只有一个主题，那就是五彩缤纷的生活。但我们没有向学生展现生活这个独特的统一体，而是教他们代数、几何、科学、历史，却毫无结果；……以上这些能说代表了生活吗？"怀特海的观点是令人深思的：知识并不代表生活，生活需要智慧。很多时候，课堂与知识无关；课堂是一种态度、一种生活。有什么样的态度，就有什么样的生活。课堂教学的核心意义在于传递生活态度，让孩子们彻底明白：生命的厚度在于拥有静谧的时光，让心灵溢满宁静与幸福。这样，课堂教学有效性就能提高，课堂就不再是每一分钟都压得学生"喘不过气来"。无论如何，我们应该懂得，课堂是一个酝酿牵挂的地方。

派纳在《健全、疯狂与学校》一文的结语中说："我们毕业了，拿到了证书却没有清醒的头脑，知识渊博却只拥有人类可能性的碎片。"这多么令人深思啊！当人的需要、价值、情感被淹没在单纯的知识目标之中，生命感在这里便荡然无存。将课堂教学视为纯粹的认识活动，片面发展人的认识能力，看不到人的整体"形象"，特别是作为"在场的人"的"整体形象"被抽象；放眼世界，人之精神远遁，迷失于庞大的"静止结构"，这便是"教学认识论"的"悲剧范畴"。其实，课堂是一个意义时空，教学即谈心，学习即交心。当我们真正把学生看作活生生的人，就会发现：原来，课堂是点亮心灵的地方。

课堂教学是富含智慧和艺术的活动。只有把教师的主导性和学生的主动性都激发出来，才能算作真正的课堂教学。说白了，课堂是智慧碰撞的地方。课堂教学要善于抓住转瞬即逝的思维亮点，促成智性的提升和灵性的妙悟。如何围绕教学目标，理清教学思路，选用教学方法，驾驭教学机制，促进孩子们智性跃迁与灵性发展？如果我们只是单纯地传授知识，教师拼命讲，学生认真听、被动地接受，长此以往，学生的大脑便会"格式化"，发展便得不到真正的保障，他们只能在大脑中形成直线型知识反馈通路，无法呈现富有生命情愫的、饱满的人的形象！

对于课堂，我们可以有无穷的定义。一位哲人曾经说过："一种文化首先意味着一种眼光"，"眼光不同，对所有事情的理解就不同"。当课堂被重新定义的时候，当我们真切地回归课堂教学人文立场的时候，检视课堂教学的"眼光"便有了新的角度，课堂教学便有了新的样态。

杨四耕<br>2022 年 3 月 8 日于上海市教育科学研究院

# 目录

前言　我们凭什么决胜课堂？　　/ 1

## 第一章　课堂的诗意在境界　　/ 1

兴趣是最好的老师。学习兴趣的培养，可以激发学生学习的内驱力。如何培养并提高学生的学习兴趣，值得探索与实践。落实在课堂教学中，老师们创设情境，让孩子们有身临其境的感觉；让孩子们成为学习的主人，参与评头论足；让孩子们提高兴趣，循序渐进；让孩子们顺藤摸瓜，成功抵达学习的彼岸。

第 01 招　评头论足：让朗读教学乐趣无穷　　/ 2
第 02 招　身临其境：诗在境中寻　　/ 10
第 03 招　循序渐进：培养儿童朗读兴趣　　/ 17
第 04 招　顺藤摸瓜：让思维导图引导儿童学习　　/ 24

## 第二章　循着美好进入学习　　/ 35

阅读的重要性不言而喻。作为新时代的教师，明白开卷有益的道理，更要通过图文并茂的形式与内容，将形式与内容有机结合，让学生能够按图索骥，课内课外相辅相成，不断提升阅读品质。注重读写结合，在作业上下功夫，关注有效作业，在做到有的放矢的同时，给人以焕然一新之感，体会学习的收获与美好。

  第 05 招 开卷有益：课外阅读助力儿童成长 / 36
  第 06 招 有的放矢：让作业完成更有效 / 41
  第 07 招 图文并茂：用插图吸引儿童的眼球 / 48
  第 08 招 按图索骥：让儿童循着绘本进入语言世界 / 54
  第 09 招 相辅相成：课内课外共促阅读品质 / 64
  第 10 招 焕然一新：让作业可爱起来 / 71

## 第三章 让课堂教学活起来 / 79

  教学有法，教无定法。如何教，需要根据学情选择适当的方法，力求教学有效。预学后教，可以充分发挥学生学习的主观能动性；教亦多术，能够通过丰富的教学策略，有针对性地开展教学。在教学中，还要合理利用工具与旧知，达到融会贯通，引导学生积极探究，寻根究底，让课堂教学活起来。

  第 11 招 寻根究底：探究，让课堂活起来 / 80
  第 12 招 预学后教：基于学情的教学策略 / 88
  第 13 招 教亦多术：有效课堂教学策略 / 96
  第 14 招 融会贯通：利用思维导图促进能力发展 / 106

## 第四章 妙趣横生刚刚好 / 115

  教学过程是有目的、有计划、有组织的过程。在这个过程中，需要教师匠心独运，利用一切资源促进教学；需要教师循循善诱，耐心细致做好教学工作；需要教师采取适当的方法与手段，为提高学习效率添砖加瓦；还需要教师关注知识间的内在联系，让学生温故知新；更需要教师立足学生，让课堂教学妙趣横生。

第 15 招　妙趣横生：设计孩子喜欢的作业　　/ 116
第 16 招　温故知新：让复习课绽放异彩　　/ 123
第 17 招　匠心独运：巧用绘本资源提升阅读教学　　/ 133
第 18 招　添砖加瓦：以任务导学单优化教学　　/ 144
第 19 招　循循善诱：以问题导引促进教学　　/ 152

## 第五章　学习不是一蹴而就的　　/ 161

学习不是一蹴而就的，需要师生的共同努力与付出。青少年是人生的"拔节孕穗期"，最需要精心引导和栽培，教师应该牢牢把握因材施教原则，针对不同学生，采取多元的方法。教师应牢牢把握新时代教育评价要求，不仅要关注学生的知识获得，更应该关注学生"学习能力"和"思维品质"的培养。在细微处入手，积微成著；在成长中引导，拾级而上。采取多元评价，不拘一格降人才。

第 20 招　拾级而上：让英语学习更高效　　/ 162
第 21 招　积微成著：给儿童插上阅读的翅膀　　/ 172
第 22 招　拔节孕穗：养成良好的劳动习惯　　/ 181
第 23 招　不拘一格：多元评价激发学习兴趣　　/ 189
第 24 招　因材施教：以精准评价推进美术教学　　/ 197

## 第六章　课堂可以有点"土"　　/ 207

课堂，可以是室内，可以是室外；教学，可以是静的，可以是动的；课堂教学，可以是单一的，可以是整合的。教师应该紧跟时代步伐，探索课堂教学新模式。与乡土文化相融合，画龙点睛；与动手实验相结合，事半功倍；与相关课程相整合，相得益彰；与劳动育人相结合，多劳多得。牢固树立五育并举的教育理念，通过丰富的内容与形式，促进学生的全面发展。

第 25 招　画龙点睛：让课程教学与乡土文化融合　／ 208

第 26 招　事半功倍：实验让课堂更高效　／ 217

第 27 招　相得益彰：以课程整合促进教学　／ 225

第 28 招　多劳多得：劳动育人的技巧　／ 233

**后记**　／ 240

# 前言　我们凭什么决胜课堂？

课堂是学校教学的主阵地，学生知识的获取与能力的提高基本上是在课堂内完成的。如何立足课堂教学主阵地，不断提高课堂教学效益，让课堂成为有效课堂、高效课堂，是摆在每一位教师面前的重要课题。

回顾历史，无论是古代战争，还是近现代中国革命，都告诉我们一个胜利的法则，那就是"运筹帷幄之中，决胜千里之外"。课堂，在一定程度上讲，就是教师的战场。我们凭什么去决胜课堂？

一是因时改变。教学，从古至今都不是一成不变的，它随着时代的要求变化而变化。从孔子的私塾，到如今的素质教育，内容在变，形式在变。作为实施教学的主体，对教师的要求在变，教师也必须改变。

二是因势改变。时与势密不可分。时代在变化，要求也在变。2020年，中共中央、国务院印发了《深化新时代教育评价改革总体方案》，明确提出了新时代教育的要求，教师、教学，也必须顺应时代的要求而做出改变。

三是因人改变。具体到教与学，面对不同的学生，孔子提出了因材施教和有教无类的思想，影响至今；面对不同的教师，要充分发挥他们个人的特长，去最大程度地影响、教育学生，获取教学效益的最大化。

随着教学改革的不断深入，我们在实践，我们在改进。教师们勤思勤研，勤于耕耘，探索出了一些好方法，取得了一定的成效。现将这些教学改进的好方法结集出版，期待教师们能够从中有所思考，有所收获；期待教师们能够从大处着眼，小处着手，运筹帷幄之中，决胜课堂之内。

# 第一章

# 课堂的诗意在境界

兴趣是最好的老师。学习兴趣的培养,可以激发学生学习的内驱力。如何培养并提高学生的学习兴趣,值得探索与实践。落实在课堂教学中,老师们创设情境,让孩子们有身临其境的感觉;让孩子们成为学习的主人,参与评头论足;让孩子们提高兴趣,循序渐进;让孩子们顺藤摸瓜,成功抵达学习的彼岸。

第 01 招

## 评头论足：让朗读教学乐趣无穷

朗读作为一种基本的教学手段，是将书面语言转化为发音规范的有声语言的再创作活动。它是一项重要的语文基本功，能帮助学生理解和巩固课文内容，体会文章的思想感情，同时也能提高学生的语言表达能力。"评头论足"指的是教师通过多种评价方式来评价学生的朗读，创设一个民主、平等、人人参与的朗读氛围，让所有学生都能在课堂上得到充满激励性的评价，体验到成功的快乐，从而达到提高学生朗读水平的一种教学方法。

### 背景与问题

"能用普通话正确、流利、有感情地朗读课文。"这是《新课标》[1]对语文第三学段阅读的一项要求。评价学生的朗读，应注意对考察内容的理解，可从语音、语调和情感表达等方面进行综合考察。对朗读的评价要以内容的理解、把握为基础，要防止矫情做作，不能为了朗读而朗读，不能让学生过分摇头晃脑、夸张表演、拿腔作调。朗读要提倡自然，还原人物话语里的情态，入乎文，入乎心，入乎情，像说话一样自然而然。而在平时的课堂上，可能会存在以下一些问题。

1. 朗读时间不充分。一节课 35 分钟，孩子朗读的时间却不到 5 分钟，朗读

---

[1]《新课标》指《义务教育课程标准》（2011 年版），北京师范大学出版社出版。

训练"来也匆匆，去也匆匆"，如"雁掠过"，且"雁过无痕"。如预习性的朗读，老师要求孩子"读通课文，读准生字"。但实际上，不少孩子在课上连一遍还没来得及读完，老师就拍手示意孩子们都停下，转入下一个环节的活动。这样的朗读，只是做做样子，没起到什么作用，更不要说积累内化语言了。

2. 朗读的对象单一。课堂上有限的35分钟，老师往往关注几个积极举手的尖子生，他们有很多机会进行朗读，而大部分的孩子只是规规矩矩坐着当听众。朗读成了课堂教学的一种点缀，大部分孩子因得不到练习，可能不会读，更不要说读流利了。

3. 朗读指导缺乏方法。教师在分析、讲解之余常会来一句"请同学们有感情地读读这部分"或者"把他的语气读出来"，这样"隔靴搔痒"的引导，导致朗读不能溶"导""练"于一炉，不能揉理解感悟于一体。还有的班级，孩子读书喜欢拿腔拿调，摇头晃脑，只重声音形式，不重内心体验，只重表层的技巧，不重语言的内蕴。

4. 朗读评价单调机械。课堂上甲生读完了，老师评价："很好，让乙生再读一读。"男生读完了，老师评价："不错，我们女生也来读一读。"看似热热闹闹，其实读前没有要求，读中没有指导，读后更没有针对性的评价反馈，孩子只是被教师驱赶着为读而读，根本没有做到理解。

## 理念与意义

评价对于教学具有不可忽视的导向作用。孩子是学习的主体，在各类的评价活动中孩子都是积极的参与者和合作者，因此应建立开放、宽松的评价氛围，鼓励孩子、同伴、教师和家长共同参与评价，实现评价主体的多元化，帮助孩子在自我评价、互相评价、师长评价中不断反思，认识自我，从而实现自主学习和发展。多元评价更强调孩子的自主探究与个性发展，强调孩子自主解决问题的能力。通过多元评价，可以激发孩子的兴趣，鼓励孩子的好奇与探索精神，使孩子对语文学习始终抱有愉悦的情感体验。

"评头论足"以一种轻松的方式介入朗读教学，可以巧妙地引导孩子积极参与到朗读学习的过程中，让孩子成为朗读的主体，激发孩子朗读的兴趣。"评头论足"的过程是儿童找出自己与训练目标之间差距的过程，也是促进孩子朗读水平的过程。

1. "评头论足"有利于激发孩子朗读的兴趣。"评头论足"让朗读变身为一种孩子之间的"游戏"。老师成了幕后指导者，不再高高在上。孩子成了学习的主人，自己有评价权，互相之间有评价权，甚至家长也参与了进来。这样一来，激活了孩子读书的欲望，连平时不爱读书的孩子也开始有滋有味地朗读起来。

2. "评头论足"有利于面向全体。孩子不是整齐划一的，他们之间是有水平、能力方面的差异的。"评头论足"可以让更多的孩子参加到小组的朗读活动中来，且因人而评，评价的面更广。这样为"丑小鸭"们创造了"亮相"的机会，要知道美丽的"白天鹅"也是从"丑小鸭"蜕变而成的。

3. "评头论足"有利于朗读训练的深入。"评头论足"方法的介入，给老师提出了更高的要求，老师必须精心选择朗读训练点，且每次训练有侧重点，然后在这些训练点上重锤敲打，且锤锤有声。

## 实践与操作

每个学段对孩子的朗读能力有不同的要求，教师对每一次的朗读目标应做到心中有数，并精心设计每节课的朗读层次，在课堂上对孩子朗读水平的评价不能采用笼统的评价语，而应根据《小学语文学科基于课程标准评价指南》的要求，借助"评头论足"方式的介入来开展多元评价，使朗读真正点亮我们的语文课堂。

1. 课前，我会设计预习任务单，让孩子完成预习单，先对自己的预习单"评头论足"一番，再借助伙伴间的"评头论足"激发孩子朗读的兴趣。

2. 课中，对主要教学环节，我会确立明确的朗读评价标准，让孩子的"评头论足"更客观，更有针对性，从而循序渐进地提高孩子的朗读水平、品读鉴赏能力。

3. 课后，为了帮助孩子积累内化课文语言，我让孩子把自己的朗读内容发到QQ群中，让家长一起参与到朗读活动中来"评头论足"，让朗读变身为一种快乐的游戏，延伸到生活中去，愉悦身心。

## 案例与分析

《一幅名画的诞生》是沪教版四下第七单元的一篇课文。单元导语中写道：有感情地朗读课文，联系上下文理解重点词句的含义，逐步走进主人公的情感世界。本案例借助于这一课的教学，呈现如何运用"评头论足"来促进学习改进，从而提高孩子的朗读能力。

（一）课前——"评头论足"激趣

教师预先设计预习任务单，孩子每完成一项任务后可以采取自评、同伴评、家长评等方式"评头论足"一番。

表1-1　《一幅名画的诞生》预习评价单

```
（1）多读几遍课文，试着把课文读正确，读流利。
自我评价：（　）读熟练了（　）停顿适当（　）读出语气语调
（2）我要提醒的字音有：　　　　　字形有：
（3）我已理解的词语：
    我不理解的词语：
（4）读完课文后，我知道了课文主要内容是：

自我评价：　☆☆☆☆☆
我的疑惑：

伙伴评价：（　）预习态度认真　（　）预习态度一般　（　）预习态度须努力
家长一句话鼓励：
```

（二）课中——"评头论足"促学

文本中对于纤夫神态、动作的描写细腻生动，不仅适合朗读训练，还是读写结合的一个很好的训练点。而文中作者观察、体验纤夫生活、顽强作画这三个层次的内容更是课文的重点，教师应引导孩子体会到画家对劳动人民的深切同情以及作画的勤奋与执着。只有在理解课文内容的基础上，孩子才能把握课文的感情基调，才能真正读好课文，读出感情。依据课程标准的阶段评价目标、单元教学要求，我在分析文本的基础上，把本课的教学目标确立为：能流利地朗读课文，并通过理解关键词语，走近纤夫的生活，走进画家的情感世界，最终做到有感情地朗读，并积累文中有关外貌与神态描写的句子。

围绕这一目标，我主要设计了以下几个教学环节：1. 自由读课文，自学生字新词，读通课文；2. 读读第一、四节，圈出关键词语，说说纤夫的艰难，读出感情；3. 说说纤夫给列宾留下了怎样的印象？想象说话；4. 读读列宾是怎么做的？划出有关句子，感悟他对纤夫的同情。品读交流，四人小组开展朗读比赛；5. 小结归纳，引读6、7节；6. 升华情感，诵读积累句子。

基于教学目标，针对主要教学环节，我确立了明确的朗读评价标准。为了让孩子更客观、更有针对性地进行评价，我设计了以下评价单：

表1-2 《一幅名画的诞生》朗读评价单（1）

| 评分项目 | 我的等第 | A | B | C | D |
|---|---|---|---|---|---|
| 1. 正确程度 | | 普通话标准，发音正确，错字、添字、漏字在3个内（含3个） | 普通话基本标准，发音基本正确，错字、添字、漏字在4个以上，6个以内（含6个） | 普通话较标准，发音比较正确，错字、添字、漏字在7个以上，10个以内（含10个） | 普通话不太标准，发音不够正确，错字、添字、漏字超过10个 |
| 2. 流利程度 | | 朗读流利，不唱读，不回读，标点停顿和句中停顿恰当 | 朗读流利，不唱读，不回读，不恰当停顿不超过3处 | 朗读基本流利，不唱读、回读，不恰当停顿在4处以上，6处以内 | 朗读结巴不太流利，有些唱读，回读和不恰当停顿非常严重，已超过10处 |

表1-3 《一幅名画的诞生》朗读评价单（2）

| 评分项目 | 我的等第 | A | B | C | D |
|---|---|---|---|---|---|
| 1. 能圈出关键词语，说说纤夫的艰难 | | 能正确地圈出四个或以上的词语，并说出理由 | 能正确地圈出四个以上词语，但多圈了不正确的词语，能说出理由 | 能正确地圈出两或三个词语，基本能说出理由 | 只能圈出一个或一个词语也不能圈出，无法说出理由 |

续表

| 评分项目 | 我的等第 | A | B | C | D |
|---|---|---|---|---|---|
| 2. 能划出列宾如何做的句子，感悟他对纤夫的同情以及作画的勤奋、执着。品读交流 | | 能正确地划出三个句子，并说出理由 | 能正确地划出三个句子，但多划了，能说出理由 | 能正确地划出两个句子，基本能说出理由 | 只能划出一个或一个句子也不能划出，无法说出理由 |
| 3. 能读出感情 | | 能根据课文内容情感需要，读出对纤夫的同情和对画家的敬佩等，速度适中 | 基本能根据课文内容情感需要，读出对纤夫的同情和对画家的敬佩等，速度适中 | 感情平淡，语音、语调没有变化 | 朗读没有感情，只有一个声调，读不出不同的语音、语速、语气的变化 |

根据平时的学习成果来看，班级中32名孩子中，有8名孩子学习情况非常好，有20名孩子学习情况良好，有3名孩子学习情况处于及格，1名孩子学习需努力。从评价反馈的结果来看，在课堂的评价单中，班级中大部分的孩子都能得A和B。老师可以利用课后时间对得C、D的孩子进行个别指导。在课堂第二张评价单中，没有得到A和B的孩子就多了些。为什么会出现这样的状况？从孩子的角度看，对于他们来说，走近纤夫，走进列宾内心有一些困难。由于画作描绘的是19世纪60年代，在俄国农奴制残余压迫下的社会底层人们的悲惨生活。这段历史发生在国外，且和现在孩子的生活距离比较遥远，超出孩子的经验水平，孩子确实很难体会到。从孩子的基础来看，课堂上进行这样的品读、交流、朗读是经常性的，孩子的能力不会弱。但细细一分析，因课堂时间的局限和以往评价方式的单一，往往是一些胆子比较大、思维活跃、口头表达和朗读能力强的孩子成了课堂的"主角"。久而久之，致使一些能力中等和偏下的同学缺少了锻炼提高的机会，这些孩子的朗读能力和交流能力也就得不到提高了。在这节课上，老师用表格的形式来进行评价，课堂问题就被诊断出来了。由此可见，用评价单来"评头论足"应该成为语文课堂中的一种常态。

于是，我适度调整了教学策略。第二教时，我给孩子先看了网上的一些图片和资料，然后怀着对纤夫的深深的同情和对船主强烈的愤怒之情，给孩子朗读了一段补充资料。孩子了解到，纤夫的工作环境是盛夏时节，河滩上气温高达40多摄氏度。纤夫们顶着烈日，拖着沉重的脚步，艰难地向前迈进。昏倒了，爬起！即使如此，船主还是不断地驱赶他们，大声地咒骂他们，嫌他们太慢。于是，孩子们都被激怒了，有的眼里流露出忿忿的目光，有的紧皱着眉头，有的眼泪在眼眶里打转……这段补充资料使孩子们深切地感受到了纤夫的悲惨生活，加深了对纤夫的同情。孩子们知道了当时俄国沙皇统治下劳动人民的苦难生活，小小的心灵受到了强烈的震撼，他们对这幅名画产生了浓厚的兴趣，也对这群纤夫产生了同情。读第四小节时，我配上《伏尔加河的船夫曲》，让孩子伴着画面，伴着那"吭呦，吭呦"低沉的号子声，再试着自己读读这段文字。这"悲凉、雄壮"的音乐，马上感染了孩子们，他们屏气凝神地听着纤夫从喉管深处发出的低沉的吼声，仿佛那就是一声声呐喊，是在诅咒着这世界的不公；又仿佛是一声声充满血泪的痛苦的呻吟……音乐使他们仿佛亲身来到了宽阔的伏尔加河边上，仿佛亲耳聆听到了纤夫们拉纤时发出的号子声，如同亲眼看见了他们痛苦泣血的生活。孩子们情不自禁地随着音乐，有表情地朗读起来。无需更多的语言，更多的教学手段，他们就用朗读把纤夫非人的生活表现了出来。孩子们终于进入了纤夫的角色，体会到了他们的内心世界，感情基调自然也把握到位了。在课堂上，我有意识地让那些胆子较小、能力中等的孩子多发言多朗读，鼓励他们发表自己独特的见解，反馈的情况很快有了好转。

（三）课后——"评头论足"助诵

根据教学目标，本篇课文的第1节和第4节是要求背诵的，但小部分孩子在课内还是无法做到。为了帮助孩子更好地积累文本语言，我又借助了"评头论足"这一方法。我把《伏尔加河的船夫曲》这段音乐发送给大家，然后，我要求孩子边听着配乐，边朗诵课文给家长听，最后用手机把自己的声音录下来，再发到小组QQ群中。小组群中是"没有老师"的，大家可以"畅所欲言"。每个孩子可以邀请家长一起，对组内同学的朗诵作出一番评价，发在组群里。这样一来，家长也兴致勃勃地当起了"听众"，给孩子们提出了不少的建议：前后鼻音没有读准，语调没有变化，感情不到位……孩子们呢，也怕自己失误，把练了好几次，自己感到满意的声音再发到组群中。在一番"评头论足"中，在与同学的比较中，甚至是在嘻嘻哈哈的调侃中，在多次的听读中，孩子们轻松地记诵下了这两段优美、凄然的文字。

## 点拨与提示

"评头论足"要与教学过程融为一体，老师不仅要肯定孩子富有创意、富有个性的思考方法，还要给全体孩子一种语文学习方法的"洗礼"。在孩子表现与要求有距离时，教师要从正面加以引导。在评价时要尊重学生的个体差异，及时引导学生对文本的朗读感悟，让学生在朗读中寻找其中的乐趣和语言的深邃。老师在课堂上要改变评价"裁判者""控制者"的形象，成为一个交换意见的"参加者""合作者""指导者"。

1. 让孩子预先知道"评头论足"的内容和标准。学习前，教师与孩子交流学习单中的评价等第标准，让孩子知晓、理解评价的内容与标准，做到心中有数。

2. 对学习过程进行观察以及及时引导。如果教师对孩子进行逐个评价，会增加教师的教学负担，在有限的课堂时间内完成也不现实。因此，教师在课前将孩子分成四人小组，小组内涵盖不同水平的孩子。在布置学习要求时，教师要仔细观察，及时获取孩子是否明确学习要求，并运用合适的评价语对评价的内容与标准做进一步的指导。

3. 依据学习难度采取"评头论足"的方式。根据学习的难度，可以选择孩子自评、同伴互评、教师评价相结合的方式，让评价更加多元化。

在日常教学过程中，教师可以制定出一套朗读评价的等第标准，选择合适的评价方式，让孩子来"评头论足"一番，这样可以给予孩子持续不断的朗读动力，促使孩子养成良好的朗读、思考的习惯。教师也可以依据"评头论足"的结果进行数据统计，对评价目标的达成情况进行客观地分析，并以此改进教学，真正做到教、学、评的一致性，让评价真正促进教学，让教学愉悦孩子的身心，乐趣无穷。

（撰稿者：陈联群）

## 第 02 招

## 身临其境：诗在境中寻

"身临其境"的意思是指亲身面临那种境地，也作身历其境。在教学改进中，学诗要探究诗境，走进诗的世界中才能体会诗人的情感和寓意。众所周知，低年级孩子正处于感性思维阶段，还不能理解深奥的文字精髓，怎样引导孩子走进诗的世界呢？这就需要教师调用丰富的教学资源，在教学过程中营造不同的生活场景，激发孩子的兴趣，在身临其境的感受中使孩子走进诗的意境，从而真正理解诗情诗意。

### 背景与问题

"诗"是文学之祖、韵律之根。古人写诗，将自然万物、思想情感都融入其中，短短几十个字就蕴含了丰富的山川美景和人生哲理。为了让孩子从小受到诗词文化的熏陶，培养汉语言文学的情操，在小学语文教材中编入了很多诗词题材的课文。但在实际教学中，还存在以下问题：

1. 重视文字记诵，忽视个人体验。死记硬背的弊端是孩子的积极性受压抑，他们的潜能无法发挥，运用语言的能力差。同时孩子在这种背诵过程中自然而然便养成了一种学习的惰性，更不会自主地去进行学习。

2. 重视知识学习，忽略情景体会。古诗词的学习与现代文有所不同，不能单纯讲解诗人的历史背景、诗词中常用的表现手法、诗词的主题思想，或是直接分析词句，理解主要知识点和诗词大意。

3. 重视诗词剖析，忽视整体感悟。教师在诗词教学中，容易将诗词分割为几个模块，一句一句地进行理解，进而逐句的启发想象。这种方式表面看似使得孩子对诗词的了解更快，也获得较好的情境体验，但是他们的真实感受只停留在表面，整首古诗词学习完后，他们的理解仅限于诗词所描述的事情和景物，意境还有所欠缺，体验感悟有所不足。

## 理念与意义

教育家夸美纽斯在《大教学论》中写道："一切知识都是从感官开始的。"这个观点反映了教学过程中孩子认识规律的一个重要方面：直观可以使抽象的知识具体化、形象化，有助于孩子感性知识的形成。情境教学法使孩子身临其境或如临其境，通过给孩子展示鲜明具体的形象（包括直接和间接形象），一则使孩子从形象的感知达到抽象的理性的顿悟，二则激发孩子的学习情绪和学习兴趣，使学习活动成为孩子主动的、自觉的活动。在诗词的世界里，风景从来都不只是"风景"，而是诗人的心境体现。因此，要理解诗词大意，就要探究诗境，走进诗的世界中才能体会诗人的情感和诗词的寓意。然而，低年级孩子正处于感性思维阶段，无论生活经历还是文字理解能力，都不足具备领会深奥诗词大意的条件。本文的研究理念则是通过营造诗词意境：

1. 帮助孩子在课堂上迅速步入诗词世界，体会诗情诗境，从中感受诗人的心意，使孩子深刻体会诗词的内容及诗人的情感，不断促使孩子与诗人达到情感上的共鸣。

2. 帮助孩子理解和掌握所学内容。培养孩子的观察力和想象力，丰富词汇的同时，提高孩子的古诗词鉴赏能力。

3. 帮助教师找出实践教学中的不足之处，并进行有效的教学总结与反思，为进一步优化诗词教学策略提供可借鉴的建议。

## 实践与操作

在实际教学中，营造恰到好处的诗词教学意境并不容易，除了需要调用大量的教学资源外，还需要在教学过程中营造不同的生活场景，并根据孩子的情绪和反馈信息，及时在不同场景中进行切换，以便激发孩子的兴趣，使孩子走进诗的意境中，从而真正理解诗情诗意。

为充分体现兴趣引导的教学活动设计方针，突出"寻境"的乐趣，在实际教学中，教师可按照"以境激趣——导境解意——以身寻迹——设身体情"四大步骤进行教学活动的组织与实施，使孩子迅速完成诗词知识"内化与外显"的过程。

### 第一步：以境激趣

在情境创设中，激趣的方法有很多种，而故事是较为常用的方法。在导学阶段，讲故事有助于营造课堂情境，缓解教学的刻板气氛。尤其对于低年级孩子而言，故事更能够激发其好奇心，使孩子迅速融入教学情境中。

### 第二步：导境解意

解意是诗词教学的必然阶段，但小孩子的注意力集中时间较短，一旦好奇心转淡，注意力也会随之涣散，最终使教学活动功亏一篑。要解决这一问题，最好的方法是使教学节奏紧凑起来，增加教学活动的互动性，比如营造孩子熟悉的情境，便于孩子沉浸其中。而生活情境是孩子接触最多的情境，也是最容易激发孩子产生共鸣的情境。当然，生活情境并不局限于日常生活，而是指在生活中出现过的、容易勾连孩子想象的场景。比如在教学中采用生活化的图片，甚至是音画结合的形式，能形象生动地启发孩子理解诗的大意。

### 第三步：以身寻迹

所谓"功夫在诗外"，古人写诗的真正目的是寄情山水、抒发胸臆。所以，在诗外下功夫，不仅可以拓展知识，更能够帮助孩子了解文字背后的诗人和当时社会的情况，从而更加全面了解诗人、诗情和诗意。关于"诗"外知识拓展的深度与广度可以根据孩子的理解水平和知识结构有选择性地进行了解。对于低年级孩子来说，初步了解诗的文体，了解唐诗的基本风格，以及诗人的背景就可以了。这些辅助知识可以帮助孩子更深层次地理解诗情诗意。

### 第四步：设身体情

随着教学手段的多样化，低年级课堂教学活动也随之丰富起来。为提升课堂教学的互动性，可以采取"课本剧"的形式。课本剧是一种以表演的形式来解读诗词作品的方法，这种"以演代诵"的方式使孩子在不知不觉中完成了诗词背诵；同时，孩子还可以在表演过程中体会诗人的情感。

在整个教学方案的实施过程中，从"激趣""解意"到"寻迹"的过程，都是知识内化的过程；而"体情"则是知识外显的过程。教师引导孩子一步一步走进诗词意境中，体味"寻"的乐趣后，再引导孩子走出意境，进行学习总结，有助于孩子对学习内容的巩固与升华。

## 课例与分析

本文以部编版小学语文二年级上册课文《古诗二首》为例，按照"以境激趣——导境解意——以身寻迹——设身体情"的四大步骤设计、组织并实施教学活动。

### （一）故事导入，以境激趣

故事导入考验着教师的教学水平。在实际教学中，导学阶段的故事通常带有一些即兴的色彩，因为不同的课文所讲述的故事也各不相同。以《古诗二首·登鹳雀楼》这篇为例，在导学阶段，可以第三者视角来讲一个关于诗人登鹳雀楼的故事：在黄河东岸的山西省永济市有一处鹳雀楼，这座楼很高，远远望去，就像靠着太阳一样，听说站在楼上可以看到方圆千里的美景。正在四处游历的诗人王之涣听说了这个消息，便不远千里赶来，登上楼去一探究竟。结果，眼前的美景把他迷住了。他的脚下是滚滚的黄河水，四处尽是美景，诗人真想再上一层楼，看到更多的美景。

故事导入教学的最终目标是"引趣"，即通过问答环节，让孩子从故事中找到答案，而答案正是课文中需要重点关注的内容。要做到这一点，关键在于讲故事时预先设好"埋伏"。这就需要运用"5W"理论。"5W"理论就是在故事中交代时间、地点、人物、事件的起因和经过。在上述导入的小故事中，我们事先向孩子交代了：人物是诗人王之涣，时间是白天，地点是山西鹳雀楼，事件的起因是为寻美景，结果则是诗人成功登楼并被四处风景吸引，因而才作此诗。

在故事导入后，教师提出 5 个重要问题：谁登上了鹳雀楼？鹳雀楼在什么地方？它长什么样子？他登楼去做什么？而诗人又为什么要写登鹳雀楼？孩子带着这5个问题，跟随教师一起朗读全诗，然后依次回答这5个问题。带着问题朗读，可以最大限度地激发孩子的好奇心，而回答这5个问题的过程，也加深了孩子对全诗意境的初步印象。

（二）勾连生活，导境解意

《古诗二首·望庐山瀑布》作为七言绝句，仅仅28个字，字字珠玑，每一句都展现了一幅山水画卷。低年级的孩子要理解这28个字所展现的寓意，想象这四句诗所展现的画面，是有很大难度的。因此，需要通过音画结合的手段勾连孩子的生活记忆，才能深化孩子的理解。有条件的话，教师可以在课堂上播放香炉峰的风景纪录片剪辑，配以解说，这样声音和画面结合，可以营造一个真实的情境。如果找不到纪录片，也可以直接采取画面，自配音效的方式，制作课件。比如在展示香炉峰瀑布时，配以瀑布的流水声，使孩子产生身临其境之感，既激发了孩子的好奇心，又活跃了课堂氛围。

当然，还有另一种方法，就是体验感知。简单来说，就是通过孩子身体或情感方面的亲身体验来感知诗的意境。比如在《登鹳雀楼》这首诗中，"依"字是"靠着"的意思。而太阳怎么会靠着山呢？怎么让孩子理解"依"的意思呢？教师可以通过课堂互动游戏，由一名孩子靠在另一名孩子肩上，通过肢体感知，体会"依"字的含义。这样生动形象地"咬文嚼字"，可以加深孩子对诗境的理解。

（三）诗外寻踪，以身寻迹

为保持孩子的注意力，在知识拓展过程中教师仍然要坚持互动教学的风格，即采取"提问——思考——回答"的循环模式，牢牢抓住孩子的好奇心，以便使其一直处于教学氛围当中。

比如在经过反复阅读、字句解读以及紧张地"咬文嚼字"环节之后，教师可顺势提问，引导孩子发现已读的两首诗有什么共通之处，启发孩子总结诗的文体特征。最为简单的方法是让孩子数一数每一句的字数，从而认识到一共4句诗每句5个字的形式是"五言绝句"，而另一种每句7个字的是"七言绝句"。这样由孩子自己总结出来的规律，他们的记忆会更加深刻。

除此之外，教师还可以继续引导孩子探究每一句诗有什么共同特点，让孩子将观察重点放在文字所描写的自然风景上，以便总结出唐诗善写风景的共性风格，进而了解到王之涣和李白都是唐代诗人，二人创作风格均以写景见长。鉴于低年级孩子的理解水平和学习兴趣，掌握这些简单的唐诗知识即可。对于有诗词兴趣的孩子，可以进行课下交流，以便为孩子提供更多的相关知识。

### （四）以演代诵，设身体情

对于不同的课文内容所设计的课本剧也有所不同。比如《登鹳雀楼》可以由孩子扮演诗人的角色，边讲述边表演诗人是如何发现鹳雀楼的，在楼外看这座小楼是什么样子的，而登上楼顶后又看到了哪些风景，并要求孩子将诗句中"依""入""穷"等关键字通过肢体表演展示出来，这样有助于加深孩子对诗句寓意的理解，从而了解诗人创作过程中的情感。而《望庐山瀑布》这一首表演起来难度较大，因此可以采取小导游解说的课本剧形式，引导孩子根据诗的内容将其改编成自己的语言，并在课堂上为大家讲解香炉峰的景色，从而加深孩子对诗及诗人情感的理解。

课本剧的好处很多。首先，它可以加深孩子对诗词作品的理解，避免传统教学方法中"死记硬背"对孩子学习兴趣的消磨。其次，启发孩子通过表演的形式来展现自己对诗词作品的理解，既提升了孩子的语言表达能力，也使孩子在诠释诗词作品时加入了自己的判断和理解；再次，课本剧通常以生活场景作为辅助，有助于孩子勾连生活，使诗词作品走进他们的生活；最后，也是最为重要的一点，课本剧可以帮助孩子举一反三，迅速完成知识的内化和外显，尤其在表演过程中，孩子运用自己的语言来诠释诗词作品，能够更深层次地理解诗情诗意。

## 点拨与提示

诗，在"境"中寻。在学诗的过程中，诗境尤其重要。如何引导孩子走进诗的意境中，这既考验教师的文学素养，又考验教师的教学设计能力。在教学过程中，教师还需要关注以下几个问题：

1. 用于教学导入的故事要与诗词内容紧密相关，建议教师根据诗词内容原创小故事，以便使故事情节与诗词内容更贴近，同时可以在故事讲述中埋下

"5W 问题"的伏笔；

2. 营造生活情境的目的，是为了通过孩子熟悉的情境来诠释深奥的诗意，在教学过程中要尽量做到深入浅出，用通俗的语言来营造情境，可以大幅提高教学情境的代入感；

3. 在知识拓展中，可以广泛搜集关于诗人和诗作本身的故事，以便增加教学情趣，但要切忌在讲述过程中不要融入过多不实史实或野史内容，从而扰乱孩子的思维。

4. 组织课本剧的过程中，要引导孩子体会诗人的情感，避免为了"演"而"演"的形式主义，切实从加强知识的内化与外显的角度出发，引导孩子用自己的语言或肢体动作来表达自己对诗意的理解，这样才能达到夯实孩子的诗词知识、提升语文基础能力的教学目的。

（撰稿者：蒋成成）

## 第 03 招

## 循序渐进：培养儿童朗读兴趣

朗读是理解语言、运用语言的前提和基础，在小学语文阅读教学中，循序渐进地朗读训练是首要任务。所谓循序渐进，即我们针对小学低段儿童阅读量少，理解能力比较薄弱的问题，在教学中，采用各种方法，一步一步、由易到难地激发儿童的朗读兴趣，让儿童在朗读中培养语感、理解文本内容。因此，优化朗读教学，提高学生的朗读兴趣，使学生的朗读能力进一步提高，值得我们去不断探索和研究。

### 背景与问题

小学低段的儿童相对阅读量较少、理解能力比较薄弱，如果一节课上花大量的时间进行文本的分析，儿童就会觉得枯燥乏味，提不起学习的兴趣，因此循序渐进地培养儿童朗读的兴趣在小学低段显得尤为重要。然而，在现今的朗读教学中还存在着不少问题：

1. 儿童不愿读。部分儿童自控力差，不愿意花时间去看书，宁愿跑出去玩，或看电视，没有养成良好的阅读习惯。还有不少儿童对朗读不感兴趣，很多儿童对语文课本中的课文只喜欢读第一遍，不想读第二遍，认为自己读一遍就都读懂了；到了高年级，更多儿童不想读，更加不愿意在课堂上读，害怕当着大家的面读。

2. 家长忽视读。我校的家长学历普遍偏低，很多家长会以忙为借口，根本不关注孩子的阅读。有些家长只是让孩子自己拿着书去读，而他自己却忙着看手机、玩电脑。

3. 教师对教材的把握不到位。教师没有吃透教材，没有适时、合理地引导儿童去阅读，朗读指导不到位。

## 理念与意义

《义务教育语文课程标准（2011年版）》中，各个学段都有对朗读的明确要求。这提示我们在阅读教学中要重视朗读，要让学生充分地读，在读中整体感知，在读中有所感悟，在读中培养语感，在读中受到情感的熏陶。著名特级教师孙双金也曾指出："书声琅琅应当成为一堂好课的首要特征。"由此可见，朗读在语文教学中的重要地位。因此，小学各年级的阅读教学一定要重视朗读的应用，而循序渐进地朗读是儿童获取语文知识的一种方式。

1. 朗读有利于培养儿童的语感。语感就深藏在读语句的熟读静思，因为情感的真挚是藏在文字里的。当用语言诠释出来的时候，就更加让人领略出语言文字的魅力。课文的讲解远远不如朗读所能带来的情感体验，所以说，语感具有直觉性的特点，它需要儿童通过体验和积累来获得。这就要求教师在教学时，抓住文本的不同的情感特征，通过朗读来培养儿童的语感，使儿童进入佳境。

2. 朗读有利于加强儿童的记忆力。记忆的最佳手段就是多读多背，只有熟读才能成诵。教师要充分利用好教材，让学生通过朗读经典语段，加深对文本的理解，从而加强记忆，存储到儿童记忆库中，实现语言的内化。

3. 朗读有利于帮助儿童理解文本内容。我国自古以来就有"读书百遍，其义自见"的道理。也就是说，儿童只有经过反复的朗读，才可能读出文章的韵味，感悟其中的含义。因此，在语文教学中，教师要根据不同类型的文章，采用不同的朗读教学方法，调动儿童已有的朗读经验，让儿童更轻松地融入文本，让儿童边读边思，从而更有效地达到理解文本的目的。

"三分文章七分读"，通过循序渐进地朗读、熟读等，可以让书面语言转化为儿童自己的语言，从而有效地提高儿童的理解。由此可见，朗读在语文教学中有着举足轻重的作用。

## 实践与操作

循序渐进地培养儿童的朗读兴趣可以从以下三方面进行实践操作：

1. 多读： 无论是在课内还是课外，教师都要为儿童提供和创造朗读的时间和机会，为儿童挑选合适的朗读材料，帮助儿童多读、多练，从而达到在朗读过程中培养语感的目的。课内就是针对教材中的文本，在课堂上给予儿童充分的时间去读，尊重儿童的自我理解与感悟，鼓励儿童表达。对于低年级而言，课外则是向家长推荐书目，实行"亲子共读"策略，使"读"更有效。

2. 巧读： 对于不同体裁的文本，教师要通过各种教学手段，教给儿童多种朗读方法，训练儿童朗读的技巧。一开始，可以利用范读让儿童在潜移默化中受到感染和熏陶，并自主模仿教师的朗读方式，在此基础上，教师要关注儿童的发音、吐字。之后，逐渐教给儿童朗读方法： 长句的停顿、标点符号、抓关键词……还可以为儿童的朗读配上背景音乐，让儿童入情入境，真正爱上朗读。

3. 品读： 教师要启发儿童的个性化思维，使儿童能够在朗读的过程中对文本内容进行想象，从而实现与文章的直接对话。因此，教师可以充分挖掘文本的留白之处、矛盾之处，为儿童设计一些探究性的问题，引导儿童去探索、去思考，让儿童的思维得到充分、有效的训练，从而使儿童在品读的过程中提高朗读能力。

培养儿童的朗读能力不在一朝一夕，它是一个循序渐进的过程。教师要多给儿童提供展示自己朗读能力的机会，要掌握并运用灵活有效的教学方法。只要如此，儿童的朗读能力肯定会逐渐形成并不断提高。

## 课例与分析

一、 为儿童搭建展示台，实现多读

（一）真人秀

分角色朗读，是在读通顺、读流利的基础上读出情感。以《小蝌蚪找妈妈》一课为例，在完成了文章教学后，学生四人为一小组，分别带上小蝌蚪、鲤鱼、乌龟和青蛙的头饰，上台来演一演。这一下子就激发了孩子表演的欲望，举手十分热烈。在孩子们表演时，已经融入了角色，把小蝌蚪迫切想找到妈妈的心情和妈妈们对小蝌蚪的关爱之情都表演出来了。这样的小组学习，为孩子们提供了朗读环境。

（二）作品秀

儿童带着视频、照片或者音频来到学校。教师可以在早自习、十分钟队会或者午休的时候，播放给儿童们看，让孩子们自己去评价，读得怎么样。这样的拓展活动，让孩子们爱上了朗读。

## 二、利用童话、故事类文章，激发朗读兴趣

（一）巧用导入，激发朗读热情

教学过程中导入的方法很多，初读课文时，如果教师根据教学需要巧妙地选择导入的方法，可以有效地激发儿童的兴趣，诱发他们的学习动机，激发他们的好奇心和求知欲。

如在教学《小蝌蚪找妈妈》一课时，上课刚开始，我就神秘地告诉学生："昨天，老师看到这样一张寻人启事。"同时出示"寻人启事"的内容并播放音频："我是小蝌蚪，当我看到别的小动物们欢快地和自己的妈妈在一起玩耍时，我多羡慕呀！可我不知道我的妈妈是谁？她在哪里？听说一（2）班的小朋友是最聪明的，请你们帮我找找妈妈吧！你们愿意吗？"听到这里，小朋友的脸上立刻绽放出灿烂的笑容，高兴地喊着"愿意"。没有大费周折的导入语，也没有颇费时间的练习题，儿童就这么自然而然地进入了课文。通过这段音频，更能集中儿童的注意力，调动起儿童的积极性，使儿童一开始就处于一种兴奋状态，有效地激发了儿童的兴趣。

（二）生动形象的范读引路

小朋友们都非常崇拜自己的老师，在他们的眼里，老师的形象是十分高大的，在小学语文教学中，教师的范读也就显得非常重要。语文教师要多用自己富有艺术性的范读去吸引儿童，感染儿童，培养儿童朗读的兴趣。

如在教学《谁的本领大》这一课时，手和嘴巴在争论谁的本领大，它们都认为自己的本领大，因此说话的语气都是非常自大、骄傲的。教师就可以在此

进行范读，再配上动作，让儿童感受它们说话的语气，儿童就会很感兴趣地模仿教师来读。这样既让儿童的朗读兴趣得到了增强，语文课堂教学质量也有了提高。

### （三）基于教材，循序渐进地教给儿童朗读的方法、技巧

1. 利用停顿符号"/"，让儿童读好一句话，做到声音响亮，不加字，不漏字，不唱读，按词连续读下来。如第一册入学准备期第一课的一句话"我是小儿童"。学习时教师可告诉儿童：这句话告诉我们"谁/是/什么"，让儿童按照这三部分读出停顿语气。停顿符号在指导朗读长句时十分有用。比如：《小花鹿卖空气》中的一句话"我为什么/不把山里的新鲜空气/运到城里/去卖呢？"，教师可以让儿童通过朗读训练，正确读出停顿，让儿童根据朗读时的停顿在句子中用"/"画出来，这可以使儿童在潜移默化中感受到一句话是由哪些部分组成的，从而为以后的说话写话打下了良好的基础。

2. 通过抓住重点词，让儿童读好一段话。比如：《王冕学画》一文中，教师指导朗读第二节时，可抓住重点词"乌云密布、满湖通红、亭亭玉立、清水滴滴、晶莹、滚来滚去"，通过对这些重点词的重读，来突出荷花的美丽，从而把整个一小节都读好。

3. 让儿童读好一篇课文，要有一定的语速、语调和语气。对表示欢快、激动、高兴的词句，要读得稍快些；对表示赞美、喜爱的句子，要读得响亮些；对表示伤感、凄凉、哀怨的句子，要读得低沉些、慢些。整篇课文要读得有快有慢，富于变化。

4. 通过观察标点符号，把句子读好，读出语气。"？"要读出疑问的语气，告诉儿童最后一个字的语气要往上扬。"！"要读出赞美的语气。

## 三、利用诗歌类文章，提高朗读技巧

小学低段的教材里编入了一部分适合孩子读的儿歌、诗歌类的文章，这些阅读材料充满童真童趣，具有儿童文学的审美价值，是让孩子爱上朗读的好"食材"。对于这类文章，老师需要进行示范，教授朗读的方法。

### （一）读出韵律美

朗读是一种极具个性，融理解和表达于一体的综合性活动。朗读，是一个将无声的书面语言转换为有声语言的过程，是眼、口、耳、脑协同作用的创造

性活动。

　　沪教版语文一年级上册第32课《小小的船》是叶圣陶先生写的一首优美的儿童诗。作者以优美的语言，形象的比喻，描绘出了一幅奇妙的夜景图——月儿是小小的船，"我"正坐在船上看着蓝蓝的夜空和闪闪的星星。全诗韵律和谐，语言通俗易懂，充满了儿童情趣，易于激发儿童朗读的兴趣，引发他们无尽的想象。这样的特点可以让孩子们在读中发现，从而读出儿歌的韵律美、节奏美。结合文中大量生动的图片，配乐朗读儿歌，就更加有趣了。

　　（二）　读出角色美

　　孩子们通过朗读、模仿、想象、入情入境，读出自己的理解。把文字读成画面，孩子们才会喜欢上阅读。低年级的孩子还特别喜欢用身体"阅读"。比如下面这个教学片段：

---

　　师：　小乌鸦是怎么找虫子的？

　　生：　它非常认真、仔细地在找虫子。（这个孩子的眼睛紧紧盯着他的课桌，从上到下地寻找着）

　　师：　终于抓到了好多虫子，此时，小乌鸦会想什么呢？

　　生1：　它要回家喂给妈妈吃。

　　生2：　原来抓虫子那么累，妈妈以前太辛苦了！

　　……

---

　　低段孩子的阅读是感性的，是活泼的。根据这点教师需要采用多种方式，引导儿童参与到阅读中来，用他们的语言、身体来表达对文章的理解和感受。朗读不仅有利于语感的形成，而且能丰富儿童的内心世界，陶冶儿童的情操。在读中习得语用，在读中产生情感的共鸣，在读中获得阅读的乐趣。

　　（三）　读出延续美

　　拓展阅读是阅读的延伸，是基于文本，选择对它进行补充或延伸的阅读内容。儿童需要扩大自己的视野，活跃自己的思想，进行拓展性阅读很有必要，这样能增大他们的阅读量，扩展他们的阅读面。教师要帮助儿童选择适合的阅读材料，提示阅读方法，充分开辟多种信息源，组织儿童进行信息交流，让儿童从中能接触新观念，学会独立思考。

比如：《植物妈妈有办法》这一课，教师让孩子们了解了蒲公英、苍耳、豌豆传播种子的方法，课下让孩子去搜集资料，看看其他植物又是如何传播种子的。第二天，孩子们个个笑容满面地告诉我：樱桃、松子和苍耳一样靠动物来传播；柳树和蒲公英一样靠风传播；凤仙花和豌豆的传播方法一样；椰子、睡莲是靠水传播的。这不仅引起了他们的阅读兴趣，同时还增长了不少知识。

总之，阅读教学是语文教学的根本任务。儿童朗读能力的好与坏是检验阅读教学是否有效的重要标准。朱自清先生曾经说过："读的用处最广大，语文教学应该特别注重它。"它是理解语言、运用语言的前提和基础，因此在小学语文阅读教学中，朗读训练是其首要任务。如何优化朗读教学，提高儿童的朗读兴趣，使儿童的朗读能力进一步提高，是值得我们去不断探索和研究的课题。

## 点拨与提示

朗读教学是循序渐进的，不是一蹴而就的，在这一教学过程中，我们还要关注以下问题：

1. 教师在课堂教学中要留给儿童充足的朗读时间，保证每一个儿童都能将文章读完整、读透彻，不能只走个形式，这样达不到成效。读后也要给予儿童一定的评价时间，激发儿童的朗读兴趣。

2. 教师与家长要充分沟通，达成一致，让课后的"亲子共读"能够实实在在地落实，通过家校共育，让儿童真正爱上朗读，形成良好的阅读习惯。

（撰稿者：吕婷婷）

## 第 04 招

## 顺藤摸瓜：让思维导图引导儿童学习

在语文学习过程中，无论是对文本的理解还是创作，我们都需要抓住一条主线，让内容更有逻辑性，这就是"顺藤摸瓜"。我们针对小学四年级语文学习特点，在教学改进中，采用了思维导图辅助儿童学习归纳及复述，理清文章主线，加深对文本的理解，顺藤摸瓜，提高儿童语文素养。

### 背景与问题

小学四年级儿童处于小学中高年段，平均年龄为 10—11 岁。有研究表明，10 岁左右的儿童大脑前额皮层发育完善，大脑的抑制功能加强，系统的语言和文字反应能力增强，思维能力逐渐由直观形象水平转向抽象概括水平，逻辑逐渐产生。

从语文学习的情况来看，此阶段的儿童有以下问题亟待解决：

1. 文本概括能力不足。四年级儿童经过三年的语文学习，基本掌握了自主识字的方法，具备了一定的自主学习能力，但对于文本内容的归纳概括能力处于形成期，对于文本主次要内容的区分把握能力有待提高。具体表现在理解及复述课文主要内容的过程中，有时会遗漏主要内容，有时会添加过多细节。

2. 习作详略不当。儿童的习作指导一直是令老师们头痛的问题。儿童的习作中，在合理选材、谋篇布局时常常详略不明，易出现"流水账"、"虎头蛇尾"现象。

3. 预习作业流于表面。预习是学习的基础，对课堂学习效果有不可低估的影响。儿童在预习时，往往仅关注字词问题，对于文本缺乏深入地研读和对脉络的梳理。

## 理论与意义

"图式理论"是由英国心理学家巴特利正式提出的，教育学界皮亚杰认为图式是个体对世界认识的方式。采用思维导图把学习、收获到的知识自觉地构建成一种有意义的系统结构，再通过主题、线条、色彩展现出来，正是图式理论想要表现的内容，这能够使儿童的思维过程变得可视化、结构化，有利于学生整理把握知识的内容和架构。思维导图就如同瓜藤，将语文要素这些瓜串联起来，变成一个有机的整体。

基于儿童年段特点和提高学生语文学科核心素养的要求，我们将思维导图工具引入四年级语文学习，让思维导图走进课堂、走进作业，有以下几点积极意义：

1. 由托尼·博赞创建的思维导图是一种符合人类大脑自然思考方式的图形思维工具。它利用发散性的线条把内容间的层级关系表现出来，把关键词与图像、颜色等建立记忆链接。这种思考记录的方式能够同时调动左右脑的机能，从而增强记忆力、问题解决能力和创造力。

2. 从思维导图可应用的范畴看，在语文学习中有很多方面都可以利用思维导图方法。思维导图作为一种工具可以辅助完成文本脉络的梳理、内容的概括，还可以记录学习、思考过程等等。

3. 从儿童发展特点来看，图文并茂的思维导图操作性强，趣味性强等特点符合儿童的年龄特点，容易激发他们使用思维导图进行学习的兴趣。

## 实践与操作

在语文学习过程中，无论是对文本的理解还是创作，我们都需要抓住一条主线，让内容更有逻辑性，这根主线就是这根瓜藤，基于思维导图工具逻辑可视化特点，将思维导图工具引入课堂就相当于把瓜藤交到了儿童手上，让他们能够在学习归纳及复述时，理清文章主线，加深对文本的理解，循序渐进地摸到提高语文素养这颗瓜。

**（一）顺藤，理清思路**

1. 阅读课。在新授阅读课的教学设计中，将思维导图应用于板书有助于儿童理清文章脉络，提炼文章主要内容，为儿童概括、复述课文提供抓手，让儿童能够将文本主线这根瓜藤紧紧握在手中。板书在教学过程中是不能忽视的重要一环，是教学内容的浓缩，也是教学过程的展现。在以往的教学中，我们常见到的板书多为将提炼出的关键词以表格形态、图形示意等方式展现出来。这种传统板书的优点是显而易见的：条理清晰，内容完整。但我们也能够很容易发现，这种板书的思维模式是线性的，就同我们从头至尾地读了一遍文章一样，缺乏整体性，更缺乏个性化的品读。我们常说"一千个读者心中有一千个哈姆雷特"。阅读本身是一件基于读者背景的、非常个性化的行为。学习课文的本质是要学习阅读的方法，而不仅仅是课文内容。因此，对课文的品读也应留有个性化的空间。思维导图的绘制应是多种多样的，而不是千篇一律的。

2. 复习课。语文学科与数学等模块化学习的学科不同，在学习过程中往往不能够将一个部分的知识点统一放在一课或一单元内进行学习，而是随遇随学。这就造成了知识点在儿童的知识体系中多呈散点化分布，存在一定的整合困难。在复习课中，运用思维导图，可以在回忆一个部分知识点下已学习过的所有内容时，将散点知识串联、分层、归类。又因为思维导图具有开放性，当在后面的学习中遇到同属于这个部分的新知识点时，儿童仍旧有空间进行添加。

3. 作文课。在四年级的作文课中，我们时常能够发现儿童存在"不知道写什么""没有东西写"等选材问题；"流水账""虎头蛇尾"等谋篇问题；"干巴巴"或是"太浮夸"的用词问题。以往我们采取的措施是引导儿童列好提纲再进行写作，但往往列提纲的方法并不能解决儿童无话可说的问题。利用思维导图，我们不但能够让儿童有话说，而且能够让儿童有策略地说。

## （二）摸瓜，丰富作业内涵

1. 预习作业。预习是上好课的基础，但由于检查预习效果的手段较为单一，很多儿童在预习时，仅仅完成了读课文、找出不认识的字的基本要求，缺乏对课文的深度思考。因此，笔者尝试让儿童在预习课文后，凭借自己的理解绘制思维导图。儿童在绘制思维导图的过程中，能够自觉梳理课文的主要内容、各小节之间的关系。为了提取恰当的关键词，儿童往往需要多次阅读文本进行比较修改。儿童绘制思维导图的过程，就是理解文本内容信息的过程。经此，儿童能够自己消化掉大部分易于理解的文本信息。通过观察发现，儿童在利用思维导图进行预习的过程中，因为需要适当增添与课文内容相关的图案，作业的趣味性得以增强，儿童预习的积极性得到了很大提高。因为图像信息的阅读速度远大于文字信息的阅速度，所以儿童在课前使用思维导图进行预习，教师也能在课前借助思维导图快速分析学情，这对提高课堂效率是大有益处的。教师在课前阅读儿童的思维导图，也能够快速地发现儿童已经掌握了哪些知识点，在哪些问题上尚不明确，在教学设计中也就能够有的放矢。

2. 课后作业。课后作业是对课内知识的复习与巩固，通常以字词知识、阅读理解为主。丰富多样的课后作业对儿童的语文儿童是必要的。思维导图具有很强的开放性，允许绘制者随时增补新的内容。在每节课后，儿童可以根据课上学习的内容进行修改，补充课前的思维导图，也可采用知识链接框的方法，补充新获得的知识。

## 课例与分析

### （一）关注文本，巧用导图

1. 先读后画，理清脉络。在课堂中，我们最常用的方法是先阅读文本，再绘制思维导图。绘制思维导图的过程就是对文本脉络进行梳理，对文本内容进行提炼加工的过程。

《美丽的小兴安岭》是一篇写景的文章，作者写作结构清晰，语言优美，以"春、夏、秋、冬"四季的顺序，抓住景物，尤其是树的特点，描绘了小兴安岭的景色，最后总结出小兴安岭景色迷人，物产丰富。在设计板书时，我们既可以从写作方法上将思维导图的分支定为"总""分""总"，再按写作顺序将第二层分支定为"春""夏""秋""冬"。通过回顾思维导图，儿童既能把握课文的整体结构，也能较为容易地概括不同季节的特点。

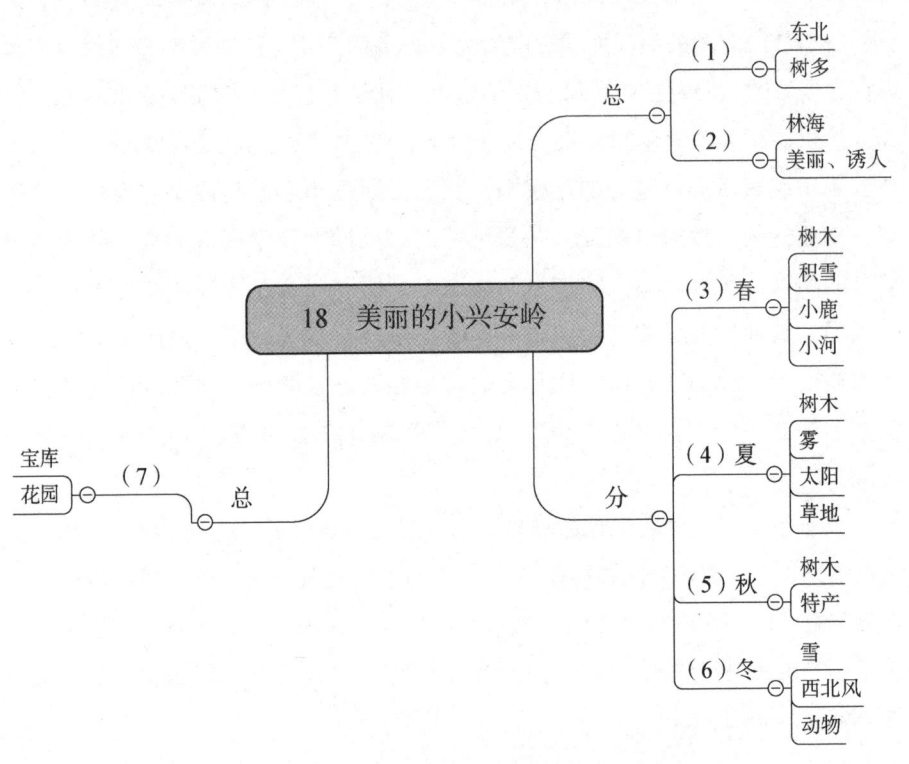

图1-1 《美丽的小兴安岭》思维导图

《赤壁之战》是一篇记事的文章，节选自《三国演义》。这篇课文故事性强，情节曲折，因果关系复杂。儿童学习的重点和难点应是按事情发展顺序抓住主要内容读懂课文。因此，这一课的板书多见一一对应的结构图、用箭头示意的关系图。而利用思维导图，则可以以"战前""战中""战后"等时间线索为分支，理清黄盖在战前都做了哪些准备，战中又做了什么；还可以用人物作为分支，讨论人物的性格特点。

2. 边读边画，展现思考。有些文本的内容相对较少，但是结构相对复杂，

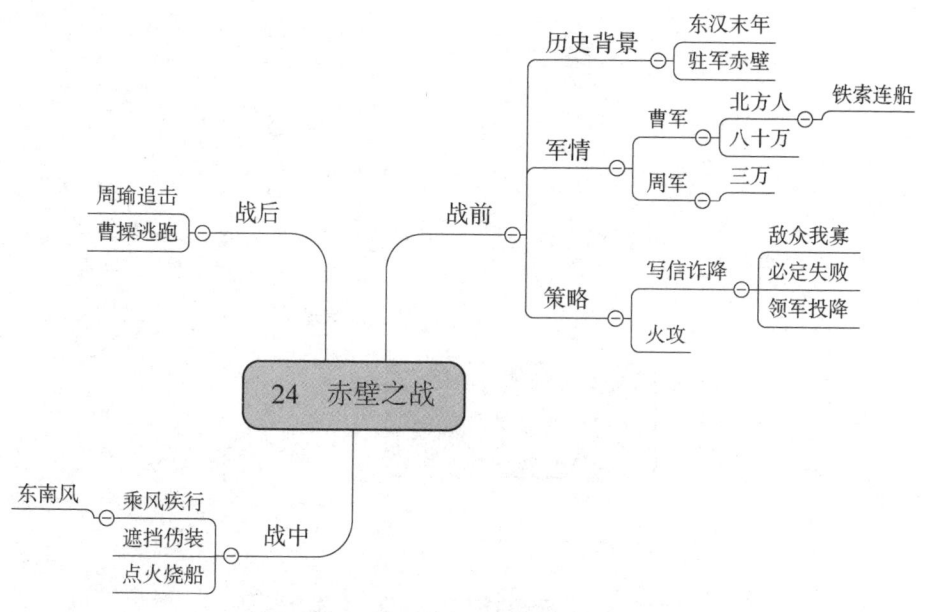

图 1-2 《赤壁之战》思维导图

  这就需要儿童在绘制思维导图的过程中对层级的分配进行更多的思考。针对这一类文本，我们可以采用边读边画的方法，儿童间合作、师生间合作，让思考过程跃然纸面，让思维在碰撞中得到提升。

  《空气中的"流浪汉"》是一篇说明文。单元的目标要求是让儿童能够了解课文的主要内容，分清主次。课文是从灰尘的大小和它存在于空气中的数量、来源，以及它在人类生活中的弊大于利等方面对灰尘进行了具体介绍，主要想告诉人们，怎么减少灰尘，也就是改善环境的方法，是一篇适合儿童阅读的常识类文章。因为灰尘儿童都比较熟悉，所以对文章内容的理解并不难。重难点在于让儿童发现、理解说明文行文条理清晰、语言严谨准确的特点。在利用思维导图设计板书时，可以利用颜色进行文章内容主次的区分，也可以从说明文语言特点的方面进行分支设计。

  再如《我的第二次生命》一文总共有 14 个小节，讲述的是父女间非常感人的故事，但感人之处都隐含在人物间大量的对话中。课前，因为要绘制思维导图，儿童就要思考：课文总共 14 个小节，可以分为几个部分，每个部分都在讲什么。从儿童的思维导图中，我们也可以发现部分儿童会出现层级不清的问

第一章　课堂的诗意在境界　　29

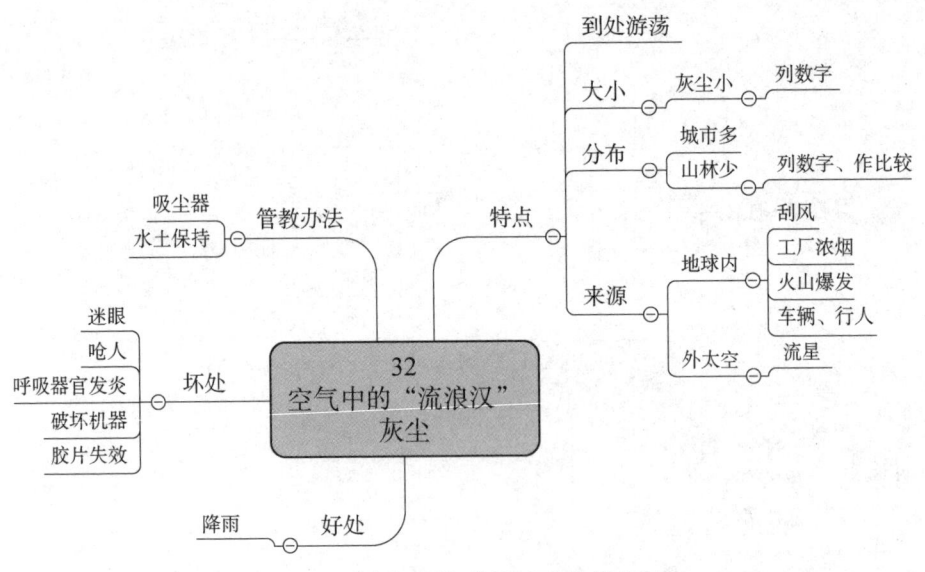

图 1-3 《空气中的"流浪汉"》思维导图

图 1-4 《我的第二次生命》思维导图

题。较多的层级不清出现在儿童将两次生病的内容拆分开与康复出院、认识到捐献器官了不起并列。同时，也有不少同学，在绘制思维导图的过程中，找出了文章中隐藏的时间线索，但忽略了前三个小节中的时间要素。在课堂中，教师可以就儿童思维导图中缺少的前三个小节进行提问,请儿童讨论这几个小节中有哪些内容,如何在思维导图中表现出来,从而引出"倒叙"这一写作顺序。

3. 先画后写,成竹于胸。作文写作往往是儿童在语文学习中最头痛的问题,秋游后的作文指导课上,全命题作文《玩得真高兴》出现得适时合理,但却为难了很多儿童。学生回忆起秋游的经过,只记得"玩"了,却说不出玩了什么、怎么玩的。为了凑够字数,很多儿童花了较多的笔墨写了期盼秋游的心情和秋游前的准备工作等与主题关系不大的部分。鉴于此,由全班同学共同完成的思维导图式提纲会对儿童的写作大有帮助。

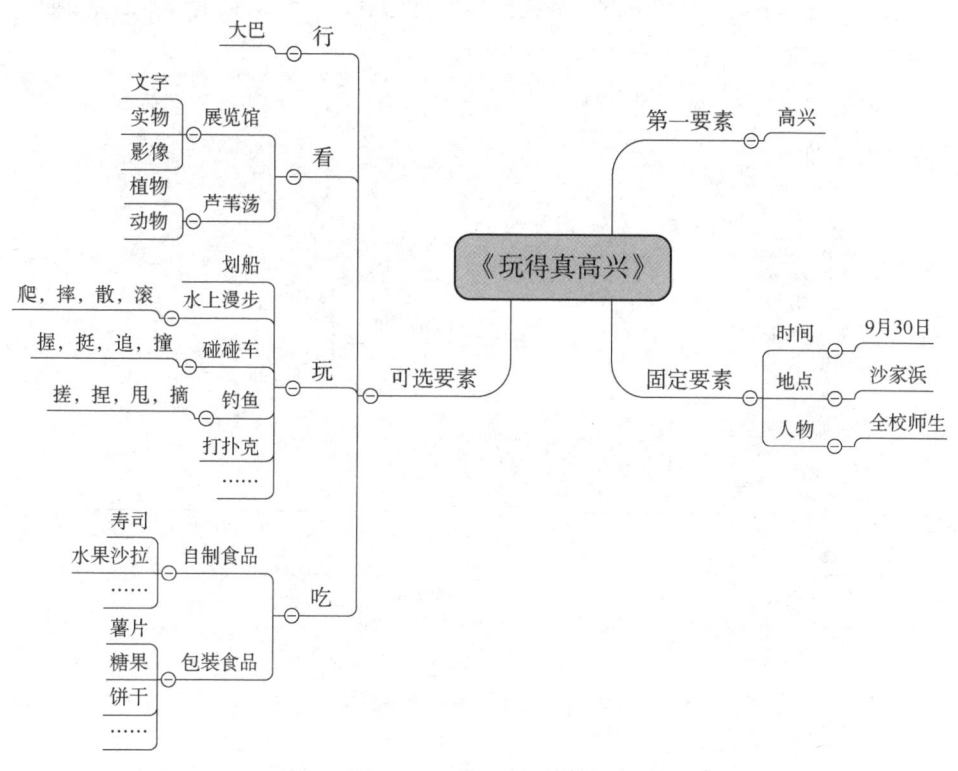

图 1-5 《玩得真高兴》

此份思维导图的第一层分支就是选材。首先请儿童进行头脑风暴,快速回忆在秋游过程中看到过什么。此时就有儿童提到了展览馆、碰碰车,有的同学买了宝剑玩具,有的同学钓到了几条鱼。随后,再将记录到的碎片化的词语进行归类,得出第二层分支:"看""玩"。最后再由第二层分支向下层推进,得出更多的具体内容。儿童在写作时,就能够发现,记录一次秋游活动,不仅可以写玩了哪些游戏,也可以写看了哪些风景。在谋篇布局的指导上,儿童根据自己的兴趣、记忆补充好每个游戏过程中的关键词,全部补充完成后就可以根据思维导图的层级情况、分支数量情况清楚地判断哪一部分是最有内容可以写、最值得写的,哪些部分是可以一笔带过,甚至省略的。

（二）**课后作业,勤于整理**

语文学习中的知识点多是琐碎的,想要学好语文就要学会整理与积累。传统模式记录的笔记是条线化的,后期难以再增添新的内容。思维导图式笔记是开放的,儿童可以随时增添新的分支和内容。

例如《观潮》一课中需要积累的四字词语比较多,可以将此部分知识补充在思维导图中。

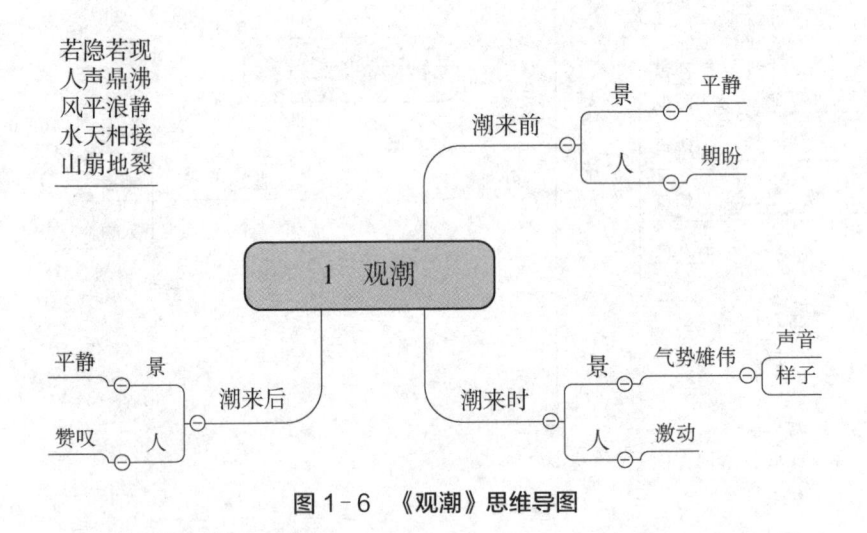

图 1-6 《观潮》思维导图

四年级学习了应用文——通知的写法后,儿童可以将它与三年级学过的日记进行归类放置,等到五年级学习书信时,可以再继续将书信也添加到应用文写作的模块中来。

图 1-7 应用文写作思维导图

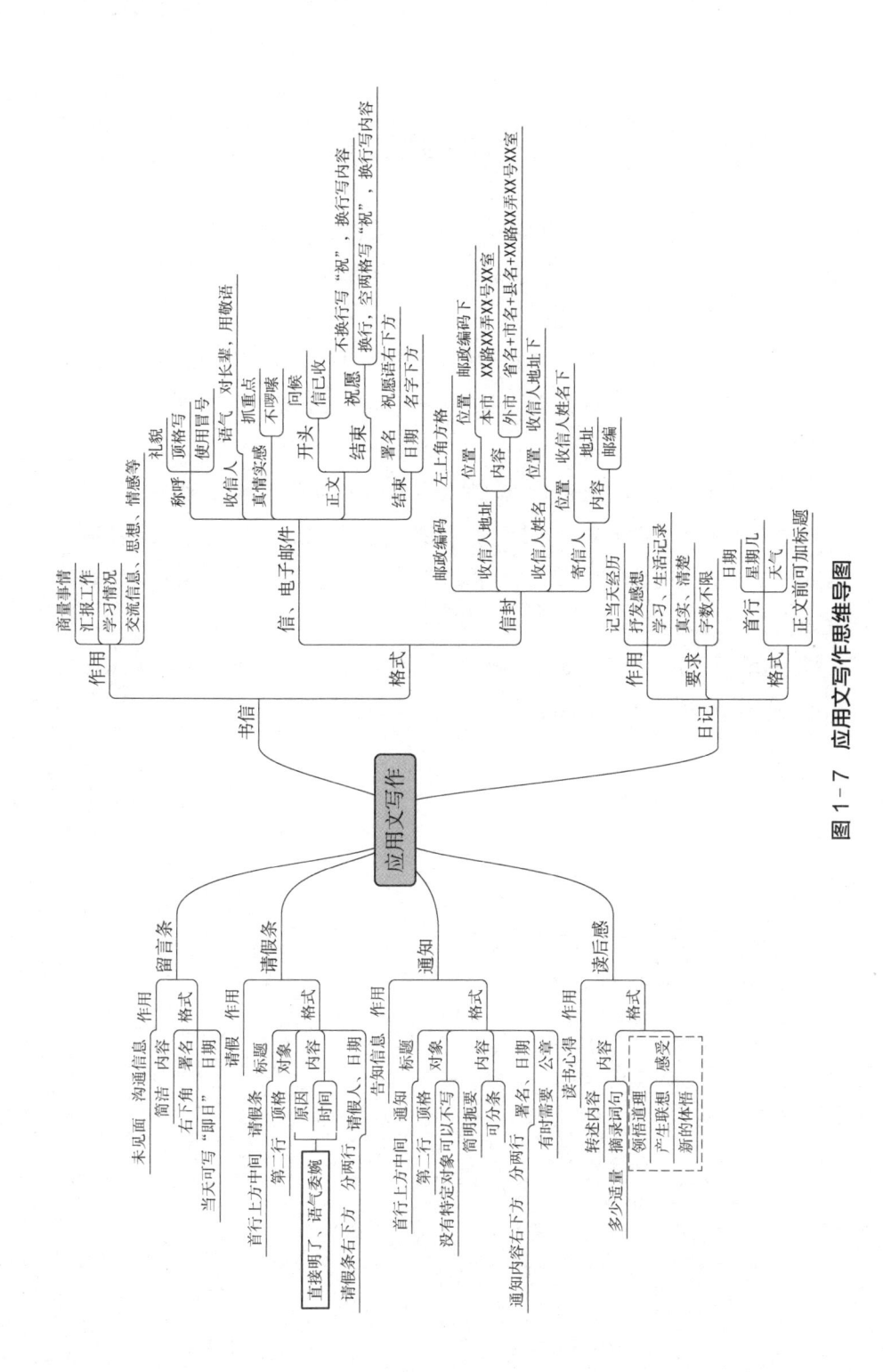

第一章 课堂的诗意在境界

**点拨与提示**

思维导图作为一种工具，在融入学习时应当以学习内容为先，不应为了形式而使用。在利用思维导图进行关系梳理时，要尤为关注学生的思维过程。实际操作中，笔者有以下三点建议：

1. 思维导图的学习是从零开始、循序渐进的过程。在学习思维导图原理和绘制方法时可以选择从儿童更感兴趣的非学科类内容开始，先掌握方法再运用于学习。

2. 思维导图的评价要适时恰当。对于儿童绘制的思维导图，要多关注多鼓励。思维导图没有明确的对错之分，只有逻辑是否更加清晰，与别人交流时是否更易懂。在评价时教师也应根据其特点明确观察点，保护儿童绘制思维导图的积极性。

3. 思维导图的运用形式也要不断变化，统一模式的反复使用会让儿童产生厌倦。现有的很多思维导图 APP 也可以让儿童在课后进行尝试。

（撰稿者： 曲虹叡）

第二章

# 循着美好进入学习

  阅读的重要性不言而喻。作为新时代的教师，明白开卷有益的道理，更要通过图文并茂的形式与内容，将形式与内容有机结合，让学生能够按图索骥，课内课外相辅相成，不断提升阅读品质。注重读写结合，在作业上下功夫，关注有效作业，在做到有的放矢的同时，给人以焕然一新之感，体会学习的收获与美好。

## 第 05 招

## 开卷有益：课外阅读助力儿童成长

所谓开卷有益，就是通过课外阅读，拓宽儿童的视野，增长儿童的知识，提高儿童的个人素养，从而使儿童更好地发展。

## 背景与问题

我国传统语文教学认为，博览、诵读、精思、背诵是儿童接受丰富的文化滋养，积累语言培养感悟，形成较扎实的语文功底的有效方法。《义务教育语文课程标准（2011年版）》明确规定：学生"九年课外阅读总量应在400万字以上"，其中，小学阶段阅读总量应不少于145万字以上。[①] 调查结果表明不少儿童，特别是随迁子女的课外阅读量明显不足，亟待提高。究其原因，主要有三点：

1. 媒体、电子产品抢占了大量阅读的时间。对于缺乏自控能力的儿童来说，电视机和手机游戏等耗费了他们太多宝贵的时间，这些不仅会对儿童的健康造成影响，还会在很大程度上束缚儿童的思维发展，甚至在思想上误导儿童。

2. 许多家庭不能为儿童提供良好的课外阅读氛围。我们学校的儿童大部分是随迁子女，由于居住条件有限，大多数儿童家庭藏书不足。另外家长工作之余很少去阅读书籍，不能成为儿童课外阅读的榜样，也较少督促子女去博览

---

① 义务教育语文课程标准（2011年版）[S].北京：北京师范大学出版社，1991：7.

群书。

3. 儿童课外阅读习惯难以养成。儿童应养成课外阅读时"不动笔墨不读书"的良好习惯。而现实情况是大多儿童阅读书籍只是粗粗浏览一遍。在读过一本读物后，不会把其中的要点或基本内容以提纲形式记录下来，也没有掌握读物的内容及作者的思路，更不会挖掘并学习表达事物的方法。光读书不思考的现象比较普遍。

基于以上背景，我在教学中更加关注课外阅读指导的有效性，以激发儿童的阅读兴趣，促使其养成良好的阅读习惯。

## 理念与意义

课外阅读作为语文课堂教学的延伸和补充，是语文教学的有机组成部分。课外阅读不但有利于儿童开阔视野、增长知识，还有利于儿童提高认识、陶冶情操，更有利于发挥儿童阅读的自觉能动性。

1. 课外阅读是儿童终身学习的需要。培养儿童独立阅读、独立思考的习惯和能力，积极鼓励儿童在课外自主发现和学习新知识，对儿童终身成长有极其重要的意义。

2. 课外阅读是儿童综合素质发展的需要。博览群书的人，比孤陋寡闻的人具有更强的适应能力和工作能力。从小养成良好的阅读习惯和独立思考能力，能为儿童将来自学更多知识和技能打下坚实的基础。

## 实践与操作

作为语文老师，我们的立足点应该从儿童出发，以儿童的兴趣为中心通盘考虑，把激发儿童阅读兴趣作为儿童乐于课外阅读的源头活水，唯有如此才能使儿童爱读，乐读，真正做到开卷有益。经过一阶段的探索，我发现可以从以下几方面来培养儿童的阅读情趣。

**（一）营造书香氛围——让儿童乐读**

在生活中，我们可以发现，喜欢阅读的家庭更容易培养出喜欢阅读的儿童，喜欢阅读的老师更容易带出一批喜欢阅读的儿童。如果儿童身边的每一个人都是热爱阅读的人，儿童也更有可能成为热爱读书的人。因此，为了培养儿童良好的阅读习惯，提高儿童的阅读能力，老师要与家长合力营造一个充满书香气息的环境。

### （二）推荐阅读材料——教儿童选读

多读书能够增长知识，但是并不是所有的书都是好书。如今外来文化、网络文化等所谓"流行文化"对儿童的影响越来越大，不少儿童不但在文化素养方面出现严重"营养不良"，还不同程度地表现出浮躁、自私、好逸恶劳等不良心态。为儿童推荐优秀书目，让他们在优秀文化的滋养中成长，健全人格，显得更为重要。

### （三）教给阅读方法——让儿童会读

要培养儿童的阅读习惯光有兴趣是远远不够的，如有的儿童凭着兴趣，对生动情节的内容走马观花地读读；有的读了好文章也不懂得积累知识、吸取技巧，更不会用到写作上，这样的读书方式显然是收效甚微的。因此，我们要进一步引导儿童在爱读的基础上，会读书，读得更好，更有收效。作为语文老师应该向儿童介绍一些行之有效的读书方法，来帮助儿童更有效地进行阅读。

### （四）分享阅读成果——使儿童爱读

激发儿童的阅读兴趣比较容易，但使其保持下去很难。为了巩固儿童课外阅读的成果，让儿童逐步养成课外阅读的习惯，我经常用语文早读的时间让儿童进行读书交流。如介绍自己这周阅读的课外书，进行讲故事、朗读比赛，谈谈读书心得等，有时还会讲讲大事要闻、奇闻怪事、民俗风情、自然风光等。就这样在伙伴的认可与老师的赞许中，每个小朋友都体会到了阅读的快乐，更加激发了儿童课外阅读的信心与热情。

从以上四方面着手，经过一个阶段，儿童的阅读兴趣有了较大的提高，对他们的写作也有了不小的帮助。

## 课例与分析

要使儿童保持对课外阅读的兴趣，真正做到开卷有益，还需要老师进行有效的指导。平时的教学中，我从营造阅读氛围、推荐阅读书目、传授阅读方法、交流分享经验几个方面来做好阅读指导。

（一）营造阅读氛围促使儿童乐读

1. 班级书香氛围的营造。为了让儿童有更丰富的阅读内容，我重视营造班级书香氛围。利用教室里的"图书角"，鼓励儿童节省下零用钱购买图书拿到学校，利用午休或课间时间，同学们可以在"图书角"找到自己喜欢的书，在教室里安静地读。同时开辟"书香园地"栏目，张贴儿童阅读情况表，不定期更换儿童的读后感。另外将每周的阅读课和一次晨会作为读书读报时间，让儿童们静静地看书，以此营造阅读的人文氛围，让儿童在外界环境的刺激和熏陶下，提高对读书的兴趣，在思想上也充分地认识到读书的重要性。

2. 家庭阅读活动的开展。家庭是儿童阅读的重要领地，良好的家庭读书氛围能培养儿童爱读书、读好书、会读书的习惯。为此，我组织儿童和家长积极开展亲子共读，创建书香家庭的活动。首先，向家长和儿童提出同读一本书的活动。每次阅读后会发一张记录表记录相关的阅读资料，让儿童及家长将共读感受记录下来。这样，儿童无论在学校还是在家里，都能有阅读的欲望。

（二）推荐阅读书目帮助儿童阅读

苏霍姆林斯基指出：给儿童选择合适的课外读物是教育者极重要的任务。儿童年龄小，知识少，阅历浅，鉴别能力比较差，需要在成人的指导下进行课外阅读。而我们学校的家长文化水平整体不高，儿童很难从家长那儿得到"读好书"的熏陶，因此，在推荐读物方面，老师起很大作用。为开拓儿童的视野，丰富儿童的知识，培养和提高儿童的读写能力，我配合阅读教学积极向儿童推荐与课文内容密切相关的读物，为儿童架起从课内向课外阅读的桥梁。如学到《盘古开天地》时，我便向他们推荐一些神话故事；学习了课文《太阳》《空气中的流浪汉"灰尘"》这些科普文时，我就请他们阅读一些适合的科普读物；学习了《火烧赤壁》《武松打虎》，儿童们便兴致勃勃地读起了《水浒》《三国演义》。另外，我从儿童的实际出发，以儿童的兴趣为中心，综合开发课外阅读的源头活水，根据儿童的年龄特征，每月都推荐一到两本适合儿童阅读的书目供他们进行阅读，让好书打开儿童们的美好世界，激发儿童心中善良的、温柔的一面。

## （三）传授阅读方法提高阅读效率

在课堂教学中，我教给儿童基本的阅读方法。如精读法、略读法、速读法、批注法等。在儿童阅读的过程中，先教他们逐词、逐句、逐段地品析欣赏，读出其中的妙处，理解文章的内在情感，读出文本的深度，再教儿童边读边批注，引导他们做到边读边思，边勾画圈点或写上几句心得，这样随读随写，手脑并用，养成"不动笔墨不读书"的良好习惯。

## （四）进行交流分享展示阅读成果

为了更好地检查儿童阅读的情况，同时也激励儿童对自己的阅读进行展示，老师要经常组织开展一些阅读交流活动。如学了课文《赤壁之战》后，我引导儿童读《三国演义》，然后让儿童们自由组合，形成读书小组，确定好组长后，组员可以进行分工，分别负责收集并阅读三国知识、三国人物、三国战役、三国故事及其中的歇后语等内容，并且及时做好记录。儿童们可以上网阅读、下载资料，也可以请教家长、老师。两个星期后，我们举行了"大话三国"主题活动，儿童讲得很精彩，特别是"评三国人物"，不少儿童有独到之处。我根据儿童们在活动中的表现进行评价，还让儿童们进行自评，再把评价表反馈给家长，让家长对儿童的课外阅读行为和能力也进行评价。通过层层评价，儿童们的阅读兴趣也更浓了。

## 点拨与提示

1. 对不少儿童来说，阅读是一个缓慢、困难的过程，老师要通过各种途径做好儿童阅读兴趣的激发者。

2. 开卷有益，儿童良好的阅读习惯更多地需要家长共同参与培养，老师应该重视家校之间的联系，建议家长在家庭营造阅读的氛围。

（撰稿者：王卉）

第 06 招

## 有的放矢：让作业完成更有效

所谓有的放矢是指教师在作业设计与作业批改方面要有针对性、有效性的教学行为。在作业设计方面，教师要根据学习内容与学习目标达成度来优化作业的设计形式与内容，激发孩子们的学习兴趣，提高学习效率；在作业批改方面，教师要针对孩子们不同的个性特征进行创新性地批改，并在此基础上建立作业完成的长效激励机制，让孩子们真正爱上作业，让作业完成更有效！

### 背景与问题

作业是课堂教学中必不可少的环节，好的作业设计不仅能激发孩子们的学习积极性，还能有效地促进孩子们学习成果的吸收、巩固和转化，有效地提高课堂教学效率。可是在现实中，作业的面孔却显得面目可憎，主要呈现出以下问题：

1. 作业太多，家长与孩子在作业上耗费时间长。笔者曾经对语文作业的内容做过分析，发现小学中高年级作业的量较多，每天要完成的作业一般有抄默词语、完成练习、背默句段、预习新课等，周末还要完成习作，有时候不止一篇。有时老师们一般要求词语要先抄一行，再默，课文要求会的字词错了还要订正重默……这样的作业耗费了孩子和家长大量的时间，孩子们做得心浮气躁，大人也在旁边着急上火，严重影响到了亲子关系的和谐。

2. 作业的形式内容单调，不能有效激发孩子的学习兴趣。在作业布置方面，尤其是语文作业，老师们大多布置的就是抄写、组词、造句、背诵、默写等，形式单调无趣，导致多数孩子面对作业时充满疲惫和无奈。特别是一些学习存在困难的孩子，面对作业更是能拖就拖，因此也很容易因为作业爆发师生矛盾。

3. 作业批改形式单一，不能为孩子提供持续有效的心理能量。每天的作业较多，对教师来说批作业也是一个挑战，大多数老师在批作业的时候就是写一个大大的"阅"字完事。教师和孩子之间没有任何互动交流，这样的作业冷冰冰的，让孩子们感受不到做作业的成就感，从而也缺乏认真写作业的动力。

## 理念与意义

在作业方面，教师和孩子都应该首先端正对作业的态度，要清楚认识到作业是教学中必不可少的重要环节。而探索作业的有效性不论是对学生，还是教师都有着极为重大的意义。

首先，有的放矢地减少作业的布置量能够真正让师生减负，提高课堂学习效率。

在"上海市中小学生学业质量绿色指标"中，学生学业负担指数是衡量学生学业质量的重要指标之一。文件明确规定，小学生的作业时间为1个小时左右，那么在有限的时间内如何巩固和内化知识，提高作业的效率就显得尤为重要。因此，有效性作业首先是从作业量上删减、压缩，根据课堂教学内容精准定位，从而减轻孩子们的负担，相应地为老师减负。

其次，有的放矢地布置作业内容有利于激发学生的学习兴趣。

有效性作业的布置不仅是量的改变，更重要的是质的提高！有效性作业会通过优化作业的布置形式来激发孩子们的学习兴趣。对于语文作业来说，传统的布置作业形式无非是抄、默、练、读、背等，单调的作业形式显得枯燥乏味。有效性作业则通过转变作业形式，如换个有趣的名字，或者加入一些儿童游戏的闯关模式等来激发学生的学习兴趣。兴趣有了，孩子们完成作业的质量肯定会有所提高。

再次，有的放矢地设计作业形式有利于提高学生的学习能力，培养创新精神。

创新能力是一个国家发展和进步的关键性能力，创新能力的培养要从小做起，有效性作业会在一些题目设计上给予孩子们充分的想象空间，拓展他们的思维能力。同时，有效性作业还会充分考虑学生之间的个体差异，通过分层式的设计来满足不同孩子的需求，提高他们的学习自信心。

最后，有的放矢地布置作业还能最大程度上缓和亲子关系、师生关系。

有效性作业在作业量上删减，形式上转变，内容上创新，能够根据课堂教学内容与孩子们的学习能力精准定位，有的放矢，这样的作业解放了孩子、家长，使家长能与孩子更和谐地相处，相应地能有更多的空余时间进行亲子活动。在学校中，教师也能从作业中解放出来，把更多的心思放在教学能力的提高和创新上。

## 实践与操作

笔者从事语文教学，下面将从语文作业布置的角度来谈谈自己的一点看法，以期能和同行们交流、探讨。

（一）优化作业的布置形式与内容

1. 减少作业总量，合理分配作业时间。在教学中，我通过调查发现，传统的语文作业有很大一部分在重复抄写，抄写词语、注释、好词好句等，但到默写、运用的时候还有同学不会，这说明有相当一部分同学只是为抄而抄。做课堂的配套练习也是如此，面对繁多的题目，有部分学生为做而做，不管对错。针对这一现状，我进行了如下的改变：首先是让孩子们只抄默不会的词语，让他们自己列出生词黑名单，集中突破，而我会在第二天的课堂上及时反馈；词句积累也并非每天都做，碰到好词句，及时摘录，利用晨读时间反复诵之，促进知识内化；在做配套课堂练习时，删去一些无价值、重复的题目，把一些特别重要的练习结合到课堂教学中去，在课堂上解决，剩余的题目也合理分配校内时间，争取当日完成，及时反馈。

2. 转变作业形式，增强趣味性。趣味性不足也是传统作业布置中的硬伤，针对小学生喜欢新鲜事物、好奇心强、求胜心切的特点，我在设计作业时加入了一些新奇、好玩的元素，使孩子们对作业乐此不疲。如在字词识记积累方面，我设计了列出生字黑名单、火眼金睛找不同、成语迷宫我来闯、词语房子我会建等活动帮助学生巩固，同时根据教学内容灵活安排孩子们画一画、做一做、演一演等来提高孩子们的综合能力；在单元课文学习结束时，我还会鼓励他们自己出一张试卷，给小伙伴挖"陷阱"。孩子们的参与度都非常高，作业也从要我做变成了我要做。

3. 创新作业内容，提高孩子们的学习能力。在删减了一些机械性作业之后，取而代之的是布置一些主动性强的，锻炼孩子们语言表达能力的作业。如每日一评，书写的内容可以是班级事务，可以是校园新闻，抑或是对社会热点的评论等等，少者两三行，多者几百字，不做强制要求。在第二天的作业反馈中，我总要抽几本读给大家听，孩子们感受到了被聆听、被尊重的喜悦，做作业的积极性也大为增强。此外，还有作文方面，每次都布置四五百字的作文会让孩子们有畏难心理，交来的作文质量也不过关，怎么办？我会根据单元要求灵活布置表达训练的内容，比如，有时是一段人物心理描写，有时侧重人物对话的表达，有时是关于一件事发展的具体过程等等。同学们有了具体的语境，表达也变得顺畅多了。

4. 分层作业设计，让孩子们在作业中收获自信与快乐。我们在以往布置作业时，一般都是一视同仁，这就造成一部分孩子"吃得多，消化不良"，而另外一部分孩子"不够吃，吃不饱"。针对这一状况，在进行作业设计时我一般会把作业分成三星级：一颗星是结合课后要求，掌握基础的字词句子；两颗星是在字词句的基础上进行字词拓展运用和句子仿写；三颗星则是语文综合能力的提高，结合课文训练孩子们的口头表达能力及书面表达能力。孩子们根据能力主动选择，这样的分层作业也受到了家长的热烈欢迎，取得了不错的效果。

（二）创新作业的批改方式

教师对待孩子们的作业态度，直接影响孩子们的作业效率。美国心理学家威廉·詹姆斯说："人类本性中最深的企图之一是期望被赞美、钦佩和尊重。"刘春生在他的著作《让学生爱上作业》中说："学生作业做得怎么样，教师在批改时的态度很关键，强扭的瓜不甜，一味责骂学生只会埋下更多的厌恨，想让学生改变对待作业的态度，教师首先要改变自己！"因此，最近一段时间，在作业批改中，我也尝试跟孩子进行情感上的互动：当孩子的作业字体工整、书面整洁时，我会由衷地说："真是字如其人，希望你能保持！"当孩子在作文表达时语句优美、生动时，我会有些夸张地说："拜读了你的大作，身心愉悦，受益匪浅！"即使面对一些后进生的作业，我也会设身处地为他分析，哪些知识掌握得不好，需要怎样努力，同时也夸夸他最近值得表扬的地方。这段时间里，我明显发现孩子们更听话了，作业也有了不少进步，也更愿意在作业中敞开心扉和老师沟通了。我知道我的尝试才刚刚开始，贵在坚持！

**（三）建立作业完成的长效激励机制**

一直以来，孩子们对待作业的态度都是被动的，这对于一些意志力差的孩子来说更是折磨，要他完成每天的作业实属不易。这个时候，他需要的不仅仅是家长的提醒，更需要来自同伴的帮助和老师的激励。为了督促班级孩子认真及时地完成作业，我尝试把班级学生分成了6个作业小组，每组5人左右，选一个认真负责的孩子来做小组长。我们按照课堂、课后作业完成的速度、字体、准确率等维度进行打分衡量，由课代表记录，采取小组积分制。每周我们都会公布各小组的得分情况，根据得分评出冠亚军小组，并给予一定的奖励。奖励形式多样：或是每人一包零食，或是抽奖机会，或是免作业券，等等。小组捆绑表扬的形式大大激发了同学们的集体责任心，再加上小组人数不多，组中多数成员都能按时完成作业，于是少数不做作业者成了每组特别关心的对象，下课有人催，放学回家大家也督促提醒。一段时间下来，大家写作业的积极性大为提高，不完成作业的同学也越来越少。此外，对于完成质量好的学生作业，我们每月会开展一次作业展评，在展评中让孩子们感受榜样的力量。

## 课例与分析

下面我就结合一些具体的课例简单来谈谈作业布置内容与形式的优化。

**（一）优化作业形式，在绘画中内化知识**

低年级的课文注重形象，充满童趣，在作业设计与布置时我也充分考虑了这一特点，如部编版一年级下第一课《春夏秋冬》中，除了背诵课文，掌握必备字词外，我设计了这样一个作业：一年有几个季节？你最喜欢哪个季节？画一画你最喜欢的季节。对于低年级的学生来说，画画是他们比较喜欢的形式之一，通过画一画可以调动他们的学习兴趣，也使他们对每个季节标志性的景物有了深刻的印象。一些古诗的教学也可以充分利用孩子们爱画画的特点进行，在学习《池上》和《小池》两首古诗时，我也让孩子们选择自己喜欢的古诗来画一画，在画作中题上古诗，最后在班级中进行诗画展评，同学们通过互评选出5幅他们最喜欢的诗画作品，张贴于教室四周，让他们在作业中收获成就感。

**（二）创新作业内容，与生活实践相结合**

在语文学习中，观察能力的培养不可或缺。在学习一年级下册《端午粽》这一课文时，其中的第二自然段是重点，主要是通过粽子的色、香、味三个方面写出了粽子的特点。教授这篇课文时接近清明节，在我校的叶小厨星活动中，正好轮到我班孩子们包青团。我充分抓住这个机会，在当天的随堂作业中布置了这样一项作业：自己动手做一个青团，仔细观察青团的形状、颜色等，模仿课文的第二自然段写几句话。虽然孩子们还只是一年级，但因为他们有亲身的实践经历，大部分孩子都写得较好！其实，与生活实践的结合不仅仅是写观察日记、种植日记等。在语文口语交际能力的培养上，如低年级教材中的打电话、问路等，也是与生活实践密切相关。

**（三）从课文的空白处设计作业，拓展孩子们的思维能力**

选入教材的课文中大多故事情节很强，这样的文章可以引导孩子们进行续编续写故事。如在学完《狐狸与乌鸦》之后，我创设了这样一个情境：几天后，乌鸦和狐狸又相遇了……他们之间会发生什么呢？小朋友们对这个故事非常感兴趣，充分发挥自己的想象续编故事，不拘一格，非常精彩！在学完《小猴子下山》一课时，当小朋友们读到"小猴子只好空着手回家去了"，感到非常沮丧和扫兴。课后，我趁热打铁，设计了这样一道拓展题：过了几天，小猴子又有机会下山了，他会看见什么，又会怎么做呢？小朋友们均能根据课文，发挥想象，开拓思维，同时也锻炼他们的表达能力。在高年级的教材中，同样有很多可以续写续编的片段可供我们设计。

**（四）针对孩子特点，进行作业的分层设计**

分层设计作业能针对孩子们的学习实际，打消他们对作业的畏难心理。如学习完二年级上册第 17 课《难忘的泼水节》后我布置了如下的星级作业：

★——读熟课文，会默词语：难忘、泼水节、一年一度、四面八方、龙船花炮、欢呼、人群等；

★★——用上"象脚鼓""凤凰花""银碗""柏树枝"说一说周总理是怎样和傣族人民一起过泼水节的；

★★★——找出描写周总理外貌的句子读一读，并试着任选一位自己的家人完成一段外貌描写。

对于基础较差的孩子，我只要求他完成一星级的作业；中等的小朋友可以完成 2 个星级的作业；而学习基础好的，表达能力强的可以挑战三星级的作业。作业布置下去后，让我意外的是有些孩子基础不是很好，但勇于挑战自我，也完成了三个星级的作业。这样的作业设计充分尊重了孩子们的实际需求，给予了孩子们选择权，让他们在作业态度上变被动为主动。

## 点拨与提示

我们在教学中要时时以孩子为本，以上海市中小学生学业质量检测的绿色指标为依据，精准定位，有的放矢地布置并批改作业，方能有效提高孩子们的学习效率。在作业设计方面，我们还需注意以下几点：

1. 有效性作业的设计不是一蹴而就的。虽然有效性作业设计可以有很多有趣的内容和形式借鉴，但是每课的作业与考察内容不尽相同，这就需要我们根据课文内容进行有针对性的调整，一课一设。

2. 有效性作业一定要注重反馈，坚持反思。有时候在我们教师看来，作业题目的设计有益于孩子们提高某种语文能力，但在实际运用中确未必如此，因此，教师要注重倾听孩子、家长的心声，不断去改进方式、方法。

3. 要做有心的老师，注重积累与创新。有益、有效的作业设计有些是可以重复运用的，我们在平时的作业设计中要注意积累和汇总，同时要结合当前的教育生活内容不断创新，让孩子们保持对作业的浓厚兴趣。

（撰稿者：闫秀菊）

### 第 07 招

## 图文并茂：用插图吸引儿童的眼球

图文并茂的意思是指在一篇文章里，图片和文字都很丰富多彩，它们互相陪衬、相得益彰。低年级部编语文教材图文并茂，在语文教学中发挥着巨大的作用。因此，教师合理有效地利用插图资源展开教学，将大大增加孩子学习语文的兴趣，提高孩子的语文综合素养。

### 背景与问题

语文课本中的插图是一种很好的课程资源。部编版小学语文教材里，每篇课文几乎都配有精美的插图，而且都是彩色的，能很好地吸引孩子的眼球，甚至课后题目的要求，也没有离开图画。这些精心设计的插图，十分符合小孩子的心理特点，是一种可贵的课程资源。这些形象、具体、直观、透着趣味的图画，可以帮助孩子们更好地理解课文内容，培养审美情趣、激发想象。插图是教材的重要组成部分。我们希望通过自己在实际教学中的实践与思考，充分利用课文插图，提高低年级孩子的言语表达能力，从而激发孩子兴趣，营造良好情境，巧妙解决教学重难点，发挥插图的有效作用。但在实际教学中对插图的使用存在以下问题：

1. 现实中部分教师对配套课文的插图不够重视，在备课中没有关于插图在教学中的具体应用。

2. 有相当一部分语文教师对指导小孩子看插图的认识不够，甚至有个别教师在教学环节的设计上忽略了指导看图这个步骤。

3. 当下语文课堂中存在着教师运用插图教学的方式不合理，教师对插图利用率不高，孩子很难自主运用插图等问题。这是由孩子有限的知识经验和教师对课本插图利用的研究缺失导致的。

## 理念与意义

课本插图是语文教材中鲜活灵性的材料资源，它以其形象生动性吸引着孩子的眼球，作为语文教材更具直观性和形象性的材料依托，插图引起更多教育者越来越多的探究。伴随着插图作为新的课程资源这一地位在新课程改革之中得到落实，对于插图的利用也越来越代表着教师的专业水平和语文素养。在实际的教学中，如此重要的插图到底发挥了哪些作用，又可以提升培养孩子的哪些能力呢？

我们认为研究语文教材中的插图对推进语文教学创新化，提升教师的教育机智，改变孩子的学习方式等方面都起着积极作用，故选择以小学低年级语文课本插图在教学中的有效利用为突破口研究如何借助课文插图促进提高孩子语文素养。此外，课本中的插图还具有以下作用：

1. 有利于孩子提高学习的兴趣。在小学低年级的课本中，每篇课文都配有意境优美的插图，这些插图富有形象性、启发性、直观性和趣味性。比如学拼音时，课本中配的插图上有相关联的动物或人，学生可以借助物体的形状来识记，有趣且有用。同样，课文插图有助于激发学生识字、学习课文的兴趣。

2. 有利于孩子理解课文的内容。教学中教师可以借助插图，让学生抓住课文的重点内容。比如，有的课文只有一幅插图，但它起到了突出课文重点内容的作用，教师可以在课堂上先让学生观察插图中的人物和景物，想象可能发生了什么，再去课文找找，哪些话与插图对应，从而把握课文主要内容。有的课文有几幅插图，教学时教师也可以先让学生观察插图，了解课文情节变化情况。这样，让学生通过观察插图上的内容，借助景物和文字再去理解课文内容，将收到事半功倍的效果。

3. 有利于孩子习得观察的方法。教师在指导学生观察插图时，要有意识地激发学生观察的兴趣,培养良好的观察习惯和观察方法。要注意教学生观察时按照一定的顺序,如从左往右、从上到下、由远及近等等以及观察的主次、细节等。教师要紧紧围绕大纲要求,培养学生相应的观察能力,即从由人到景,从主要人物到次要人物,从人物的衣着动作到表情,先整体再局部观察等。

4. 有利于孩子展开想象的翅膀。图画不单是文字的说明,还可以拓展儿童的想象。课文插图的画面虽然是静止的,只反映事物的片段和侧面,但其内涵丰富深邃,更容易引人想象。我们正好可以利用插图的这一特点引导学生在化"静"为"动"中激发联想和想象。教学中,教师要引导学生在观察、揣摩图意的基础上,进行合理的补充、连接、组合,发掘图画的深层内涵。

## 实践与操作

课本的插图是教材的一个重要组成部分,据统计,一年级上下两册中有插图 218 幅,二年级上下两册中有插图 121 幅。从这些数字中我们不难看出: 在低年段,几乎每篇课文都配有一幅或多幅插图,插图在教材中具有举足轻重的地位。

当确定下这个研究主题之后,我就低年级的教材进行了分析,在对低段的教材进行梳理之后,认真观察了每篇课文中的插图,挖掘插图与文本的关系,明确插图类型与作用,再运用到自身课堂中。通过对插图教学的研究和实践,我提升了自身对课本中插图资源的有效利用,更新了教育观念,并对课文中插图的合理性和有效性做出了思考,具体进行了以下实践活动:

1. 借助课文插图帮助孩子想象文本情境。课文与插图的结合丰富了语文教科书的内涵,美化了语文教科书的形式,为语文课堂教学提供了一道亮丽的风景线。欣赏插图,突破了学科的限制,增强了视觉效果,调节了学生的精神状态,增强了记忆,拓展了想象空间,激发了学生的实践兴趣,为改变单纯沉闷的课文教学,营造了快乐的语文教学氛围,搭建了一个平台,从而加深孩子对文本的理解。

2. 借助课文插图帮助孩子观察事物的特点。在教学中,我一般从看图入手,看图和学文结合。通过看图来培养学生的观察能力,从而帮助他们进一步理解课文。在看图时，我们引导学生先弄清楚观察的对象、要求，有明确的观察目的，这样学生才能在观察时能集中注意力，有的放矢地进行观察。

3. 借助课文插图帮助孩子理解文本所要表达的情感和意蕴，提升孩子的说话和写话能力。教学时，我运用课文插图进行说话写话训练，有效地帮助学生降低写话的门槛，培养学生的表达能力。

仿说练习是低段学生提高说话能力的重要训练途径。仿说就是仿照例子说句子，而文中的插图不仅是学好文章的工具，也是指导学生进行仿说训练的好帮手。另外，小学语文教材中许多课文都留有空白。这些空白点给学生以无限的想象空间。我们可以利用文本的空白点，借助课文插图，指导学生开展说话训练。这种说话是在阅读理解的基础上，对原文情节、人物做更深一步的想象，学生的说话也会因此变得更轻松、更有趣。

## 课例与分析

教材插图是一种重要的课程资源，具有趣味性、直观性、启发性和情境性等特征。借助教材插图，教师可以快速将语言文字信息转化为生动的图形信息，分解孩子对文字内容认知的难度，突破语言学习的难点。高效使用教材插图，教师要在课前多角度运用插图，有效地获取信息；课中多方面运用插图，有效地提升孩子的表达能力；课后深度运用插图，有效提高孩子的思维能力。同时还要注重梳理插图内容，把握插图运用的时机。

小学低年级孩子正处于直观性思维阶段，我们要充分运用教材另一道亮丽的风景——插图。部编版语文教材中的插图形象鲜明独特、画面别致精美，给人以强烈的视觉冲击。教学需要深入洞察教材编者配置插图的用意，充分发挥教材插图的教学功效，促进教学效益的整体性提升。通过图文并茂，再现语境，引领孩子直观识字；鲜活再现，情境体验，引领孩子感情朗读；搭建支架，顺延情境，引领孩子畅快练说，促进孩子核心能力的高效发展。下面谈谈我在二年级第四册教材中使用配套课文插图的一些实践体会。

（一）借助课文插图帮助孩子想象文本情境

在《蜘蛛开店》一文中，课文插图为孩子设置了一个鲜活的情境，教师可以利用这些插图，巧妙地引领孩子进行观察，从而更好地走进课文，历练孩子的理解能力。课文有三幅插图，与故事内容相对应。第一幅图是蜘蛛正忙着给河马编织大口罩，河马笑眯眯地看着蜘蛛。观察第一幅图时，我请孩子看河马的嘴巴，孩子很快说出河马的嘴巴真大，从而理解蜘蛛为什么足足用了一整天的功夫。第二幅图是蜘蛛正忙着给长颈鹿织围巾，长颈鹿的脖子上已经绕了5圈，蜘蛛还没织完。长颈鹿嘴角上扬，很享受的样子。大家一看到就惊叹：它的脖子好长啊，不免为蜘蛛担心，这得织多久呀，这样他们很容易就明白了为什么小小的蜘蛛足足花上一个星期的时间才织完长颈鹿的围巾，比编织口罩的时间多多了。第三幅图是蜘蛛看到来了一条四十二只脚的蜈蚣时，吓得目瞪口呆，立刻逃走。蜈蚣张大嘴巴、伸出双手，似乎想喊住蜘蛛。

（二）借助课文插图帮助孩子观察事物的特点

在《小毛虫》一文中，课文配有三幅色彩艳丽的插图。第一幅图中，小毛虫趴在叶片上探头探脑，好奇地打量着周围的一切。蚂蚁、瓢虫、蜜蜂等昆虫开心唱跳、欢快飞舞。出示插图后，我请大家说说小毛虫、蚂蚁、瓢虫、蜜蜂的样子，从而理解它不会唱，不会跑，更不会飞的原因，学生对词语"可怜、笨拙、九牛二虎之力"也有了更深的理解。第二幅图中，小毛虫织成茧屋把自己裹了进去，孩子对茧子是不太了解的，我就请同学观察它的样子、颜色，看看此时的小毛虫在哪里，很多孩子说没看到，这时就有同学说小毛虫在里面，从而帮助他们很好地理解词语"从头到脚、裹"的意思。第三幅图描绘了小毛虫变成美丽的蝴蝶后翩然而飞的画面。看着插图，孩子很快说出它有一对轻盈的翅膀，上面有很多色彩斑斓的花纹，蝴蝶的主要特点了然于目。三幅插图形象地呈现了小毛虫从结茧到羽化成蝶的变化过程，可以有效地帮助孩子理解课文、讲述故事。

（三）借助课文插图帮助孩子理解文本所要表达情感和意蕴

在《青蛙卖泥塘》这一课中，课文最后一节写了"于是青蛙不再卖泥塘了"。孩子读完后我问："青蛙为什么决定不卖泥塘了？"问完我放出了课文书上的两幅插图。第一幅图对应泥塘改造前的内容：泥塘里水很少，周围光秃秃的，青蛙正在烂泥塘旁边竖起"卖泥塘"的牌子。第二幅图对应泥塘改造后的样子：泥塘里水灌满了，荷叶绽开了圆圆的笑脸。泥塘边，草儿绿了，花儿开了，蝴蝶正在花丛中舞，青蛙咧开了嘴，似乎在欢快地歌唱。孩子们根据这两张对比的图片，说说两幅图不同在哪里。在说的过程中，孩子对前面所学的内容进行简单的复述，也明白了青蛙不卖泥塘的原因是因为青蛙做了很多事后，他的泥塘变美了，他决定自己住。孩子在边观察边表达中体会到了劳动能创造新生活，体会到了课文主旨。

总而言之，部编版教材低年级中的教材插图，不仅关注了图片自身内容的形象性和生动性，更关注了文本情境的再现，与文本所要表达情感和意蕴有着更加紧密的联系，为更好地引领孩子解读文本、历练能力奠定了基础。因此，作为从事低年级语文教学的一线教师，应该充分运用插图创设情境、运用情境，为孩子的观察理解、审美体验、思维发展等搭建坚实的支架，从而让语文课堂教学妙趣横生。

## 点拨与提示

在教学中，利用插图和文本语言的有机结合，能使孩子的观察力、想象力、思维力、记忆力和理解语言、运用语言的能力同时得到发展。备课时，教师不仅要备课文，也要备插图，要对文中插图进行仔细的观察，并努力挖掘文中插图的语言训练因素。因此，教师在备课过程中可注意以下几方面：

1. 选择好插图内容。首先要判断插图对自己的教学是否有用。对合理的插图，可以加以使用，对不合理的插图，则要当机立断弃之不用。其次，要精选插图，而非面面俱到。

2. 把握好使用时机。使用插图的时机要依据课文插图及其教学目的而有所不同，有的要放在讲读课文之前，有的要与课文讲读结合，而有的应放在讲读之后。

3. 持之以恒。孩子语文素养的培养要靠平时点点滴滴的积累，教师在平时的备课中就要养成关注课文插图的习惯，长此以往，相信孩子们的语文能力能这样一点点发展起来。

（撰稿者：杨卫萍）

## 第 08 招

## 按图索骥：让儿童循着绘本进入语言世界

所谓按图索骥，即针对低年级孩子害怕写话、不知怎样写的问题，我们在教学改进中，采取绘本促写的方式，以绘本创设写话的情境，让孩子们在绘本情境中激发表达欲望，使之乐于写话，有话可写。

### 背景与问题

长期以来，小学作文教学两大问题突出。

问题 1：作文模式化，缺少创新和童趣。常见的作文题有植树、打扫教室等"打扫卫生"类，让座、扶盲人过马路等"乐于助人"类，不乱扔垃圾、不采摘花朵等"保护环境类"，以至学生作文出现套路过多、千篇一律的现象，习作毫无新意，缺乏童真童趣。

问题 2：作文起步迟，许多老师认为说写是中高年级的事，低年级教学的任务就是字词，这直接导致了孩子们在中高年级的书面写作中，不同程度地出现畏难情绪。

近年来，上海市、区的研究重点始终围绕语文核心素养，充分关注表达。当然，关注表达要基于年段要求和学生特点，低年段的教学要以字词句为主，在模仿中学习基本与规范的短语和句式。2013 年 10 月，嘉定区"慧雅阅读"项目推进实施，立足区域文化底蕴，开展阅读指导，将阅读渗透于各个学科，在课程资源、课程设置、课程开发等方面进行了有益的探索。

基于以上背景,我们开启了低年级绘本促写活动。低年级孩子在学习写话时往往害怕写话,一怕没内容;二怕不知怎样写。而绘本能很好地解决这些问题,按图索骥,教师创设了形象化、有无限想象空间的写话情境,让低年级孩子在情境中愉快体验,从而乐于写话。

## 理念与意义

按图索骥,从写话教学的需要出发,通过绘本创设的虚拟情境,让学生置身其中,用心感受丰富多彩的写话情境,去实践体验、观察思考、想象联想,从而引起学生丰富的情感体验,调动学生的写话兴趣和热情,激发学生的想象力、创作力,提高学生的写话能力。低年级绘本促写的意义体现在以下三个方面:

（一）**绘本创境,有利于激发写作兴趣**

绘本画面精美,文字精练,情节精妙,想象奇特。它贴近儿童生活,能让孩子们很容易进入故事情境,跟随故事去体验和经历,让每一个孩子都成为阅读的参与者、故事的建构者和体验者。绘本图文共述的形式使其可以看,可以读,可以画,也可以演,这些都为绘本促写提供了多种可能。与传统的看图作文形式相比,绘本增添了更多的画面空间、想象空间,更利于引领孩子走进故事情境,让孩子在鲜活的情境中感受,从而激发孩子的表达欲望和写作兴趣。

（二）**绘本激思,有利于打破写作框架**

低年级以往的看图写话几乎都是以"帮助他人""爱护环境""文明礼貌"等为主题,这些主题从道德的角度进行说教,不能激发孩子的写话兴趣,还会扼杀他们的想象力和创新能力,使孩子陷入作文模式化的困境。绘本独特的叙事风格可以打破传统的作文教学模式,帮助孩子摆脱写作框架的束缚,打破僵化的思维模式,激发孩子们的想象力。绘本的主题涵盖儿童生活的方方面面,充满了童真童趣,贴近他们的生活经验,为孩子们创设了多样的生活空间,容易引发孩子们的阅读感悟,能有效解决孩子们写作时"无话可说、空洞无趣"的烦恼。

（三）**绘本促情,有利于促进情感表达**

作文只有充满真情实感,才能打动心灵。绘本中的许多作品都蕴涵着深刻充沛的精神力量，为孩子们提供了良好的范例。爱的理念也大量蕴含于绘本之中，教师将绘本中阐释爱的作品引入到作文教学中，引导孩子们学习绘本中爱的表达方式，也能够有效提升孩子们写作时的情感表达力。

总之，按图索骥，借助绘本引导学生自主积极地参与到写话过程中去，积极活动和亲身体验，在写话中发现乐趣，融入真情实感，让写作更有血有肉、情动而辞发。

## 实践与操作

按图索骥，以绘本情境促进低年级孩子写话，可以从以下四方面实践操作：

### （一）观察情境，铺垫写话

在绘本促写教学中，教师可引领孩子们进入绘本故事，唤起他们的生活感受，捕捉孩子们情感与绘本的切入口，并在表达中找到情感出口，最终使绘本写话成为一个水到渠成的过程。绘本中的图画往往飞扬着想象，连细节都有故事。因此，观察情境是绘本写话的一个重要步骤。

绘本图画富有视觉美，指导孩子们有目的地去观察情境，捕捉不为人注意的细节，能够培养孩子们留心观察事物的习作习惯，激发孩子们积极探索绘本的热情和阅读欲望。当孩子们有意识地对情境进行有序观察时，就会引发积极活跃的思维，从而带动后续具体生动的表达，并为之后的写话做好铺垫。

### （二）发掘借鉴，模仿写话

对于作文处在启蒙阶段的低段孩子而言，要想提升自身的语言能力，模仿借鉴优秀的作品必不可少。绘本文字优美，语言简洁精炼，充满诗意的描绘，展现出了活泼生动的习作素材，其语言艺术更易于为孩子们接受。

在阅读过程中，教师通过巧妙的引导，使孩子们体会绘本语言的精妙，发掘绘本的语言规律，并从中挖掘习作的种子，学习绘本的表达方法，进行创造性的想象与写作，使其在兴趣盎然中不知不觉融入写作，将绘本语言内化为自己的语言，最终有效地把绘本阅读与写作相结合。

### （三）提供支架，助力写话

在学习绘本的表达方法时，需要给予孩子们必要的语言支架。要引导孩子们发现文本中关键的句型结构或反复出现的表现手法，并在写话中提炼总结归纳，为孩子们搭建语言支架。如表示假设关系的"要是……就……"句式，比喻的修辞"……好像……"，表示因果关系的"因为……所以……"句式，等等，为孩子们写话提供有效的抓手，既能降低写话的难度，又能帮助孩子们丰富绘本语言，进一步助力绘本写话。

教师提供的支架要有层次性，由扶到放，逐层递进，逐渐加大支架的难度，好似给孩子们一个上台阶的手杖。支架可以拆分，分步进行，由简到繁，层层推进。在起步阶段为孩子们搭建好写作的框架，能为孩子们在今后写作时谋篇布局打好基础。

### （四）迁移拓展，深化写话

迁移拓展是绘本写话的一个提升，可以提高孩子们的语言组织能力和思维逻辑能力。在借鉴模仿绘本的经典言语范式后，可以联系孩子们的生活经验，由此及彼，将绘本情境迁移，为孩子们创设更加多样的生活情境，进行写话创作。

迁移拓展，发散思维，给孩子们写话插上想象的翅膀，深化了绘本写话，同时拓宽了孩子们的写作思路，激发了孩子们的想象力，能够逐渐提高孩子们的写话水平。孩子们在自由创作的过程中，语言表达越来越流畅，情感思维越来越丰富，童真童趣自然流露。长此以往，孩子们的语感会不断提升，语言思维能力也会得到发展，表达能力自然也会提高，孩子们的语言会变得活泼灵动，充满童趣，作文也会成为孩子们的一种快乐享受。

### （五）创作绘本，深度体验

当小朋友们经历了丰富多彩的绘本阅读课堂，并尝试过多种形式的绘本促写活动后，他们不仅仅满足于简单的模仿写话了。这时，教师可以带领他们深度体验，创作绘本，让他们体验一把当小作家、自己创作的喜悦。

创作绘本时，首先要引导学生确定一个绘本主题或用某些主要句式进行创作，然后按照统一的尺寸裁剪张纸并根据绘本内容作画。图画注意版面设计，不宜太小，显得空白很多，也不宜太大，还要为文字留出空间。图画完成后，可填写绘本文字。注意书写端正，绘本文字短而精。最后完成封面、封底的设计和制作，并装订绘本。创作绘本要小组合作完成。在创作过程中，小组组长要根据孩子们的不同特点合理分工，如擅长绘画的、书写漂亮的等等，当然，绘本中的文字内容必须每人都要参与创写。封面要写上绘本书名和创作小组的组名以及成员姓名等。

创作绘本是一件很有意义的事情，也很考验孩子们的耐心、细心、合作等各方面的能力。这个过程虽难，但很有趣。小组合作创作绘本，给孩子们带来的成就感是无与伦比的。大家经历了创作与合作成功的深度体验后，对绘本写话的兴趣会越来越强烈。

## 案例与分析

在具体的绘本促写教学中，我们可以通过体验观察、模仿借鉴、拓展创编、创写日记、自制绘本书等多种训练形式，有效激发孩子们的写作灵感与热情，提高低年级孩子的写话能力。由于一、二年级孩子识字量有限，有时我们也通过口头表达来进行写话训练。

### （一）体验观察，充实想象

许多绘本在画面和语言的叙述上都留有空白，为读者提供了想象的空间。教师要善于挖掘这些留白之处，创造性地运用空白点进行写话训练。在绘本阅读中，引导孩子们观察绘本画面，根据绘本的整体意境充实画面，并在脑海中对故事情节展开想象，甚至设计人物的语言、动作，揣摩人物心理。

例如：绘本《母鸡萝丝去散步》中的文字很少，除了母鸡萝丝散步的故事外，图中还隐藏了狐狸追逐母鸡的惊险历程。在共读绘本时，我引导孩子们把隐藏在文字背后狐狸的倒霉经历说出来。首先，在导读时引导孩子们观察封面，猜一猜故事要讲什么。孩子们观察图片后纷纷猜想，有的说狐狸想和母鸡交朋友。有的说狐狸想吃掉母鸡。有的说狐狸想吃母鸡的蛋，所以他偷偷地躲在那儿，静悄悄地跟着母鸡。当我们读到母鸡经过池塘时，再请小朋友观察青蛙的动作，猜一猜青蛙正在干什么。小朋友有的说青蛙正在石头上唱歌。有的说青蛙在提醒母鸡，要小心啊！有的认为青蛙在对狐狸说，不要伤害母鸡！有的说青蛙正在写诗……当看到狐狸被干草堆埋住了，又让孩子们猜一猜狐狸此时心里怎么想？有的说今天真倒霉，抓只鸡怎么那么难呀？有的说这只鸡真神奇呀，为什么我老是抓不住它呢？有的说我累得头晕眼花了，气得要吐血了……

因为有了图画情境，孩子们练说时有话可说，也潜移默化地抓住了人物的动作、心理描写来丰实语言，使绘本人物变得鲜活生动。借助绘本，对故事进行扩充延伸，充实画面，使孩子们产生丰富的联想，促进了孩子们言语思维的发展，更培养了孩子们的逻辑思考、推理能力以及听说读写的语文能力。

（二）模仿借鉴，画写增趣

绘本主要以图画来讲故事，低年级孩子天生喜欢画画，用画画表达自己的想法。在共读绘本时，学生认真观察绘本画面，读完绘本后，再模仿着画一画自己脑海中的故事，借此培养学生的阅读乐趣，发展想象力和观察力。

例如：绘本《我爸爸》非常有趣，也贴近孩子们的生活。共读绘本时，我们先请孩子们夸一夸爸爸，然后带领他们再读绘本，了解绘本句式特点，如"我爸爸吃得像马一样多，游得像鱼一样快。他像大猩猩一样强壮，也像河马一样快乐。我爸爸真的很棒！"学生学着绘本的样子用上比喻句"我爸爸像……一样……"再来夸一夸自己的爸爸，使自己爸爸的形象更加生动，最后配上与文字相呼应的图画。孩子们画得非常形象，写的文字也特别有趣。如：

我爸爸跑得像兔子一样快。

我爸爸跳得像袋鼠一样高。

我的爸爸像大树一样强壮。

我的爸爸像赛车一样酷。

我爸爸像老虎一样凶。

……

低段孩子在写话时通常都要依靠图画的帮助，几乎所有的孩子初学写话时都需要从模仿借鉴开始。以画促写启迪了孩子们的想象力，激发了孩子们写话的乐趣，有效发展了孩子们的想象力和观察力。

（三）搭建平台，由仿到创

仿写是提高写话水平的重要途径。仿写从一句话开始，逐渐走向一个情节。在仿写的过程中，孩子们运用语言，迁移文本中的表达方式，从而将运用鲜活起来。随着写话难度的增加，教师可以为学生搭建写话的平台，让学生逐渐提高写话能力，由仿到创。

例如：绘本《动物绝对不应该穿衣服》语言简洁，句式重复，是孩子们仿写的好素材。因此，在绘本欣赏后，我及时渗透写法，利用问题"作者为什么反对动物穿衣服"，帮助孩子们归纳原因：体型不符；生活环境不适合；不方便；没必要、多余；不适合生活习惯。利用句式"动物绝对不应该穿衣服，因为……"引导学生进行仿写。在写话时，先给孩子们搭建梯子，出示蜈蚣、牦牛、青蛙、蝙蝠的图片和句式，让孩子们用"动物绝对不应该穿衣服，因为_____。"来自由说一句话。之后提高要求，四人小组自由合作，在学习单上用"动物绝对不应该穿衣服，因为_____。"句式，每人写一句话。要求句式正确，抓住动物特点，动物不能穿衣服的原因要各不相同。这样逐层递进，写的难度逐渐提高，孩子们也有了学习的扶手，有话可写。

孩子们仿写的句子有趣可爱，如：

动物绝对不应该穿衣服，因为刺猬会把衣服刺破。

动物绝对不应该穿衣服，因为小鲸鱼很美，不需要穿。

动物绝对不应该穿衣服，因为鲸鱼穿了衣服就不能喷水了。

动物绝对不应该穿衣服，因为扇贝穿了衣服会憋气的。

……

在教学中，我抓住了绘本中"……因为……"这个典型的言语范式，由扶到放，迁移文本，降低了写作的难度，使孩子们不仅达到了训练的目的，而且加深了对文本的理解，实现了由仿到创的良好效果。

**（四）灵动拓展，延续精彩**

许多绘本故事的结尾都有让人浮想联翩的空间，这时可以让孩子们发挥想象，续写绘本故事。在续写结尾的过程中，孩子们积累在头脑里的素材被激活，于是就产生了各种各样异彩纷呈的故事结尾。

例如：绘本《我有友情要出租》结尾戛然而止，省略号给人留下无数的想象空间。此时，老师设问："咪咪还会回来吗？大猩猩最后找到朋友了吗？"让孩子们发挥想象，自由发言，将自己所感所想以续写的方式说出来，收到了很好的效果。有的说，大猩猩等呀等！小老鼠吱吱叫地爬过来，跟大猩猩打招呼："大猩猩，我们来玩捉迷藏吧！"大猩猩点了点头。斑马也慢悠悠地走了过来:"我也来参加。"小熊、小鸟都过来参加了……森林里真热闹呀!有的说,动物们都想跟大猩猩玩,但是大猩猩抱着洋娃娃回家了,他只想和咪咪玩,他觉得咪咪一定会回来,因为大猩猩想咪咪,她会回来的!有的说,一阵风把大猩猩枯黄的树叶信吹到了繁华的小镇上,小镇上的小朋友们看到了那封信,大家一起约定这个星期天一起去大森林里找寂寞的大猩猩玩耍、做游戏。

通过续写故事,孩子们的参与和创造的愿望得到满足,形象思维被激活。续写结合了读、写两种方式,把语言模仿与内容创新相结合,在充分发挥孩子们想象力的同时,提高了语言的使用能力,从而实现促学效果,延续了故事的精彩。

教师还可以由创编绘本故事拓展到课外创写日记,使小朋友们写话的范围更宽更广。如《蚯蚓的日记》是非常有趣的绘本,与孩子们共读时,我们笑得前仰后合。读完后我启发学生思考:这本绘本和我们以前读的书有什么不一样的地方?孩子们在观察思考后能得出:绘本多了"几月几日、星期几、天气"这样的内容。我就趁机告诉他们这就叫"日记"。日记有规定的格式,一般记录自己生活中发生的真人真事、真实情感,有话则长,无话可短。

基于一年级小朋友的起点,为了不加重学生的学习负担,我布置他们写"一句话日记",可以用一两句简短的话配上画面,可以从观察日记写起,如学校发了胡萝卜种子,观察种子的变化并记录。家里养了蚕、乌龟、鹦鹉等小动物,观察它们的外形和活动,写一写它们有趣的行为。妈妈买了一盆长寿花,观察它的花朵枝叶,写一写它的美丽身姿。你也可以观察路边的小花小草,遇见的小猫小狗,甚至是天上的白云……也可以记录特别的日子、特别的活动,如学校开展比赛活动,去外面游玩、家中有人过生日……

创写日记,有效拓展了孩子们的写作范围,给孩子们提供了写话的素材,让他们有话可写,从此不再生搬硬套,日记越写越灵动,充满童真童趣。一句话日记每周交上来一次,逐一批改打星,获三颗星或以上的优秀日记会被打印出来,发表在我们班级的"星星私语"报纸上。

**(五)自制绘本书,体验成就感**

在和孩子们一起共读绘本,经历了体验观察、模仿借鉴、拓展创编、创写日记等多种训练形式的绘本促写活动后,我还带领他们体验了特别有成就感的自制绘本书活动，让他们体验了一把亲自动手创作的喜悦。

首先，我带领他们共读绘本《好大声的书》，学习了绘本中排比的修辞手法。如有蚂蚁，好大声；蟋蟀，好大声……读完绘本，我创设了几种情境请小朋友们想象，如今天跳绳比赛得了第一名，你什么心情？妈妈答应带你去动物园玩，现在又不能带你去了，你的心情是什么……我告诉学生，把产生这些心情的具体表现写下来，每人写三句话，旁边配上对应的画，就能出一本书啦！最后，我在PPT上提供了一些关键词：开心、伤心、生气、紧张、无聊、有趣、激动……当然，也可以用其他词语，比如：美丽、可爱、悠闲……请全体同学以小组为单位，合作自制绘本书。每小组选一个词语，也可以另写词语。小组里每人写三句排比句，并在旁边配上相应的图画，然后小组成员互相修改排比句。小组长负责画好封面，封面写上书名和小组名，例如：好××的书，星星小组。这样，四人小组合作手制绘本书就成功啦！最后，我们在班级里展示了每个小组创作的绘本书，孩子们发挥了奇思妙想，制作了"好美丽的书、好漂亮的书、好安静的书、好悲伤的书、好开心的书"等绘本。大家欣赏完彼此的杰作后，纷纷投票给自己最喜欢的绘本，我们给最终获胜的三个小组颁奖。

除此以外，我们还经常举行与绘本有关的表演性活动。如绘本朗诵、讲绘本故事、绘本小剧场表演等。这些活动也间接促进了孩子们绘本写话的兴趣，使孩子们更加乐于写话。

按图索骥，让儿童循着绘本进入语言世界。教师要善于利用绘本情境，挖掘绘本中有价值的语言训练点，引导孩子们进行创造性的想象写作，使其在兴趣盎然中不知不觉将绘本语言内化为自己的语言。绘本促写将绘本情境与写话有效结合，让写话真正成为孩子们的一种享受，也为今后中高年段充满童趣的个性化作文奠定了良好的基础。

## 点拨与提示

按图索骥，以图文并茂的绘本为媒介，以绘本创设写话的情境，采取绘本促写的方式，促进孩子们的写话启蒙。在实践过程中需注意：

1. 低年级绘本促写需要教师的阅读指导，教师可以绘本阅读为主题开展课堂实践活动。

2. 要保证一定的阅读量。如每晚亲子阅读至少 30 分钟，逐渐实现从量变到质变的过程，才能顺利链接绘本促写活动。

3. 评价的形式力求多样化，这样对孩子们的阅读兴趣会有长久的激励作用。

（撰稿者： 张敏）

第 09 招

## 相辅相成：课内课外共促阅读品质

所谓的相辅相成，就是指两件事物互相补充，互相配合，缺一不可。在阅读教学中，以课内阅读为主，课外阅读为辅，两者相辅相成，才能取得良好的效果。儿童在课堂中掌握阅读的方法，在课外进行阅读的拓展，增长知识。阅读教学中的相辅相成，就是在立足课内阅读的同时走向课外阅读，让课内阅读与课外阅读互相补充，互相配合，扎实推进阅读教学，提升阅读的品质。

## 背景与问题

苏霍姆林斯基说过："让学生变聪明的方法，不是补课，不是增加作业量，而是阅读，阅读，再阅读。"如今，阅读也被提到了重要的地位，《义务教育语文课程标准（2011年版）》中明确提出了"九年课外阅读总量应在400万字以上"。[1] 其中对各学段学生的课外阅读提出了一个量的规定，要求第一至三学段（一至六年级）课外阅读总量不少于145万字。面对趋于"大阅读化"的高考改革趋势，学生的课内外阅读越来越被学校、家庭、社会所重视。从小不进行大量阅读的孩子将被这个时代抛弃。在多年的教学实践中，笔者发现相当多小学阶段的儿童课内阅读与课外阅读脱节严重，他们课内外阅读的现状不容

---

[1] 中华人民共和国教育部. 义务教育语文课程标准（2011年版）[S]. 北京：北京师范大学出版社，1991：7.

乐观。

1. 重课内，轻课外。 课内阅读纯粹是学教材，教师往往只重视儿童对教材中课文的学习，而忽视课外文章的阅读。对语文课外阅读不重视，甚至有教师把看课外书说成了看闲书，更不用说进行课外阅读的指导了。

2. 重课文，轻拓展。 教师只重视课文内容的讲解，而忽视与课外阅读的链接，与生活实际的链接，没能关注儿童阅读兴趣的激发。忽视了课外拓展阅读的引导，使儿童的学习视野受到限制，导致他们无法感受到语文阅读学习更广阔的天空。

3. 重知识，轻应用。 由于受传统教学理念的影响，有的教师注重的是对知识的传授，只重视儿童掌握了多少知识，关注学生对知识的接受和理解，忽视了对所学阅读方法、技巧的迁移，没能把知识的运用放在重要的位置。

总的来说，小学语文阅读教学中，教师普遍重视课内阅读，忽视课外阅读，没能做到两者的相辅相成，这既影响儿童完成课标规定的阅读数量，阅读的质量更无从谈起。

## 理念与意义

阅读不能仅限于课堂内，还应强化课外阅读，做到课内外结合，使两者相辅相成，实行课内外阅读一体化。教师对儿童的课外阅读要给予一定的指导，引导他们走进更多的文本，扩大他们的阅读面，增加阅读量，全面提高他们的文化素质。笔者针对阅读教学的现状，在教学改进中，立足课内阅读的同时走向课外阅读，做好课内外阅读的衔接，实现课内外阅读两条腿并行，有效推进阅读教学。其意义体现在以下两点：

（一）以点带面： 课内阅读带动课外阅读

叶圣陶先生曾说过："课文无非是例子。"课内阅读教学能为儿童打好阅读的基础，使他们学会各类文章的阅读方法。教师要引导他们到课外去进行阅读实践活动，让他们不仅从课外阅读中学语文，还能把课内所学的基础知识与基本技能运用到课外阅读中去。以此来带动儿童的课外阅读，做到学以致用，让他们"得法于课内，受益于课外"，让他们的课内阅读感悟成为课外阅读感悟的依托，带着他们去感受课外阅读的无穷魅力，从而有效地提高儿童的阅读能力与水平。

### （二）深度学习：课外阅读促进课内阅读

广泛的课外阅读拓宽了语文学习的外延，能将儿童带到一个更为丰富多彩的世界，增加他们的见识，扩大他们的知识面，以弥补课内阅读的不足之处。当儿童进行大量的课外阅读之后，他们的思维得到了开拓，思维模式也会变得更加新颖，对知识也会有自己独到的见解，综合表达能力同时得到提升。儿童在阅读过程中所享受到的快乐，更是他们进行继续阅读的动力。课外阅读对知识、能力的积累和迁移，反过来又有利于提高语文课堂阅读的效率。

## 实践与操作

课内阅读和课外阅读是儿童能力发展与提升的双翼，两者相互促进，相辅相成。语文课内阅读与课外阅读有效衔接的整个研究过程应该立足于课内，放眼于课外，在课内打基础，于课外求发展，寻求课内阅读与课外阅读的有机联系，全面打通课内外阅读的渠道。

### （一）收集相关资料，激发阅读兴趣

教学要立足于促进儿童的发展，充分利用现实生活中的语文教育资源，优化语文学习环境，努力构建课内外联系、校内外沟通、学科间融合的语文教育体系。在布置预习作业时，我们要对与课文相关或有助于儿童理解的一些资料提出收集的要求。这样，让儿童有的放矢地进行课外阅读，既有助于课文的学习，又扩大了他们的知识面，激发了他们的课外阅读兴趣。

### （二）拓展文本内涵，提高课堂实效

在进行课内阅读教学时，我们要帮助儿童寻找由课文内容向课外阅读拓展的衔接点。根据文本特点、儿童基础做好课文学习延伸到课外阅读的选材工作，让他们同步阅读有关内容，让课外阅读辅助、加深对课文内容的理解，巩固文本知识，丰富、拓展文本内涵。让课外搜集到的相关阅读资料为课堂教学服务，为儿童学习服务，为提升语文素养服务，为课堂转型服务，从而提高课堂教学实效。

### （三） 推荐阅读资料，架设阅读桥梁

叶圣陶先生认为："课外阅读的鼓励和指导必须配合教材随时进行。"因此，虽然课文学完了，但语文的学习活动并没有简单结束，我们要注意保持儿童继续阅读的欲望与兴趣。阅读材料中生动曲折的情节、扣人心弦的故事、悲欢离合的场景等都能使儿童产生强烈的阅读欲望，这是产生阅读兴趣的动力。教师要及时地引导他们走向课外更为广阔的阅读天地，把他们从课内带到课外，让他们感受到课外的世界更丰富多彩。

总而言之，只有做到了课内外阅读的有效衔接，才能使两者和谐发展，相辅相成，延伸课堂教学的长度，拓宽课堂教学的广度，为儿童的阅读能力奠基，为他们的阅读品质助力，为他们的终生发展服务，让儿童的生命因阅读而充实，因阅读而精彩。

## 课例与分析

课内阅读教学与课外拓展阅读有效衔接，适当整合，对培养儿童的阅读能力，提高他们的语文素养是非常重要的。下面，笔者从课前、课内、课后三个角度对课内外阅读的有效衔接，使其达到相辅相成效果的做法进行具体阐述。

### （一） 课前指导课外阅读

1. 了解写作背景，打好阅读基础。 学习《但愿人长久》一课前，笔者布置儿童收集关于苏轼与苏辙兄弟俩的人物简介、他们之间的故事以及所写的一些诗词，使儿童能够对课文人物及写作背景有个初步的了解。儿童在收集资料后就会明白，苏轼和苏辙的关系非常好，难怪苏轼在中秋之夜不能入眠，思念自己的弟弟呢！这样的资料收集，为课内的学习提前奠定了基础，营造了氛围，使儿童的感悟到位，朗读动情，使课堂教学收到了极好的效果。

2. 收集有关素材，激发阅读兴趣。 在上《黄山奇石》前，笔者让儿童收集关于"黄山四绝"的图片、景点介绍等。儿童经过课外阅读、资料收集，不仅对课文中介绍的"仙桃石""猴子观海""金鸡叫天都""五老奔天都"等奇石有了直观、初步的了解，而且对于"黄山四绝"中的另外三绝——奇松、云海、温泉也有了一定的了解，拓宽了他们的视野。课堂上"我是小导游"这一环节

中，他们兴趣盎然，争相举手发言，带领大家领略黄山胜景。

（二）课内激活课外阅读

1. **引入背景资料，帮助理解文本。** 教材中有些课文内容因为与儿童的生活存在着很大的时空差距，使他们无法很好地理解文本。遇到这类课文，在教学时，笔者会及时补充相关的背景资料，帮助他们深入理解文本内容。《芭蕉花》是郭沫若为了怀念自己的母亲而写下的一篇散文，要让二年级的孩子体会到文字中所蕴含着的浓浓母子情并不容易。因此，在教学《芭蕉花》时，笔者适时地引入了介绍母亲的一些背景资料：小时候，我们的家里很穷，活着的兄弟姐妹就有八个。所有的家务活都由母亲和婶婶做，而母亲的孩子又多，更受了很多的苦。白天忙着做家务，到晚上还得照顾年幼的弟弟。母亲因为这样过于劳累的原因，身体不是很好，每年到秋天的时候总要晕倒一回。头晕病发的时候，母亲便睡在床上，饭也不吃，茶也不喝。这样要经过两个星期，才渐渐恢复起来，完全像是害了一场大病一样。

儿童在阅读这段文字后，情绪受到了感染，他们被拉进了那段逝去的回忆里。背景资料拉近了他们与文本之间的距离，让他们在其间感悟、体会。

2. **补充阅读材料，填补教材空白。** 课文中经常会出现一些内容上的留白，需要儿童去感悟。此时，如果教师将课外阅读材料及时加以导入，恰到好处地进行"补白"，能促进他们感悟，有助于情感的升华，起到事半功倍的作用。《神秘的恐龙》一文介绍了导致恐龙灭绝原因的几种猜测：全球气候变冷；行星撞击地球；动物偷吃恐龙蛋；出现传染病。文中写到"各种说法不一，都不足以使人信服"，那还有哪些说法呢？笔者向他们呈现了以下资料：恐龙灭绝的原因究竟是什么？这是生物发展史上的重大疑案。有些科学家认为，有花植物的出现，改变了吃植物恐龙的食物成分，导致整个恐龙家族的灭绝。因为有花植物体内常含有作用强烈的生物碱，许多种生物碱会对恐龙的生理产生不利的影响，有的还有很大的毒性。另一些科学家认为，是临近地球的超新星爆炸所发出的巨大能量改变了地球的温度，使习惯于热带性气候的恐龙无法生活，最后终于灭绝了。还有一些关于恐龙灭绝的观点，如大陆漂移，地球磁场的逆转，空气中氧气含量急剧减少，等等，但都疑点重重，尚待探索。

这段介绍使儿童对恐龙灭绝的原因产生了浓厚的兴趣，激发了他们探索科学奥秘的欲望。课后，班级中刮起了一阵"恐龙热"，并持续了较长的时间。

3. 借助相关信息，掌握教学重点。 在教学重点内容时，教师都想要把它讲深、讲透，但结果常常是教师讲得口干舌燥，儿童听得无动于衷，没能达到预期的效果。笔者试着在教学时适当补充相关信息，让他们自己阅读，这样有助于重点内容的掌握。如在教学《鸬鹚》一文时，笔者出示了下面这段文字： 鸬鹚是一种水鸟，也叫鱼鹰。鸬鹚羽毛灰黑色，嘴扁而长，能游泳，善捕鱼。它有高超的游泳本领，在水中行动自如，迅速敏捷，好像一只小快艇，格外灵巧。它的潜水技术尤为超群，能潜到水中19米深处，长达70秒钟不浮出水面，是鸟类中的潜水专家。它的视觉非常敏锐，当它在空中飞翔，一条小鱼在10米以内的水面上活动，它都能及时发现并迅速落水捕捉，十拿九稳。我国南方渔民很早就驯养鸬鹚，作为他们的捕鱼助手。

儿童在阅读了这段文字后，对原本陌生的鸬鹚有了较为全面的认识，对课文中鸬鹚捕鱼经过的理解和复述有很大帮助。

（三）课后引导课外阅读

1. 推荐阅读内容，引导深入阅读。 授课结束时，教师可结合课堂教学内容推荐与课文有关的阅读材料，做好课内向课外的延伸，用课内掌握的阅读方法、培养的阅读习惯去进行更为深入、广泛的课外阅读。如学了《丑小鸭》后，推荐他们阅读《海的女儿》《拇指姑娘》等安徒生写的童话故事；学习了《寓言两则》后，推荐他们阅读《中国寓言故事》《伊索寓言》……通过推荐，给儿童的课外阅读提供了广阔的空间，引导他们进行拓展延伸式的阅读，真正使他们"开卷有益"。

2. 明确阅读要求，指导读写结合。 教师也可以针对儿童感兴趣的内容，引导他们进行相关课外阅读，并指导他们将阅读成果以小报告、小作文等形式呈现。如学了《丁丁的研究报告》后，让他们像丁丁一样针对自己感兴趣的动物，查找相关资料并制作一份研究报告；学习了《我爱故乡的杨梅》后，让他们从外形、颜色、味道等方面来介绍一种自己喜欢的水果……这样有效地把课内学习和课外阅读、写作结合起来，在拓宽他们视野的同时，提升了他们的语言表达能力。

总之，阅读教学是语文教学的半壁江山，课内外阅读是不可分割的整体。

要让课内阅读与课外阅读相辅相成，那么语文教学就必须要做好教材内外、课堂内外的衔接，拓宽语文学习渠道，增加儿童的阅读量。教师要关注儿童的阅读，指导他们把课内阅读与课外阅读有机结合起来，使他们在阅读中受到熏陶、感染和启迪。

## 点拨与提示

课内外阅读的有效衔接对儿童语文素养的提升能起到事半功倍的作用，但在实践操作中还需要注意以下几点：

1. **做好充分的准备。** 课内外阅读的衔接不是简单的"课内阅读"＋"课外阅读"。无论是课前资料收集任务的布置，或是课内阅读材料的补充，还是课后相关阅读的推荐，都需要教师有充分的前期准备，所布置的任务和所呈现的资料是有关联的、互补的，能服务于阅读教学。

2. **注重方法的传授。** 古人云"授人以鱼，不如授之以渔"，叶圣陶先生也说过"教是为了不教"，因此，我们在阅读教学和引导阅读衔接时都要注重方法的传授，让儿童在今后的阅读活动中能举一反三。

3. **丰富阅读的方式。** 在当今这个知识爆炸的信息时代，儿童的阅读方式不再单一：低年级的绘本阅读，中高年级的文字阅读；传统的纸质阅读，现代的电子阅读；整本的书籍阅读，片段的休闲阅读；儿童自读，教师导读，亲子共读……无论何种阅读方式，只要对他们有利的，都是需要我们去引导、尝试的。

4. **开展多彩的活动。** 丰富多彩的阅读活动，既能让儿童享受阅读的快乐，保持阅读的兴趣，更能展示阅读的成效，同时教师对阅读活动进行评价，能促进他们由课内到课外的持续阅读。

（撰稿者：朱世斐）

## 第 10 招

## 焕然一新：让作业可爱起来

所谓"焕然一新"，就是改变原有陈旧的面貌，呈现出崭新的样子。针对旧式教学观念布置传统作业给孩子带来的负面影响，我们在教学改进中，有必要根据儿童的心理特征，进行形式多样、有趣高效、富有启发性的作业设计，充分调动儿童学习的主动性，让他们感受到学习的乐趣并生动活泼地发展自身能力。作业"焕然一新"，不仅可以让孩子们爱上它，还可以发挥出孩子们的潜质。

### 背景与问题

2019 年，上海市教委出台了《上海市落实义务教育阶段学生减负增效工作实施意见》和《上海市加强义务教育学校作业管理措施》。此次政策的出台，将切实加强学校作业管理和严格规范学校考试评价等方面作为重点列出。近年来，我校围绕上级有关精神也一直在积极践行《嘉定区叶城小学基于绿色评价的校本改进方案》。由此可见，作业的设计与评价对于孩子减负增效有着重要的作用。

然而，时至今日，就普遍的实际情况来看，孩子的负担不容乐观。那么，问题的症结究竟在哪儿呢？经过一些理论与实践的研究，我简单将它们罗列如下：

1. 许多教师一直运用旧式教学观念布置传统作业，抑制了孩子学习的积极性。

2. 教师每天最为忙碌的事情就是布置作业，批改作业，但产生的效益却不成正比，久而久之，产生了倦怠与负面情绪，教与学形成了不良循环。

3. 许多教师直接照搬现成的作业设计，只追求作业的量，无法保证作业价值的最大化。

那么，如何设计才能让作业的价值最大化？基于以上背景与相关问题，我们联系自己在教学过程中的各种实践，从各类作业设计中产生了一定的经验和思考，试图让作业设计焕然一新，产生最大的效益，逐步让孩子主动完成作业，爱上作业。

## 理念与意义

学习兴趣是一个人倾向于认识、研究获得某种知识的心理特征，是可以推动人们求知的一种内在力量。孩子对某一内容有兴趣，就会持续地专心致志地钻研它，从而提高学习效果。教师需要呵护孩子的天性，设计形式丰富、有趣的作业来培养孩子的学习兴趣。

如今，作业设计在小学语文教学中占有着越来越重要的地位，因为作业是教学活动的基本环节，是实施素质教育的重要载体。孩子们完成相应的作业，有助于他们将所学知识进行巩固和消化，提高综合素质。作业"旧貌换新颜"的意义具体体现在以下三个方面：

### （一）提升作业设计实效性，有助于培养孩子的实践能力

《义务教育语文课程标准（2011年版）》明确指出："教师要精心设计作业，要有启发性，分量要适当，不要让孩子机械抄写，以利于减轻孩子负担。"这是基于语文作业设计基础性特征之上提出的更高层次的要求。因此，作业的效果不仅体现在孩子对于基础性知识的掌握程度，更重要的是通过练习提高孩子的思维能力，促进其语文核心素养的发展，进而为他们创新打下良好的基础。好的作业不仅能巩固孩子所学的知识，更重要的是能提高孩子的思维能力和激发孩子的探索激情。教师设计作业时要重点培养孩子分析问题和解决问题的能力。

**（二） 增加作业设计趣味性，有助于提高教师的教学质量**

学习对小孩子是枯燥无趣的，大多孩子都是处于被动学习的状态，这种学习状态对提高老师的教学质量有一定的影响。除教学外，教师还可以在作业的形式上下功夫，增加语文作业的趣味性和探究性，让孩子体验乐趣，感受成功。注意不能给孩子安排太多死板的作业，这样无法调动起孩子学习欲望。若语文作业能和孩子生活中的爱好相结合，不但可以提升孩子的学习兴趣，还可以锻炼孩子的动手能力。这种趣味性的语文作业不但可以提高孩子的学科素养和综合素养，还可以提高老师的教学质量。

**（三） 创新作业评价互动性，有助于激发孩子的学习热情**

心理学家研究表明，对一个人长期的评价有80%—95%的概率将改变这个人对自己的看法和生活态度。教师作为培育孩子的园丁，以教育孩子为中心，对孩子的作业做出合理的评价将会影响孩子的学习态度和自尊心。因此，我们有必要采取多元化的评价方式对孩子作业进行评价。如用表情小贴画的形式奖励孩子，并在旁亲切地留下几笔评语，在这样的激励下，能很大程度提高孩子的学习态度，取得积极的效果。

总之，让作业面貌焕然一新，优化作业设计，引导孩子更积极主动地投入到学习的过程中去，不但能激发孩子的学习兴趣，成为学习的主人，还能提升孩子的实践能力，促进教与学的良性循环。

## 实践与操作

焕然一新，让作业可爱起来，可以从以下几个方面实践操作：

**（一） 换一种问法——训练价值最大化**

迫于许多因素，许多教师会直接套用现成的题目，尤其是一些阅读作业，但结果往往差强人意，孩子感到厌烦，越做越糊涂，成绩也没有提高。

很多时候只要我们稍微动一动"手脚"，许多题目不但"焕然一新"，还会带来非常大的训练效果。教师心中要明确出题训练的目标，比如考察和训练孩子仔细读书的习惯；引导孩子主动复习和运用以前所学的内容；启发和锻炼孩子的想象和表达能力；促进孩子前后知识或课内外知识的融会贯通……这样我们就能找到有训练价值的文章和题目了。

### （二）换一种形式——背诵任务游戏化

临近期末复习，孩子的学习任务会变得十分紧张，这时把背诵作业变成一次游戏不失为一个好方法。复习阶段孩子往往要做很多复习卷，而背诵又要占用很多时间，耗时耗力，这导致大多数孩子都不喜欢背诵课文。若能联系益智类或角色扮演类游戏中使用的竞赛机制，延用在背诵中，在一定程度上能调动孩子完成作业的积极性，激励他们完成背诵。

### （三）换一种互动——作业评价个性化

作业批改常常是"压得孩子抬不起头，累得教师喘不过气"，非常痛苦。我从一些聊天工具中的表情符号获得了灵感，尝试在作业本上用一些表情来展示双方的心情。☺ 给人带来的是活力、阳光、☹ 让人感到沮丧，那就让笑脸多和我们见面吧。在一个阶段的作业批改实践中，这种做法带来了一系列的连锁反应，师生的压力变小了。

### （四）换一种说法——作业名称趣味化

作业名称的变化是为了促进孩子主动面对作业，成为作业的主人。比如说把"质疑问难"改为"求助信箱"或"小不懂"。变了什么呢？变的是心情。前者是一个干巴巴的要求，而后者则是让孩子成为阅读的主人，自己提出困惑，并期待解答。

我们经常让孩子做"抄写词语"的练习，虽然很有必要，但较为枯燥。我们可以将它命名为"生词传真机"或"拷贝不走样"，使其更富有趣味。再比如"仿写""续写"等练笔内容，孩子总会苦脸相对，我们可以将它们改为"头条新闻""宝藏日记""请看下集"等，孩子从心理上就更容易接受一些。

这些变化无非就是将孩子转变成为作业的积极参与者，使他们不仅能在完成作业的过程中获得乐趣，还能积累丰富的学识体验。

### （五）换一种方法——错字别字最小化

在复习阶段，我们经常发现，孩子们明明之前已经学习掌握的"熟字"却重新变成"生字"了，在书写与应用中频繁出现错误，大多表现为写成错字、生造字，或者以同音别字替代等情况，这成为困扰我们的教学难题，也是复习巩固中遇到的一大障碍。

为减缓"熟字返生",我们大多会采用多抄多写的方法。这虽有必要,但容易造成儿童对生字书写和学习的厌烦。我的方法是少写,写一到两遍。少写但要保证质量,就要借助"写大字"的方法。我们鼓励儿童采用一定规格的方格、线条纸书写,也鼓励他们用白纸写大字,还可以借助书法练习中的方法,鼓励儿童双勾"空心字"。当生字被"放大"后,很多容易书写错误的地方也随之被孩子们清楚地观察到,随即定格记忆。儿童的书写错误,还是缘于他们对生字虽有整体的感觉,但对细微处的笔画、组合等大多只有囫囵吞枣式的粗略感觉。小字书写容易"糊弄"过去,即便抄写多遍,写错的情况也属常见。而大字书写则必须写清楚,能有效避免书写练习中的敷衍应付,甚至是将错就错,一错再错。

（六） 换一种顺序——作业订正高效化

复习时经常以试题讲评课为主,我们总习惯从第一题一直讲到最后一道题,似乎哪道题不讲都是一种遗憾,却又怎么也跳不出"对答案"的怪圈。但是,这样的讲评课高效吗?往往讲了几遍的题,孩子照样犯错,错误的题目没有订正过来,效率就低了。经过自己的一些思考和实践,我是这么做的:

讲评开始,我先在黑板上用粉笔板书： 一（4）、二（4）、三（1）。

这几个数字有什么意义?乍一看像是代表班级,其实,这几个数字分别代表试卷上第几大题第几小题的序号。接下去,我就请同学们拿出试卷,看看这三道题谁没有错?

紧接着,孩子会打开试卷,可能只有四五个孩子陆续举起了手。因为这是本次试卷上错误率最高的三道题。

于是,我便开始从错误率最高的题开始。面对一张批改过的试卷,孩子最急于了解的是错题的原因啊。此时,我讲评的内容恰恰是错误率最高的题,使讲评更高效。从讲评时间上来说,刚上课,孩子的注意力最集中、学习效率最高,先对其错误率最高的题开始进行评析纠正,孩子们的印象最深,理解也会更加透彻。

## 课例与分析

在具体的小学语文作业设计过程中,我们可以通过研究"遣词造句"的学问、探究"出题"的价值以及游戏化的背诵任务等多种设计，让作业真正"可爱"起来，成为一件快乐有意义的事。下面我就几种类型的作业设计列举三个例子：

### （一）"小题大做"价值大

曾经遇到一篇课内阅读理解，考了这么一道题。

每天，太阳一出来，数不清的蝴蝶在树林花丛间、山石溪水边翩翩起舞，宛如仙女在空中撒了一把五颜六色的花瓣，随风飘来，又随风飘去……

填空：这段话中，描写蝴蝶数量多的一个词语是_____。

其实，孩子很容易发现，"数不清"就是表示很多，不需要解释孩子也能懂。但是，稍稍注意，便会发现：这个词语是一个非常有训练价值的生长点。于是，我又对它进行了补充设计：

数不清在课文里形容蝴蝶多，不仅这样，它可以用来形容很多事物。但是，你知道吗？描述事物多，可以用许多不同的词语。

描写人多，可以用_____。

描写说话多，可以用_____。

描写高楼大厦多，我会用_____。

描写_____多，我可以用_____。

我们常会发现，有些孩子在遣词造句时不会选择恰当的词语，如果平时教师能给予孩子类似的词汇辨析，有助于孩子在恰当的词语和具体的印象中建立联系，写作时就水到渠成了。这样的小题大做，好玩，又有竞争性。作业，并非是现成题目拿来就用，我们需要根据实际，进行"加工"，追求的是训练价值。

充分挖掘题目的价值，就能拓展出丰富的语文知识，而且这些知识的补充充满挑战性和趣味性，孩子也会因此成为主动学习的践行者。这样的"焕然一新"，我们何乐而不为呢？

### （二）"背诵作业"趣味多

孩子背诵情况，除抽背外，一般只能以默写情况来检测。到了期末复习阶段，有些老师会让孩子进行逐一默写，逐一"过关"。对于记忆力较好的孩子一般能顺利完成，但记忆力差，平时又比较懒惰的孩子就难熬了。我偶然联想到了很多益智类或角色扮演类游戏中使用的"积分""进度""力量值"等概念，尝试让枯燥的背诵变身为挑战赛，将其变成一件很有意思的事情。

比赛方法很简单：

★公布竞赛日程（一般为半个月）、任务内容和积分标准。发放竞赛积分表（如表2-1）。

表2-1 "争当背诵小冠军"竞赛积分表

姓名：

| 任务 | 积分 | 得分 | 评委 |
| --- | --- | --- | --- |
| 1.《观潮》（3、4） | 10 | | |
| 2.《走月亮》（3） | 5 | | |
| 3.《鹿柴》 | 5 | | |
| 4. 善于发问的名言 | 5 | | |
| 5.《古诗三首》 | 15 | | |
| 6. 关于季节、天气的名言 | 5 | | |
| 7.《精卫填海》 | 10 | | |
| 8.《嫦娥》 | 5 | | |
| 9. 6个八字成语 | 5 | | |
| 10.《古诗三首》 | 15 | | |
| 11.《别董大》 | 5 | | |
| 12.《王戎不取道旁李》 | 10 | | |
| 13. 描写人物外貌的四字词语 | 5 | | |
| 得分合计 | 100 | | |

争当背诵小冠军

2019年9月

★孩子对照积分表找到背诵篇目，自己进行准备，并自由组合，成立参赛团队，给团队命名。

★孩子选择容易的开始背诵，请评委（家长、课代表、组长或老师均可）检查、签字，获得积分。

★每天在学习小组（参赛团队）内汇总积分，公布小组积分排名和最佳背诵者排名（前三名）。

★期末练习前最后几天公布全班学习小组总积分，评选优胜小组和优胜选

第二章 循着美好进入学习 77

手进行颁奖。

在这个过程中，孩子不但没有负担，还有很多乐趣。

（三）作业批改创意足

过去，看到孩子做错题，尤其在不该错的地方出错，我会恨得咬牙。现在，我尝试在孩子的作业本上和孩子运用聊天中的"emoji"符号表示心情。有时，刚想咬牙就想到贴个哭脸（不是每位教师都善于画画，包括我在内，因此，我专门为此购买了一些 emoji 贴纸），并在旁边注明原因。这种将生动的表情符号用于作业批改的方式，使师生在作业本上留下的，除了知识，还有动人的故事。

时间长了，孩子把我当成了朋友，也会在我的表情符号旁边回复一些简单的话。师生之间用简单生动的符号，在作业本上传递情绪，激活作业往来的乐趣。这些要比教师激动地画上长长的"√"，或是恶狠狠地画上一个大大的"×"直观得多，温和得多，更容易被孩子理解和接受。

## 点拨与提示

焕然一新，从作业设计的实效性、作业设计的趣味性以及作业互动的创意性等方面增强了孩子参与学习的主动意识。教师在实践过程中需注意：

1. 形式多样、有趣高效的作业需要老师本着与时俱进的观点，勤于钻研教材，积极大胆实践，有始有终，逐步积累经验。

2. 要保证一定的评价激励机制。针对背诵游戏这一条，最终胜出小组或个人给予奖励，要注意的是评分和积分兑换应具有科学性、合理性、公平性、公开性。若设计不好或操作不好会产生不小的副作用。

3. 师生互动贵在坚持。坚持在孩子的作业上留下个性化的评价，对孩子的主动学习才会有激发作用。

4. 作业设计的形式还有许多，需要教师在日常教学中根据不同年段的孩子特点来常变常新，不断开拓创新，避免单一反复的训练形式给孩子带来枯燥感。

（撰稿者：宗若兰）

## 第三章

# 让课堂教学活起来

　　教学有法，教无定法。如何教，需要根据学情选择适当的方法，力求教学有效。预学后教，可以充分发挥学生学习的主观能动性；教亦多术，能够通过丰富的教学策略，有针对性地开展教学。在教学中，还要合理利用工具与旧知，达到融会贯通，引导学生积极探究，寻根究底，让课堂教学活起来。

## 第 11 招

## 寻根究底：探究，让课堂活起来

所谓寻根究底，就是一种让儿童成为学习的主体，通过自主探究、相互交流的过程，更深入地理解知识、掌握知识的教学方法。寻根究底，是针对传统课堂中普遍存在的教师占主体地位的"填鸭式"教学问题，采取的探究式教学方式。寻根究底，以探究活动为课堂主线，尊重儿童的课堂主体地位，激发儿童的学习兴趣，有效提升教学质量。

## 背景与问题

让儿童真正参与到课堂教学中，并成为整个课堂的主体，提升儿童的综合能力，才能有效提升学生的学习效果。但是，长期以来，传统的讲授式教学模式占据了小学数学课堂的主导地位，儿童作为听众，被动地接受知识。这样的传统教学方式，主要存在以下几个问题：

1. 课堂单调，缺乏趣味性。具体表现为课堂中普遍存在"过度讲授"的现象，儿童作为知识的被动接受者，主体地位得不到保证，学习兴趣难以被激发，教学效果也会大打折扣。

2. "满堂灌"，缺乏互动性。具体表现为课堂上"满堂灌"，儿童在课堂中很少有自主探究的时间，即使有多数也是流于形式，抑制了儿童善于发散和创造的天性，不利于其数学思维的形成和全面发展。

3. 注重成绩，缺少过程性。具体表现为一味地追求学习成绩，不注重儿童学习知识的过程，忽视能力的培养，造成了许多儿童高分低能的现象。数学是一门应用型的学科，培养儿童的综合能力尤为重要。

## 理念与意义

小学数学是培养儿童逻辑思维能力及综合素养的重要学科，对儿童以后更高阶段的学习起到了关键作用。"寻根究底"的教学模式旨在让儿童通过探究活动获得知识，并在探究的过程中掌握科学的学习方法，加深认知，对培养儿童探究能力、逻辑思维能力及提升综合素质都有着重要意义。

### （一）满足儿童好奇心

儿童往往好奇心和好胜心较强，在数学课堂教学中寻根究底，运用探究式教学可激活儿童的思维，有效吸引儿童的注意力，极大地提高参与度。恰当运用探究方法，儿童在讨论过程中可畅所欲言，产生满足感，体会到成功的喜悦，并进一步激发他们的学习兴趣，提升课堂的教学效率和儿童的学习成绩。

### （二）让儿童生疑解惑

学起于思，思源于疑。在"寻根究底"的探究式教学过程中，合理设计一些探究性问题，可使儿童心中产生疑惑。在儿童自主探究及相互交流讨论的过程中，激发儿童积极思考，寻找解题思路和方法，逐步解答心中疑惑，从而促使儿童养成探究的学习习惯，同时提升探究解决问题的能力，增强学习自信心。

### （三）为儿童创造自我展示空间

传统的教学模式中，儿童都是安静的"倾听者"，缺少互动与沟通。"寻根究底"的探究式教学则给儿童创造了一个自由平等、和谐融洽的交流互动平台，每个儿童都有一个自我展示的空间，都能够参与其中，表达自己的看法，最大化地发挥自己的创造力，不仅培养了理性思维的能力，还提升了语言沟通的能力；同时儿童之间相互讨论与协作还能够让他们意识到集体的力量，培养儿童集体协作解决问题的能力，使自身的全面素质得到提升。

## 实践与操作

"寻根究底"的探究式教学包含的内容和方法很多，一般来说，包括以下几个方面。

**（一）创境"寻根"，"究底"问题指向**

数学来源于生活，应用于生活。数学知识在生活中的运用是十分广泛的，让儿童学习数学知识的根本目的也是为了解决生活中的数学问题。在教学过程中，教师要根据教学内容，结合儿童的身心特点，创境"寻根"，把握问题指向，让儿童在熟悉的情境中探索数学知识，一方面可以让他们意识到数学知识的重要性，提高他们的学习动力；另一方面，在生活情境中学习能降低儿童的学习压力，让他们乐于学习，乐于探索。

提出问题是探究过程中的关键环节之一，同时也是提高儿童兴趣的重要方式。教师创设情境时，应充分利用儿童对新鲜事物充满好奇心的特点，设置一些有针对性的探究类问题，挖掘儿童的探究潜能，调动他们探究学习的积极性和主动性，并鼓励他们主动去寻找解决问题的方法，以便解决内心的疑问，满足自己的好奇心，同时逐步掌握解题方法，培养探究精神。

**（二）自主"究底"，"寻根"问题本质**

在"寻根究底"的探究式教学过程中，教师需要按照课程标准的具体要求，制订出合理的教学目标，并在目标的引导之下，组织儿童积极地开展自主探究活动。

教师首先要鼓励和引导儿童进行独立思考，并尝试自主"究底"。在儿童独立探究过程中，教师要引导儿童利用已有知识来发现新知识，帮助儿童实现旧知识向新知识的过渡和整合，在此基础上探究解题方法和建立新的知识体系。教师要鼓励儿童多问"为什么"，要让他们大胆地说出自己的想法，并引导他们积极地参与知识的发现和探索过程，这样做有利于提高儿童的数学学习能力，也能使他们感受到知识的再造过程。

除了让儿童进行独立探究之外，还应当开展合作探究，即将儿童划分为不同的小组，让儿童以组为单位对问题进行合作探究和充分的交流讨论。在小组合作讨论中，儿童能够多方面、多角度地发挥自己的创造性思维，从别人不同的观点意见中，更多角度地看待问题。教师要增强生生之间、师生之间的合作互动，让班级中的每一位儿童都要参与到学习活动中来，让儿童学会聆听、接受他人的观点与意见，同时要勇于、善于表达自己的想法，并在此过程中相互促进。

### （三）交流研讨，加深问题理解

汇报交流是"寻根究底"的探究式教学过程中非常重要的一个环节。它不仅给儿童提供了一个自我展示探究成果的舞台，还可以让儿童在讲解过程中加深对知识的理解和熟悉度，在巩固知识的同时对知识有一个总体的认识。

在儿童探究后，教师应寻根究底，请儿童讲解自己的解题方法，让他们在讲解过程中说明自己的解题思路。教师对儿童的解题思路先不加评判，保护每一位儿童汇报交流的积极性和主动性，同时对儿童独立思考能力和解决问题的能力给予肯定。之后，教师将儿童汇报交流的各类解题方法列在黑板上，并请儿童寻找这些方法中的相似和不同之处，让儿童感受到各类方法的特点，拓宽儿童的解题思路，并加深儿童对各类方法的理解。

### （四）科学评价，激发学习自信

在小学数学课堂上，教师让儿童进行自主探索时，要对他们进行及时的评价。在新课程改革的背景下，教学评价不应以成绩作为唯一的评判标准，而应更多地关注到儿童在解决问题过程中的整体表现，即儿童学习过程中的评价。

探究式教学评价要以鼓励儿童为主，儿童能从教师的鼓励中获得自信。儿童掌握了所学的知识时，教师要及时表扬，让儿童获得成就感，更有自信地自主学习。儿童遇到困难时，教师要及时指导，让他们换一种思维方式进行思考和分析，帮助他们克服困难，解决问题，体验成功的喜悦，同时激发学习的自信，更加积极地自主学习，不断取得学习上的进步。科学积极的评价能让儿童更好地认识自己，在已有基础上更加努力地学习，促进数学综合能力的提高。

此外，教师要有意识地引导儿童去主动评价自己或他人，提升儿童的综合能力。

## 课例与分析

"寻根究底"的探究式教学在小学数学课堂中的开展策略和方法有很多，以下联系实际课例列举几个主要的方面。

### （一）巧设情境，激发"寻根"欲望

小学数学知识具有一定的抽象性，而儿童由于年龄较小，抽象思维能力不强。探究式教学中，创设情境可将抽象化的数学知识具体化、形象化，方便儿童的理解和记忆。情境创设除了要紧紧围绕教学目标外，还需要从儿童的实际情况出发，创设儿童熟悉的、感兴趣的教学情境，这样才能让儿童快速投入情境，激发探究欲望。

例如：在《小数的加法》的教学中，通过复习"54＋658"的竖式加法题开始本节课，使新旧知识建立联系，从整数加法自然而然过渡到小数加法。复习完整数加法后，创设游乐场的情境，给出旋转木马和空中飞人两个游乐项目的价格，分别是 5.4 元和 6.58 元，请儿童提出一个数学问题并列式，儿童也能很快列出"5.4＋6.58＝"这个算式，那么这个结果究竟等于多少，由此展开探究，引出课题。接下来的环节都是围绕游乐场的项目展开的，使儿童有身临其境的感觉，充分激发了儿童的学习兴趣和探究欲望，儿童在玩中学，自然克服了学习抽象知识的困难。

利用儿童生活中常见的物体创设情境，不仅能够激发儿童自主探究的兴趣与热情，还能够加深儿童对数学知识的印象，增强他们利用数学知识解释生活现象、解决生活问题的能力。

### （二）给予空间，引导儿童自主"究底"

探究式教学要求以儿童为主体，以"学"代"教"，让儿童通过自主探究和思考，发现真知、解决问题。儿童正处于创造力发展的阶段，教师应顺应儿童的特质，少一些讲解，多给儿童留一些空间，引导儿童开动脑筋，发散思维，发挥创造力，增强自主学习的能力，逐步开发儿童的逻辑思维与创造性思维。

例如：学习《时、分的认识》时，由于时钟是生活中常见的物品，很多儿童在学习新知之前有一定的生活常识。于是，教师创设了一个春游的情境，分

别让儿童说出集合、出发和到达的时刻,而到达的时刻不是之前所学几时和几时半的内容,一下子激起了儿童的疑问,从而引出课题。为了解决之前的疑问,让儿童观察学具钟面,并填写钟面观察小记录。此时是儿童分小组进行探究,小组合作得出结论并汇报。儿童明白了钟面上有多少大格、多少小格以及它们之间的关系,再将其对应到时、分的认识里。整个探究过程给足儿童充分的空间,教师巡视指导,根据儿童的汇报交流结果加以引导。接下来巩固练习的几个环节都是让儿童结合动手操作,巩固所学新知。由于给的大部分时间都是靠儿童自主探索,教师仅仅起到引导与点拨的作用。这样,儿童的思维就会更加灵活,更有创造性,数学的学习也更加快乐。

(三) **合作探究,相互促进提升**

除了独立探究外,小组合作探究也是一种重要的自主探究方式。通过小组合作,儿童能够自由地表达自己的观点与意见,同时能够通过与他人的交流讨论发现自己想法中的不足之处,从而深化对数学知识的理解,减少儿童对教师的依赖。

例如: 学习《计算比赛场次》这一课,教师首先带儿童复习搭配,再由简单的衣服裤子搭配迁移到奥运会国家队之间的单循环赛,并引入列表法,以小组为单位列表。由于每个小组共同完成一张表格,小组成员要分工明确,才能在最短的时间内,又好又快地完成表格。列完表,教师将两张正确却又差别很大的表格展示出来,让所有人找一找相同点和不同点,发现填写表格的"秘诀"。教师巡视过程中会发现,有些小组成员各司其职,在填写的过程中就已经将重复的部分省略,有些小组是在填满整张表格后发现有一半的重复,也有些小组在探究的过程中出现合作中的困难。不管如何,在探究过程中,儿童的主体地位得到了尊重,从被动接受变为主动探究,从而加深了对所学知识的认识,学习效率得到了提高,小组成员之间也能相互促进、相互提升。

越是知识的重点、难点,越要通过合作探究让儿童主动学习、相互促进,从而攻克这些重点、难点,提高探究效率和教学质量。

(四) **多元化评价,巩固学习成果**

传统的教学评价方式往往偏向于应试,这种单一的评价方式容易挫伤儿童学习数学的积极性。在探究式教学中,教师应采用多元化的评价方式,更多地对儿童在学习探究过程中的表现进行评价，使儿童全面了解自己学习过程中的闪光点和不足，达到巩固学习成果的目的。

例如：学习《位置的表示方法》这一课，教学重点在于学生能熟练地使用有序整数对（a，b）表示物体在平面中的位置。这节课教师将尽可能多的时间和空间让儿童自主探索。儿童根据自己以及他人在教室中的位置形成空间概念，再将这个位置用数学的方法简便表示出来。本节课中，探究环节为主，教师只需要稍加引导。探究的过程以及成果汇报时，教师要给予即时和具体的评价。巩固环节中，用数对表示横轴和纵轴上的位置是其中一个难点，遇到出错的情况，教师可以让儿童说出理由，试着分解难点：横轴纵轴分别表示几。教师应当更多地注重儿童的探究过程，而不是只看重结果。同时，评价主体还应多元化，尝试生生互评的方式，因为孩子的语言更易被同龄人所认同，更能促使儿童反思、反省。

## 点拨与提示

"寻根究底"的探究式教学在小学数学课堂的实际应用中有很多的注意点，这里主要列举如下几点：

1. 创设情境时，"寻根"问题设计要有针对性，方便儿童发现并确定问题所在，不能过于冗长、宽泛，同时又不能过于局限，否则容易造成儿童的思维固化，限制儿童的创造力。

2. 探究性学习需要给儿童留足思维空间和时间。小学数学知识较为抽象，儿童的思维能力还未发展成熟。探究过程中如果不给予足够独立思考、自主探究的空间，那么对于大多数儿童来说，探究必然是茫然无绪的，探究的效果也就无从谈起，反而不如听教师的直接讲解。

3. 探究性学习需要重视个性差异，因材施教。实施探究式教学不能在课堂教学中搞"一刀切"，应按照儿童的实际情况，对儿童进行分层，开展分层异步教学模式，如此才能最大限度地满足不同儿童群体的实际需求。

4. 探究时教师应适当加以点拨。探究式教学中教师不是"旁观者"，而是要发挥其引导、点拨的作用。当儿童在探究问题过程中遇到困难时，教师要恰如其分地点拨，积极引导和启发儿童去探究知识，给儿童雪中送炭，这样才会收到事半功倍的效果。

5. 探究要有结果。探究式教学不是只顾"热闹"，讨论要有结果，但结果无论好坏，无论对错，教师都不应打击儿童。必要时要给予儿童及时的鼓励，并采取适当的方法予以评判，让儿童明白自己的解题思路和结论是否正确，最后教师应设置总结环节。

（撰稿者：黄青青）

## 第 12 招

## 预学后教：基于学情的教学策略

"预学后教"是指基于学情，以改变孩子的学习方式为突破口，让孩子在预习、预学的基础上有准备地进入学习状态，变要我学为我要学，提高孩子学习的目的性与主动性，同时教师基于学情，适时调整教学策略，以取得良好的学习效果。

## 背景与问题

数学学科应面向全体，力求体现数学科学和数学教育的现代观念，促进孩子全面、和谐、主动地发展。孩子学习的过程，是一个连续不断主动构建的过程，孩子只有在主动学习的过程中，才能比较清晰与深刻地掌握知识。"预学后教"在实际操作中常常会存在以下问题：

1. 预学时间不易安排。一节课只有短短三十五分钟，如果安排孩子在课上进行预学，往往会影响课堂学习的效率；安排在课余时间又有相当一部分孩子不能自觉完成，如何兼顾两者是摆在老师面前的难题。

2. 预学提纲较难设计。凡事"预则立，不预则废"。教师要了解孩子的真实学习水平，必须事先设计切合孩子学习的提纲，这样才能达到事半功倍的效果，但每一次设计提纲又是比较大的工作量，教师只有熟悉教材、熟知孩子，才能设计出有针对性的提纲。

3. 课堂教学调整有难度。孩子的"预学"给教师的课堂教学提出了挑战，教师要根据学情随机应变，在短时间内调整教学内容，这就需要教师具有扎实的教学基本功和一定的预判能力。

## 理念与意义

"预学后教"是充满着民主、平等、和谐的课堂。生本课堂充分尊重孩子的认知规律和知识水平，抓住孩子的最近发展区，"预学后教"，让孩子能"跳一跳，摘到桃"；生本课堂能看到孩子的差异，善待孩子的差异，学会用欣赏和发展的眼光看待孩子，让不同的人在数学上得到不同的发展。孩子在预学中难免会产生问题，让他们带着疑惑走进课堂，在师生互动中、在教师引导下、在生生互动中释疑解惑，经历知道的发生、发展、形成过程，从而习得数学的基础知识、基本技能、基本能力和基本应用，成为学习的主人。"预学后教"主要体现了以下几方面的意义：

（一）预学，经历自主构建的过程

"预学单"是孩子预学的"指向标""方向盘"。教师只有精心设计好课前预学的内容、要求，孩子才能在预学单的指引下有目的、有计划、有效果地进行预学。我们不希望预学成为孩子的负担，但我们希望通过预学，使孩子的预学成果能反馈、展示，为课堂教学做好准备。

（二）预学，转变课堂教学的方式

凡事"预则立，不预则废"。"预学后教"是孩子学习新知识的首要环节。它以某个知识点为对象，在教师还没有组织全班孩子进行系统的学习之前，孩子以个体的方式对该知识进行了一定程度的学习或经历，从而形成了个性化的理解。孩子的"先期预学"不但给教师的课堂教学提出了挑战，同时也为教师提供了调整组织方式，转变课堂学习形态的良好契机。

（三）生成，为生本课堂注入活力

在课堂教学中，生成性教学资源具有偶然性，让人始料未及，同时它又非常短暂，往往稍纵即逝。面对如此偶然又短暂的生成性教学资源，教师不仅要及时作出判断，对生成资源进行取舍，还要学会巧用生成资源，借机施教，把生成性教学资源点"石"成"金"，为生本课堂注入活力，从而达成预设的教学目标。

## 实践与操作

选择恰当的预学时间，有针对性地设计预学提纲，通过预学交流，可以比较客观地了解孩子们的学习基础与存在的困惑，为教师调整课堂教学提供了资源。

### （一）根据学情，安排适当的预学时间

我班孩子大多是外来务工子女，他们家里的学习环境较差，有的甚至连做作业的地方都不固定，预学习惯较差，严重影响了课堂学习的效果。为此，如何恰当地安排孩子预学的时间，提高孩子学习的主动性已显得非常重要。

一些概念课的预学，我主要安排在课前几分钟，让孩子们翻开书本，根据教师提供的学习单，找一找今天学习的主要内容，和同桌根据学习单交流一下。例如在学习体积与容积、自然数、数轴等内容时，采用这样的方式。计算课的预学主要放在课余时间，我会在黑板上出一道尝试题，让孩子们在尝试后给我面批。通过批阅，我掌握了他们存在的问题，在新课的练习设计中就尽量做到有的放矢，孩子们也因为老师没有教，自己找到了解题的方法而兴奋不已，如解方程、小数乘除法计算等内容。几何形体课的预学主要放在晚托课或自习时间，给孩子们足够的时间，让他们根据学习单通过小组合作的方式进行探究，为新知的学习扫清障碍。有些内容的预学则放在课中进行，例如在学习《可能性的个数》一课时，孩子通过尝试，找到了答案，但是方法单一，都用的是列举法，我就再让他们翻开书本，到书上找另外的方法，然后再让他们讲讲喜欢哪种方法，为什么，从而提高课堂教学效果。

### （二）依据内容，预设有效的学习提纲

数学是一门研究数量关系和空间形式的科学，有自己的独特性。教师可根据不同的内容设计提纲：概念课可以设计一些预学提纲，让孩子根据提纲在教材上找到答案；计算教学和生活应用可以出一道尝试题，让孩子经过自己的探索找到结果，如若不行，还可以借助课本找到解题思路；几何教学则可以在预学中渗透转化的思想，将新知转化成已有的知识来掌握，抑或可以在事先的动

手操作中了解一些几何形体的特征，为探究扫除障碍。

**（三）基于预学，转变课堂教学的方式**

课堂教学是一个动态变化、不断发展的过程，也是师生、生生之间互动交流的过程。

基于预学的课堂，教师要善于捕捉生成资源。孩子在先学过程中，教师通过交流检测学习单、面批尝试题、巡视自学情况等，准确掌握孩子的自学情况，及时发现孩子新知学习中的困难，然后组织孩子通过讨论、质疑、交流等方式自行解决，让已会的孩子来教不会的孩子，促使孩子相互合作、互相帮助，达到"兵"教"兵"的目的。教师要起好主导作用，巧妙利用生成的资源。有时，孩子呈现的错误资源更加宝贵，通过对错误资源的辨析，往往能起到很好的矫治作用。这样，课堂教学才能真正实现"以学生为本"。

基于预学的课堂，教师的引导作用不可或缺。预学后教的课堂不是教师带着知识走向孩子，而是孩子带着问题走进课堂，走向老师，有学习的需求。教师要及时调整课堂教学策略，设计有针对性的习题，尽量做到难点知识分散练，重点知识集中练，混淆知识比较练，在精讲多练中注重数学思想方法的渗透与数学建模的运用。

## 课例与分析

要让孩子主动地上课，投入地上课，课前预学是必须的。经过实践证明，孩子预学后，他们带着自己的见解、疑惑走进课堂，拉近了孩子与教师在知识上的联结点，缓解了孩子对于新知的恐惧和面对问题无从着手的焦虑。对于新课，他们更自信。

**（一）预学，初步构建知识网络**

预学单，是孩子进行自学的拐杖。我们可以按照"预学——交流——尝试——质疑"的步骤设计一节课的内容，供孩子提前学习。这主要是让孩子学会看懂文本，掌握最基本的自学方法。

例如：在学习梯形的面积时，我设计了如下的预学单：

1. 选择适当的条件计算下面图形的面积（单位：厘米）。

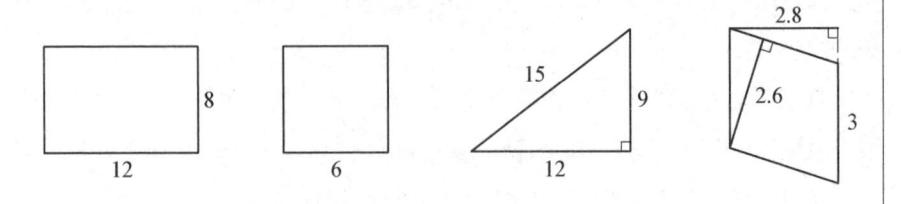

2. 回忆一下你是怎样推导出平行四边形和三角形面积的？

3. 你能将下面的梯形分割成哪些学过的图形？（可以在图上分一分、割一割、补一补。）

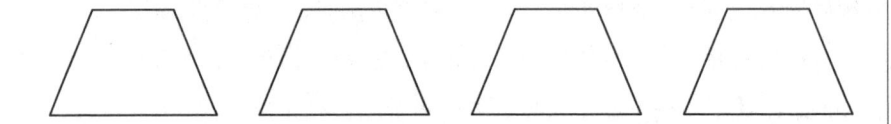

4. 动手拼一拼：将两个完全相同的梯形，拼成一个平行四边形。

5. 你认为梯形的面积该怎样计算？

　　预学，唤醒孩子的知识基础，理清平面图形知识间的内在联系。孩子在学习本课知识之前已经学会了长方形、正方形、平行四边形和三角形的面积计算。通过作业1，让孩子对已学知识进行系统梳理，并学会选择合适的条件计算图形的面积，渗透对应的数学思想，为后续学习做好准备与铺垫。预学，还渗透着数学方法的迁移，为新知的学习扫清障碍。在作业2中，孩子回忆平行四边形和三角形面积的推导过程，唤起他们"转化"这一数学方法，让孩子自然地想到要推导梯形的面积，必须将其转化成已经学过的平面图形来计算。在转化过程中，梯形的形状变了，但面积没有变。作业3、4、5，则为孩子提供了一定的操作、思考条件，搭好了新知学习的阶梯，使孩子的思考更充分，方法更多样，便于孩子有效探究梯形的面积计算，让孩子的探究能力得到发展，同时通过预设的一系列数学活动，培养孩子的实践操作能力、推理能力与概括能力。

## （二）交流，转变课堂教学的方式

课堂教学是一个动态变化、不断发展的过程，也是师生、生生之间互动交流的过程。"先期预学"是孩子学习新知识的首要环节。它以某个知识点为对象，在教师还没有组织全班孩子进行系统的学习之前，孩子以个体的方式对该知识进行了一定程度的学习或经历，从而形成了个性化的理解。孩子的"先期预学"不但给教师的课堂教学组织提出了挑战，同时也为教师提供了调整组织方式，转变课堂学习形态的良好契机。

例如：教学《平均数》关于"0"值问题时，我利用体活课组织了一次投篮比赛，然后让孩子们先各自算一算自己组投篮的平均个数。课一开始，组长在实物投影上呈现了各组个人投篮数的原始数据与小组平均个数的计算过程。当第三组出现了有一名孩子成绩为 0 的数据后，他们小组计算平均个数时少算了一个人。这时马上有孩子发现问题了："老师，不公平，他们组明明有 6 个人，怎么求平均个数的时候除以 5 了呢？""是呀，是呀！这样算不对的！"马上有孩子附和道。"因为 0 个表示他没有投中，所以算平均个数的时候把他剔除了很正常呀。"我故意坏坏地笑着说道。"不对，要算的，他也参与比赛了，只不过没进球而已。""要是可以这样算的话，那我们组也可以把投进 1 个的人去掉，成绩可以提高不少呢！"孩子们开始辩论起来了。看着他们激动的样子，我想已经收到预期的效果了，于是我不紧不慢地说："那好，第三组除以 5 还是除以 6，我们全班用手势表决，好吗？""行！"结果全票通过除以 6。"0"值问题就在孩子的辩论中很好地解决了。通过平均个数与原始数据的对比，孩子又发现他们的原始数据都是整数，但平均个数有时却是个小数，有时还除不尽，孩子又一次产生了疑问。在教师的适当引导下，孩子明白平均数只是一个虚拟的数据，它反映所统计的一组数据的平均水平。

整节课在问题的层层推进中内化巩固，构建了平均数的概念，而这种教学方式所引发出的问题，会让孩子觉得问题来源于自己，探究时参与性强、积极性高，印象更深。

## （三）引导，为课堂注入活力

基于预学的课堂，教师的引导作用不可或缺。先学后教的课堂不是教师带着知识走向孩子，而是孩子带着问题走进课堂，走向老师，有学习的需求。因此，教师要学会二次备课，设计有针对性的习题，起到巩固新知的作用。练习设计也非常重要，要尽量做到难点知识分散练，重点知识集中练，混淆知识比较练。教师要精讲多练，讲在实处、疑难处，注重数学思想方法的渗透与建模的运用，使孩子掌握更牢固。

例如：在检查《可能性个数》预学单时，我发现孩子们对四年级学的计算比赛场次和这次学的组数问题有混淆。其实这是组合与排列知识点的混淆，但对于小学生来说，不能上升到这一高度。发现这一问题后，我及时调整，除了让他们通过举例、树状图、列表法来得到正确解题方法外，在习题设计中多次加入了对比练习。对比一：小胖、小亚、小丁丁、小巧组成学习小组，推选1名组长，1名副组长，有几种可能？小胖、小亚、小丁丁、小巧选两名参加义务劳动，有几种可能？然后让孩子讨论为什么第一种情况有12种，第二种情况只有6种了。对比二：3名队员排队有几种情况？3名队员握手有几种情况？让孩子们在小组内自己演一演，建立数学模型，帮助解决问题，然后马上跟进练习，4个队员握手有几种可能？四个队员照相有几种排队的方法？在四个角上插上红、黄、蓝、绿四种不同颜色的旗帜，有几种插法？对比三：5、6、7、8四个数能组成几个不同的两位数？三位数呢？四位数呢？对比四：小巧有3件上衣，2条裤子，一共能配成几套衣服？小巧有3件上衣，2条裤子，2双鞋子，一共能配成几套？经过多次对比练习，孩子们在辨析与建模中掌握了解题思路，提高了课堂效率。

## 点拨与提示

着眼于学生的发展，是让教育回归其原始本质，在"预学后教"实施时我们还要注意以下两个方面：

1. 转换教师角色。实践证明,孩子参与课堂教学的积极性,参与的深度与广度,直接影响着课堂教学的效果。没有孩子的主动参与,就没有成功的课堂教学。因此教师要转换角色，成为孩子学习的伙伴，组建起学习共同体，与孩子平等地交流和探讨，允许孩子提出自己独特的见解、奇特的想法，暂缓评价，让孩子的心智和心灵能自由自在地飞翔。

2. 善待孩子差异。俗话说：十根手指头伸出来都会有长有短。每个班中的孩子兴趣爱好、学业水平、认知能力难免参差不齐。面对富有个性的孩子，教师要学会善待、宽容、欣赏孩子，用"放大镜"去捕捉每个孩子身上的闪光点，让每位孩子在教师的激励中不断超越自我，不断获得成功的体验。

（撰稿者：李丽）

## 第 13 招

## 教亦多术：有效课堂教学策略

教亦多术，指课堂教学应采取多样化的教学方法和策略。在教学过程中，有效的课堂教学策略应关注个体的差异，满足不同学生的学习需求，教学有法，但无定法。

### 背景与问题

自从新课标实施以来，小学数学课堂仿佛焕发着蓬勃的生机，老师们的教育理念都有了巨大的改变。大家都秉承着小学数学教育应该教会孩子用数学的眼光来观察世界，用数学的语言来阐述世界的理念。但不得不说，改革并没有这么容易，仅仅有思想的转变还不够。对于这种新型的课堂模式，很多老师在教学中都遇到了或多或少的困难，甚至有的依旧沉溺于填鸭式教育不愿改变。

作为一名一线的教师，我也对自己的数学课堂十分重视，坚定着为探索一条更加有效的教学途径而不断反思、改进，希望能够呈现一个孩子积极思考、自主探究的课堂环境。通过反思之前的课堂教学，我发现有以下问题：

1. 过于注重练习。特别是数学计算模块的学习，常常会沦为练习课，课堂中过于注重刷题，对于算理的理解不够重视。这样的学习过程十分死板、枯燥，孩子无法真正理解知识。

2. 探究时间较少，流于形式。很多时候孩子还未理清其中原由，教师便迫不及待地收拾教具、总结了新知，使孩子对于知识的生成一知半解。

3. 结论性的教学较多，孩子不知道知识生成的过程。在学习中他们不知道公式的来历，知其然，不知其所以然。这样的知识习得的方式，使孩子容易遗忘，无法灵活运用。孩子学起来辛苦，老师教起来更辛苦。

## 理念与意义

著名心理学家波芬培格认为，长时间的单调刺激使大脑皮层产生抑制，使人容易疲劳，注意难以稳定。同样，学习过程的单调性会造成学习的低效率，导致学习主体的兴趣消失，甚至对某一活动产生厌烦。

通过对现阶段教学背景、教学问题的反思，我认为现阶段的小学数学课堂最重要就是拒绝题海战术，推陈出新，教亦多术。丰富教学方法，使孩子的学习过程不是被动的吸收，而是一个以已有知识和经验为基础的重新建构的过程。

当一味灌输式的教学方法转化为多样化的引导式教学，对孩子来说意义深远：

1. 有利于激发学习兴趣。多样化的活动相比单一的灌输更能引起孩子的注意，使孩子更积极地去探索创造。

2. 有利于提高课堂效率。当孩子对某事物感兴趣时，他的关注度、参与度都会提高，从而使课堂更有效。

3. 有利于灵活运用知识。孩子在课堂中经历了知识的生成，从而对知识的掌握也更扎实，对知识的运用也更灵活。

4. 有利于发展数学核心素养。知识可能会遗忘，但知识生成的过程，经历的数学思维却是孩子能真正受益的，有效的课堂教学往往能使孩子更具数学核心素养。

小学数学课程在孩子的学习之路上是必不可少的，起着承前启后的作用。从教育目标来看，我们在传授知识的同时，更应注重培养孩子的观察、分析和应用等综合能力。因此，只有灵活的课堂设计，多样的教学方法才能使孩子永久的受益于数学思维。教亦多术，教亦有道。

## 实践与操作

数学的课堂较为灵活，知识的生成十分多样，需要教师不断摸索、尝试。唯一确定的是小学数学课堂的改进必须按照教亦多术的思想去创造课堂。在我的实践中，也总结了以下几种方法：

1. 以旧入新：通过旧知引入新知，将未学的知识转化为已学的知识，感受数学知识间的联系，构建数学模型。

2. 创设合理情景：创设生活情景，引发数学思考，从感性到理性逐渐抽象，使孩子受益于这样的思维过程。

3. 变中求不变：在变化中抓住不变揭示数学知识，让孩子更好地理解概念的本质。

4. 实践出真知：通过自主操作活动，发现、探索、总结出新知，使孩子亲身经历知识的生成。

在以后的课堂中，我也将会尝试更多方法，教亦多术，使知识生成更自然，使课堂更高效。

## 案例与分析

### （一）以旧入新

以旧入新是教亦多术中最常用的数学教学手段之一。相同模块的数学知识往往有着一定的联系，若板块化的学习，只会增加孩子的负担，使孩子觉得知识的沉重。但如果老师能加以引导，使孩子找到知识间的联系，将未知知识转化成已学知识，利用已学知识推导出未知的知识，不仅能减轻孩子一遍又一遍学习的负担，还有利于孩子自己构建数学知识框架，发展数学思维能力。

**案例：《三角形的面积》利用操作活动，渗透数学思想**

**一、复习旧知，引入新知**

1. 说一说下列图形的面积（单位：厘米）

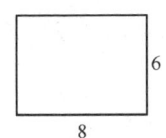

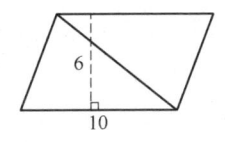

（1）长方形面积是多少，平行四边形面积是多少？

（2）三角形面积是多少？

2. 回顾平行四边形面积公式的推导

**设计意图：** 对应教学目标：体会转化的数学思想方法

回忆平行四边形面积的推导，复习转化的思想方法，为新知做铺垫。

**二、同桌合作，自主探究**

1. 同桌合作

（1）操作提示

| 拼拼想想 | （1）两个怎样的三角形能拼成一个学过的平面图形 |
|---|---|
| 剪剪想想 | （1）一个三角形可以怎样剪，然后拼成一个学过的平面图形 |

（2）拼（剪）后的图形与原图形有什么关系？

（3）三角形的面积公式是什么？

2. 交流：谁来说说你们组的想法？

（1）拼成长方形；

（2）拼成平行四边形；

（3）剪后拼成长方形；

（4）剪后拼成平行四边形。

**设计意图：** 通过小组合作，经历三角形面积公式的推导过程，体会转化的思想方法。

分析：课堂开始时，我带领孩子们复习了平行四边形面积公式的推导，为新知做铺垫。接着设计小组活动"拼一拼，剪一剪"，孩子在复习平行四边形面积公式时已经受到启发，以旧入新，发现要将两个完全相同的三角形拼成一个已经学习过的平面图形。再通过已知图形的面积，推导出三角形的面积，体现了"转化"的数学思想。在课堂中，大多数孩子都能够推导出三角形的面积公式。在课堂练习部分，孩子能够运用自己推导出的公式解决问题，课堂效率较高，孩子对公式的理解和记忆也更深刻。

**（二） 创设合理情景**

创设情景是教亦多术中最具生活性的一术。我们知道数学来源于生活，四大模块皆与生活息息相关，如大数的认识、方程的初步认识、圆的初步认识、统计初步认识，等等，都是生活中引出的数学。我们也知道数学最终要回归生活，如四舍五入、面积的计算、列方程解决问题、平均数等等，都是在利用数学知识解决实际生活中的问题。因此，创设合理的、贴切生活的情景，使孩子经历数学知识的生成，能帮助孩子更切实地运用数学知识解决实际问题，有利于孩子的数学学习。

**案例：《可能性》创设情境，引发数学感知**

**一、 情景引入**

师： 同学们，老师给大家讲一个《聪明的阿凡提》的故事。

在古代欧洲，有个国家的国王，他特别喜欢制造难题给他的子民。有一天，他发起了一个"摸纸条"游戏欢迎各地的智者前来挑战。他命令他的大臣在一个盒子里放入了一"赏"一"罚"两张纸条，如果摸到"赏"便能拥有巨大的财富，如果摸到"罚"便需要在皇宫中为国王服务一生。

有一天，阿凡提在朋友的鼓励下也来参加这个挑战。你们觉得像这样的摸法，阿凡提会摸到什么？

生：可能会赏，也可能会罚。（可能）

## 二、师生互动，感受可能性

阿凡提的故事还没有结束，如果你是阿凡提，你能获得奖赏吗？让我们来试一试。

### （一）师生互动，感知"确定事件""不确定事件"

1. 师：让我们来模拟一下阿凡提当时的情形，从游戏中找找可能性。为了方便大家操作，老师用形状大小都相同，仅颜色不同的黑白棋子来代替纸条。黑棋子视为"罚"，白棋子视为"赏"。

2. 先放一个黑棋子，再放一个黑棋子，可以吗？（不公平，不可能是赏，一定是罚）

3. 放一个白棋，一个黑棋，可以吗？（公平，可能是赏）

### （二）学生摸棋子，深入探究可能性（略）

摸棋猜颜色，猜对打√，猜错打×。（事件具有可能性）

### （三）实践应用

放棋游戏：

师：同学们做完了摸棋游戏，我再请大家来扮演一下大臣，请你们根据国王的要求在纸盒中快速放入棋子。（师说明要求，学生以小组为单位进行操作）

1. 一定摸到白棋。

2. 不可能摸到白棋。

3. 有可能是黑棋。

师： 你能给这三种结果分分类吗？

在生活中，我们可以用"一定"和"不可能"来描述确定发生的事件。（板书： 确定事件）。同样，我们还可以用"可能"来描述不确定发生的事件。（板书： 不确定事件）

分析：《可能性》一课，孩子在日常生活中已经有了许多感知，本课主要是将这些内容串联、定义、整合。若用寻常的方式出示一个例子说说可能性较为枯燥，因此本课教学中，我创设了阿凡提的故事作为情境，使课堂中的关键词"可能""一定""不可能""确定""不确定"在情境中自然生成。再设计小组活动，请孩子来扮演大臣按照老师的要求摆放棋子，再次感受"可能""一定""不可能"。此时，老师提出分类的要求，大多数孩子都能正确分类，将"一定""不可能"分为一类，因为这两种情况是"确定"的结果；将"可能"归为一类，因为此时的情况是"不确定"的。此时本课重点"在生活中，我们可以用'一定'和'不可能'来描述确定事件。同样，我们还可以用"可能"来描述不确定事件"便自然生成了，同时也渗透了"分类"的数学思想。

（三） 变中求不变

数学知识较为灵活，变化多端，但万变不离其宗。一旦孩子积累了一定的感性认识，再引导他们去观察、实践，发现其中的变和不变，剖析数学规律，就能真正掌握知识的本质，以不变应万变。

**案例：《圆的初步认识》片段透过变化发现数学本质**

小组活动：利用生活中常见的材料画圆。

1. 要求：在橡皮筋、打了洞的硬纸板、绳圈中任选一个工具，再借助两支铅笔一起尝试画圆。

2. 交流：

（1）利用打了洞的硬纸板或绳圈以及两支铅笔可以画出圆，而利用橡皮筋却无法成功画圆。

（2）两支铅笔有不同的用处：一支定点不动，另一支用于画圆。

3. 总结：在各种材料的试验下，学生发现橡皮筋不能画圆，因为它不同于硬纸板和绳圈，没有定长。两支铅笔中有一支需要固定不动才能画圆，就是要有定点。

4. 自学课本

5. 归纳：定点指的是圆心。定长指的是半径。同一个圆中半径长度不变。

6. 延伸：

（1）橡皮筋不能画圆是因为没有定长，无法确定半径。

（2）确定圆心和半径就能画出一个圆。生活中还有很多其他工具也能用来画圆。

（3）半径相同，圆的大小就相同。

分析：小学中高年级的孩子开始对"有用""有挑战性"的数学更感兴趣。因此，我们在新知探究时可以提供多样的工具、多变的形式等让孩子自己透过现象看本质。课堂中，同学们就提出"为什么橡皮筋画圆就失败了"的问题，从而探究并发现画圆的规律是要有定点和定长。自学书本内容后孩子们还能发现变中的不变，以不变应万变，自己也能探索其他工具来画圆。通过变，教师设法给孩子提供经历"做数学"的机会，让他们在开放性、探究性问题中表现自我、发展自我，从而感觉到数学的本质是不变的，并且初步形成"我能够而且应当学会数学地思考"。

（四）实践出真知

口头的传授终会被遗忘，只有自己的经历才会牢记于心。因此，实践是必不可少的一个教学策略。只有孩子亲身经历了探究实践活动，才能真正感受到数学思维，并逐步形成适应自身发展的关键能力。

> **案例：《长方形与正方形的面积》片段，自主探究抽象数学模型**
>
> 活动一：探究长方形的面积
>
> 1. 猜一猜：你所需要的工具。
>
> 2. 尝试：选择工具探究长方形的面积。
>
> 3. 学生合作探究、创新。
>
> 4. 媒体展示，学生汇报、交流想法，验证猜想。
>
> 方法 1：用透明方格纸铺。
>
> 方法 2：用 $1\,cm^2$ 的小正方形铺。
>
> 小结：长方形的面积＝每行小方格的数量×行数。
>
> 方法 3：用尺量。
>
> 媒体展示：从一行一列到长和宽的过程。
>
> 小结：长方形的面积＝长×宽。

分析：同学们由于已经有了一些测量面积的经验，在操作时会先利用透明的小方格纸，十分直观地得出结果。所有孩子都知道通过一行有几个，这样的有几行来计算小方格的数量，从而得到面积。随后，大部分孩子开始使用另一种工具：面积为 1 平方厘米的小正方形纸。此时，部分孩子能够根据之前的经验发现只需要摆横向的一行和纵向的一列，简化地铺一铺，得出长方形的面积。最后，根据前两次测量的经验，部分孩子发现直接用尺也可以测量。根据数学抽象的能力总结出长方形的面积＝长×宽。该活动中，老师很少出声提示，孩子们却能根据自己的实践，层层深入，创新发现还可以用尺来测量。不用过多引导，自己根据操作的经验，由直观到抽象，构建出长方形的面积公式。

## 点拨与提示

教亦多术，运用在人，在课堂教学中，我们应注意以下几点：

1. 教师不要控制课堂，而是要引导孩子自主学习。不断改进，教亦多术，但无定术。

2. 让孩子亲历数学知识的生成，感受数学的魅力。关注孩子的数学思维，培养孩子的数学核心素养。

（撰稿者：陆悦）

## 第 14 招

## 融会贯通：利用思维导图促进能力发展

所谓融会贯通，就是将各方面的知识或道理融合贯穿起来，从而得到系统透彻的理解。"融会贯通"一词出于《朱子全书·学三》，书中所说："举一而三反，闻一而知十，乃学者用功之深，穷理之熟，然后能融会贯通，以至于此。"自古以来，无论学习技术还是知识都强调"学深悟透，融会贯通"，而非止步于"略知皮毛，略知一二"的程度。

针对小朋友对小学数学学习缺乏兴趣和信心，在概念上死记硬背，在解决问题上生搬硬套，在学习中前后知识互不联系等问题，在教学改进中，教师要引导小朋友通过画学科思维导图的方法整理知识，建立前后联系，理清脉络，从而让他们对所学数学知识能够深入理解，并将知识进行迁移，最终达到融会贯通的程度。

## 背景与问题

小学数学知识的整体结构性强，前面的知识是后面知识的基础，后面的知识是前面知识的深化，前后互相联系，形成一个系统化的网络结构。小学中高年级的小朋友抽象概括的思维能力和逻辑能力都得到了一定的发展，教师在平时教学中可以引导小朋友通过画学科思维导图梳理知识脉络，深入理解知识点，找到自己的学习模式。而学科思维导图正是能帮助小朋友学习的一种简单有效的工具。学科思维导图注重"理解性记忆"和"结构化思考"，作为一种

"基于系统思考的知识建构策略",已被全国五百多所课题实验学校引入应用。在教学中,我们发现小朋友会存在以下一些问题:

1. 前学后忘,无法形成系统化的网络结构。小学的数学知识以螺旋形上升的形式呈现,也就是将一个知识点由易到难进行分拆,根据小朋友的接受程度和学习成长规律,每个年级学习一部分知识点,逐渐深化。小朋友可能在学习当前知识点的时候,学习的效果还是不错的,但是让他们回忆之前学习过的相关知识点,他们就像没学过一样,几乎都遗忘了。更别提将前后的知识点形成一个系统化的网络结构了。

2. 不加思索,被动地接受老师所教的知识。小朋友在学习数学知识的时候没有主动性,觉得数学枯燥乏味,没有趣味性,无非就是刷题。甚至家长也会有这样的想法,"题目做多了,自然而然就能掌握这些知识点了","只要试卷刷得多,就没有不会做的题目"……这样的"刷题"方式很容易将小朋友变成做题目的"机器",做题不假思索,提笔就写。一旦遇到新的题型,或者题目稍微多绕了几个弯,小朋友可能就不会写了,也不会多加思考,直觉上就认为自己是不会的。

3. 一知半解,难以做到学以致用。小朋友在学习过程中,可能可以顺利完成笔头测试,看起来似乎掌握了所学的知识,但是如果稍微变通一下,小朋友很容易被难住。一旦在其他学科碰到数学相关知识,或者在生活中遇到数学问题,很多小朋友的表现就像没学过一样。这种情况归根究底就是小朋友没有理解透彻,只是表面地会做这道题目,而没有达到融会贯通的程度。因此,他们不知道将所学的知识点进行应用。

## 理念与意义

通过画学科思维导图的方法,小朋友对所学的数学知识不再仅仅停留于表面上的"会",如会做基础题型、会背概念等,而是能将这些数学知识理解透彻。即使面对灵活的题目,他们也能胸有成竹地应对。小朋友学会了抽象概括和结构思考,同时,他们的能力和思维得到了发展。而且,他们可以将这样的思维方法应用在其他学科的学习上,使自己的学习真正达到融会贯通的效果。

（一）有利于规整知识要点，使学习结构化

小学数学的知识比较零散，知识点设计在教材中呈螺旋式结构编排，同一知识在不同学段会因思维发展的需求再深入学习。学科的要求经常是一个知识点在低年级学一个开端，随着年级的升高和小朋友思维的发展，将这个知识点再度深化和拓展。思维导图能够将这些看似分散的知识点连成线、结成网，使知识结构化、系统化，帮助小朋友建立一个全面的知识体系，方便他们直观地掌握知识脉络和知识重点。

（二）有利于激发学习欲望，提高学习主动性

传统的教学模式以老师为核心，老师基本上习惯于采取"满堂灌"，长此以往，小朋友学习兴趣不高，没有积极性和主动性。而在思维导图的学习过程中，老师给小朋友建立一个基本架构，他们可在这个框架中自由地添加，大大地增加了他们学习的主动性，激发了学习数学的兴趣，尊重了他们在学习中的主体地位。不仅如此，思维导图注重图文并重，丰富的色彩、有趣的图画更能引起小朋友的兴趣，调动学习的积极性。

小学中高年级小朋友的思维还处于形成阶段，尽管抽象概括的思维能力和逻辑能力得到了一定的发展，但对于比较抽象的概念等知识点还是很难掌握并透彻理解的。小朋友花费了很多精力和时间学习数学，但是效果平平，就容易产生挫败感，对数学望而却步，大大打击他们的自信心和学习兴趣。而利用思维导图可以对难理解的单个知识点进行剖析，清楚地展现各种逻辑关系，降低理解难度，深化分析与记忆，从而提高学习数学的效率，增强学习数学的信心，激发学习的兴趣。

（三）有利于深化理解知识，学以致用

画学科思维导图是将知识点开放化，是一个动态地延展思维的过程，而不是将知识点框死在一个范围里。老师只是提供一个框架的主体，即标题。小朋友围绕这个标题，根据自己的理解，将与这个标题的核心内容展示出来，然后逐步具体和细化，扩展知识的结构深度。在这个过程中，小朋友将自己的理解和思想注入到了原来的知识里，达到了温故而知新的学习效果。同时，小朋友的思维逐渐发散开来，锻炼了他们的发散性思维和抽象概括思维。

## 实践与操作

教师要教会小朋友学习方法，让小朋友学会学习，而非单纯地传授知识，如同古人所说"授人以鱼不如授人以渔"。在平时的教学中，教师通过引导小朋友画学科思维导图从而学会概括和总结，既能发展逻辑思维能力和整理归纳能力，又能让小朋友乐于学习，善于学习，真正将所学知识做到融会贯通。具体的实践与操作步骤如下：

（一）认识导图，逐步渗透

学科思维导图是一种相对而言比较新型的学习思路，有的小朋友闻所未闻，有的小朋友知之甚少。因此，首先需要简单地介绍一下思维导图的起源，以及其在各界的广泛应用，进而引入在学习中的应用。其次要帮助小朋友看懂学科思维导图。在平时的教学中，教师逐步渗透思维导图的应用，例如：在学习完某一节课，利用多媒体技术制作思维导图回顾本节课的内容，帮助小朋友建立起清晰的知识结构从而加强理解，激发小朋友的学习兴趣。

（二）选取角度，尝试制图

在一定的认识基础上，教师引导小朋友尝试制作思维导图。这对小朋友的要求较高，难度较大。要制作出一个完整的思维导图，不仅要掌握导图的基本绘画技巧，还要引导小朋友理清各级主题的相互隶属和各级层级。而涉及到的知识越多，层面越广泛，小朋友就越难以理清思路。刚开始教师对于框架主题的切入点可以小一些，相对涉及的知识面小一些。比如《组合图形的面积》这一课的复习和巩固，这一课学习难度较高，小朋友本身对几何的认识和学习还比较浅显，而本课的图形不规则且变化多端，甚至"一图多解"，小朋友学下来难免一头雾水。学习完本节课，老师可以先引导小朋友总结一下学习了哪几种基础的组合图形，说一说解法，然后鼓励小朋友对应地举几个例题。小朋友再根据自己的理解将本课的知识制作成思维导图，加入自己想法和理解，并进行后续的修饰。老师查收小朋友制作的思维导图的时候，一方面需要指正出现知识性错误的地方，另一方面可以展示完成得较为出色的小朋友的作品。老师一开始帮助小朋友缩小制定范围，降低难度，让他们在一定的程度上自由发挥，为后续能够自主完成思维导图做铺垫。

### （三）自制导图，发展能力

小朋友对于思维导图的基本制作有了一定的认识，能够制作简单的思维导图后，老师可以逐渐放手，给小朋友们一个核心主题，让他们自己先在书本中找出所学的知识，将这些知识进行系统归类、综合和整理。接着再尝试制作导图，将收集的资料按照一定的层次添加到思维导图中，最终形成准确清晰的思路。这一过程充分锻炼了小朋友收集整理信息、分析理解的能力，发展了小朋友的概括总结思维。

### （四）化为己用，学以致用

学科思维导图是一个帮助小朋友学习的工具。借助思维导图，小朋友可以有一个清晰的思路，对课堂内容进行全面整体的回忆，深入理解所学知识，并使所学知识结构化、系统化，从而找到属于自己的学习模式。

思维导图是一个应用广泛的工具，通过学习学科思维导图，小朋友的综合能力得到了发展。小朋友以后在各科学习中都可以尝试使用思维导图。在未来，他们可以将思维导图应用于各个领域，帮助他们理清思路，清楚地表达自己的想法。例如，将思维导图运用于规划一学期的社团活动，清楚地列出需要完成的各项任务以及主要负责人物及其负责事项。

## 课例与分析

三年级属于中高年级，一方面，在一、二年级的学习基础上，三年级小朋友的思维和能力都得到了一定的发展，对图画也有了基本的认识；另一方面，三年级数学学习对抽象思维、分析和综合能力以及概念部分等各个方面都有了较高的要求。因此，老师在三年级的教学中，可以加入思维导图的学习，培养小朋友的综合能力，增强学习的兴趣和信心。

### （一）点滴积累，逐步识图

学科思维导图是指以图示（以层级结构为主）或图示组合的方式对学科知识体系进行结构化表征（解构、建构、重构）的过程。

小朋友初步认识学科思维导图，可从简单的导图入手，切入点小一些，以激发小朋友的兴趣为主。如：三年级第二学期学完《三角形的分类——按边分类》一课，老师引导小朋友在本课学习的基础上认识思维导图。老师用多媒体展出提前制作好的本课的思维导图，小朋友大胆地说一说自己的所思所想，形成热烈的讨论氛围。老师进一步提问，"你们还看到了什么？"以问答的形式逐步认识思维导图。然后老师引导小朋友进行总结，观察思维导图应该从哪里入手，主干和分支分别在哪里，需强调突出哪些地方。最后，鼓励有兴趣、能力强的小朋友可以尝试先模仿画一画学科思维导图，再和大家一起讨论。教师在平时的教学中多让小朋友学习认识学科思维导图，即使在复杂的导图中也能找到主干和分支，为后续的制图打下良好的基础。（图3-1是《三角形的分类》的思维导图）

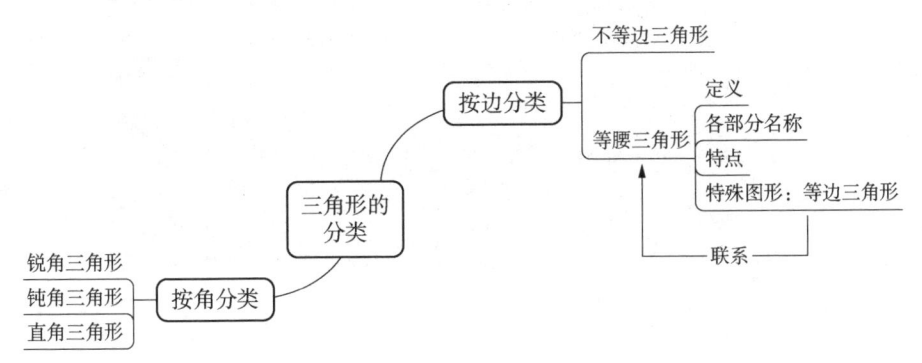

**图 3-1 《三角形的分类》思维导图**

### （二）训练制图，渐入佳境

小朋友简单地认识了思维导图后，开始尝试制作思维导图并加强认识，用思维导图帮助自己梳理知识，将新旧知识联系起来，构成系统的知识结构。以《长方形和正方形》为例。第一步，老师给出主题——长方形和正方形，这个内容跨度较大。二年级小朋友们认识了《长方形、正方形》，三年级上册知道了《长方形和正方形的面积》，下册学习了《长方形和正方形的周长》。小朋友先查阅书本，积累相关资料，如概念、公式、典型例题等，将收集的资料誊抄在小纸片上。根据自己的思路，画好思维导图，并能够阐述清楚自己的导图。第二步，小组讨论将收集的纸片按照层次分出隶属关系或者关联关系，修改自己导图中不合理的地方。第三步，交流导图。投影两到三位小朋友的作品，要求

第三章 让课堂教学活起来　　111

简要说明自己的导图。小组合作讨论，说一说每幅思维导图的优缺点，并提出修改意见。第四步，小朋友再将自己的导图进行修改完善。（图3-2为某学生的成品）

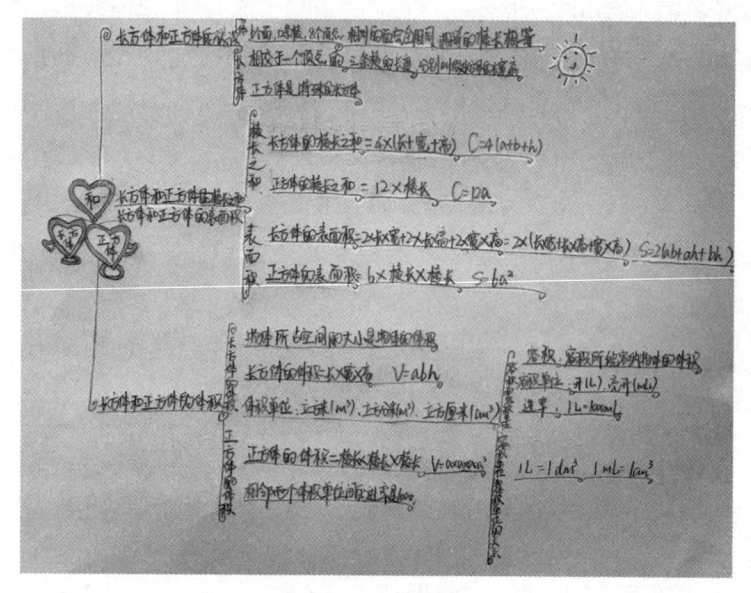

图3-2 学生成品

小朋友知道了制作导图的步骤和注意事项，还需要在更多的尝试中熟悉深入。在制作思维导图的过程中，小朋友发现数学思维的本质及规律性，最终实现数学思维的内化，促进能力的发展。

（三）思维导图，学科通用

经过一段时间的学习，小朋友逐步接收和内化学科思维导图，明白了制作思维导图的要点，可以将学科思维导图运用于其他学科的学习。例如，在期末复习阶段，小朋友可以用思维导图背诵英语单词。因为英语单词普遍较为零散，小朋友一眼看上去似乎没什么内在的联系，花了很多时间去背诵，却只能零零散散记住几个单词。也可能当时记住了，没过多久又忘得差不多了。背诵单词成为小朋友的一大难题。在制作思维导图时，教师可以创设一个生动具体的情境将零散的单词进行归纳总结，例如，将和家里的东西有关的单词放到一起，既加强了单词内在的联系和规律性，方便了记忆，又改变了学习思维，降

低了难度,加深了印象。(图 3-3 为某学生的对应作品)

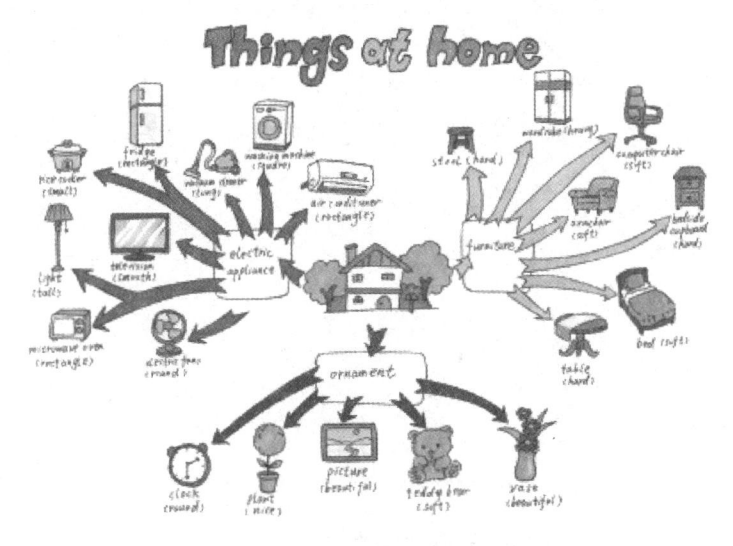

图 3-3 学生作品

各个学科虽是从不同方面阐述知识和理论的,但都存在其内在的联系和规律。小朋友将思维导图学以致用,利用思维导图帮助其在各个学科上的学习,找到学科的内在规律,进行理解记忆,从而将所学知识融会贯通。

## 点拨与提示

虽然学科思维导图是"自由式发散"的思考,但是每门学科都有其自身的规律和逻辑性,老师不能一味地放任学生自由发挥。因此,学科思维导图也有它自身的限制。

1. 思维导图可以帮助小朋友发展创造性思维,但不是随意地创造,学科知识有它的逻辑性和固定的结构,不能胡思乱想,要注意合理性。

2. 学科思维导图注重"结构化"和"深入理解",不能只停留在帮助小朋友提高"掌握知识"的浅层学习上。

(撰稿者:吴天汇)

# 第四章

# 妙趣横生刚刚好

教学过程是有目的、有计划、有组织的过程。在这个过程中，需要教师匠心独运，利用一切资源促进教学；需要教师循循善诱，耐心细致做好教学工作；需要教师采取适当的方法与手段，为提高学习效率添砖加瓦；还需要教师关注知识间的内在联系，让学生温故知新；更需要教师立足学生，让课堂教学妙趣横生。

## 第 15 招

## 妙趣横生：设计孩子喜欢的作业

所谓妙趣横生，即洋溢着美妙意趣。在教学中，针对低年级孩子害怕做作业、做作业拖拉的问题，我们尝试以丰富多彩的作业形式，让孩子们喜欢作业，从作业中巩固知识，实现减负增效的效果。

### 背景与问题

在数学教学中，作业是课堂教学的延续和补充，数学概念的形成、知识的把握、方法与技能的获得、智力和创新意识的培养，都离不开作业这一基本活动，作业对学习至关重要。长期以来，小学数学课堂教学提倡"精讲多练""以练代讲"，在练习中存在着多、繁、杂的现象，教师很少会去反思哪些练习对孩子的学习是有效的，哪些是重复的、无效的甚至是有负面影响的。其具体表现为：

1. 过分注重书面练习。即只有书面练习，而其他形式的练习，如动手操作、口头练习、实践运用等很少，使得作业形式单一，显得陈旧、缺乏趣味性。这样就忽略了对孩子数学表达能力和实践操作能力的训练和培养。

2. 传统作业的"一刀切"。传统的作业布置方法制约了孩子的差异性发展，造成后进生学习吃力，优秀生能力没法得到提升。我国著名教育家孔子在两千多年前就提出了"因材施教"这一教学原则，主张教师针对不同孩子的差异、个性以及特长进行针对性的教育，不同的孩子，采用不同的教学方法，以利于发挥每个孩子的特长，提高其学习的积极性。

3. 练习设计针对性不强。当前不少教师在布置作业时仍然采用题海战术。这虽然能够在一定程度上提高孩子的成绩，但实际上却占用了孩子大量的时间，本质上孩子的学习效率并不高。此外，大量的练习让孩子对数学学习留下了刻板无聊的印象，孩子也没有时间去做自己感兴趣的事情，甚至孩子的心理发展情况也受到了一定程度的影响。因此这样的数学作业有时候不仅不可能提高孩子的数学学习质量，甚至还有可能对孩子的数学学习产生消极的影响。

总之，有效的作业设计不能单纯的依赖模仿与记忆，动手实践、自主探索与合作交流是孩子学习数学的重要方式。重视课程内容与现实生活的联系，增选在现代生活中广泛应用的内容，开发实践应用环节，加强实验和各类实践活动，培养孩子乐于动手、勤于实践的意识和习惯，提高实际操作能力。提供形式多样的作业让孩子们做得津津有味。

基于以上背景，我开始探索作业的新形式，从改变作业的形式着手，让作业变得妙趣横生，使更多的孩子有更多的机会去体验成功的喜悦，去感受成长的乐趣。

## 理念与意义

6、7岁到12、13岁是儿童在小学学习的时期，此时小孩子正处于掌握知识、培养兴趣、发展人格的关键阶段，也是儿童身心发展的一个重要转折期。在这个阶段要呵护孩子的学习兴趣和探究欲望，而不是让冗余无用的"题海"使孩子失去了对数学学习的兴趣。因此，在教学中，教师需要精心设计形式多样的作业让其变得有趣、有效，让孩子能津津有味地在不知不觉中巩固所学知识。而低年级作业改革的意义主要体现在以下几个方面：

1. 实现减负增效。小学阶段是一个比较特殊的年龄阶段，孩子还存在很强烈的童心，不能用大量的作业抹杀了他们的天性，上海也提出了关于回家书面作业的相关规定。因此，教师结合小孩子的认知特点和心理特点，通过一些轻松的形式让孩子既能掌握书本知识，又让他们乐于完成，并在其中体会到数学的快乐，真正实现减负增效。

2. 激发学习兴趣。数学来源于生活，因此在学习的过程之中加入生活元素不仅能够激发孩子的学习兴趣，同时还能够提高孩子的学习效率，促进孩子学习质量的提高。小孩子因为年龄和生活经历等各个方面的原因，其学习注意力还比较低，因此教师可以通过丰富作业的形式来提高孩子的注意力。方式得当的数学作业不仅能够让孩子巩固练习，同时还能够激发孩子的学习兴趣，让孩子爱上数学学习。

3. 提高综合能力。俗话说得好，"读万卷书行万里路"。实践能够帮助孩子加深对所学知识的理解和掌握程度，让孩子将在课堂上学到的内容变成自己的能力，提高孩子的综合素质。此外，小孩子还比较好动，让孩子实践的作业既可以促进他们个性的发展，又可以让他们学到知识，可以说是两全其美。比如说在学习了周长和面积的相关内容之后，笔者就布置了这样一份作业，让孩子们自己去测量家里长方形物件的一面的面积和周长，并且记录下相关的数据。这样的作业能够激发孩子的学习兴趣，让孩子对学习内容理解得更加深刻。

## 实践与操作

在日常教学中，我设计了动手操作、阅读绘本、收集数据等形式丰富的作业形式，让作业妙趣横生，使低年级的孩子能在不知不觉中掌握所学知识，又不觉得枯燥乏味。通过实践所得，我认为低年级作业改革可以从以下四个方面进行。

### （一）设计分层性作业，让孩子做学习的成功者

作业要让"不同的人在数学上得到不同的发展"。数学教学必须关注每一个有差异的个体，适应每一个孩子不同的发展需要，最大限度地开启每一个孩子的智慧潜能。在设计作业的时候给每一个孩子提供思考、创造、表现和成功的机会，可将作业有意识地分层，让所有孩子都能有所收获。

### （二）设计活动性作业，让孩子做学习的探索者

活动性作业是指通过孩子的实际操作，如测量、记录、制作等，根据孩子在实际操作的过程中得到的实物现象、数据等进行分析、推理、判断，以解决生活中实际问题的作业。这种作业旨在让孩子能够利用所学到的数学知识解决

生活中的一些问题，在解决生活实际问题的过程中又能回顾数学知识。

（三） **设计游戏化作业，让孩子做学习的协作者**

小孩子的天性就是爱玩、爱动，设计游戏性的作业是为了让作业变得不再枯燥，激发孩子的学习兴趣。通过活动，让枯燥的数学知识蕴含在游戏中，边玩边学，孩子又能在与家长或同伴的合作中，巩固与探究数学知识。

（四） **设计生活化作业，让孩子做学习的发现者**

数学来源于生活，因此在学习的过程之中加入生活元素不仅能够激发孩子的学习兴趣，同时还能够提高孩子的学习效率，促进孩子学习质量的提高。

总之，只要方式得当，数学作业不仅能够让孩子巩固练习，同时还能够激发孩子的学习兴趣，让孩子爱上数学学习。

## 课例与分析

在具体的作业改革的过程中，我设计了口头述说、摆一摆、买一买等作业形式，通过增加多元的作业形式，让作业变得不再枯燥单一，有效激发孩子们的学习兴趣和作业积极性，实现减负增效。

（一） **分层作业，避免作业"一刀切"**

如何让优等生"吃得好"、中等生"吃得饱"、学困生"吃得了"，这就需要现行的教育必须遵循因材施教原则，实行分层教学。当然在作业中也存在着各种差异，因此我们在设计作业的时候,要尊重孩子的个体差异和不同的学习需求，有所有孩子都会的基础题，有让学困生也能"跳一跳够得着"的题，还得有挑战题。如二年级下册《位置图上的游戏》一课的作业设计如下：

（1） 小明用小圆片在位置图上摆出了247，小丽拿走一个小圆片后，这个数可能是_____；小丁丁用小圆片在位置图上摆出了348，小丽加放一个小圆片后，这个数可能是_____。

（2） 小明用小圆片在位置图上摆出了321，小丽移动一个小圆片后，这个数可能是_____；小丁丁用小圆片在位置图上摆出了304，小丽移动一个小圆片后，这个数可能是_____。

（3）用小圆片在位置图上摆一摆：用2个小圆片可以摆出_____；用3个小圆片可以摆出_____；用4个小圆片可以摆出_____。

**设计意图：** 以上练习，不同层次的孩子可按不同的要求完成。所有孩子都能不摆小圆片就解决第1题；第2题优等生可以不用摆小圆片就能有序地写出所有的数，中等生需要借助摆小圆片或者画一画的方式才能有序写出，而学困生可能借助了小圆片也难以做到"有序"，但也能写全。第3题对学困生不做要求，对中等生能写出几个都应鼓励，优等生基本上能通过画一画或摆一摆的方式有序地写出所有的数。这样的分层作业使每个孩子都能在过程中梳理、完善自己的思路，开拓自己的思维，既"兼顾全体"，又做到"提优补差"。

### （二）解决问题，数学知识巧应用

"读万卷书行万里路"，实践能够帮助孩子加深对所学知识的理解和掌握程度，让孩子将在课堂上学到的内容变成自己的能力，提高孩子的综合素质。此外，小孩子还比较好动，让孩子实践的作业既可以促进孩子个性的发展又可以让孩子学到知识，可以说是两全其美。有效的数学学习活动不是单纯地依赖模仿与记忆，只有通过动手实践与自主探索才能使学生对数学知识真正理解和掌握。

如一年级孩子学了长度单位、重量单位后，我让他们在生活中发现并记录：我发现了妈妈的身高是_____；体重是_____；我的裤子的长度是_____；铅笔的长度是_____等；二年级学了《条形统计图》后，结合"六一"冷餐会的情境，让孩子在小组中记录各自喜欢的水果，并对这个结果给出相应的意见；三年级学了"年、月、日"后，让孩子尝试设计明年的日历；四年级学了《折线统计图》后，让他们记录一周的天气变化和温度变化，并预测下周的天气和气温情况等。这样的操作式作业不仅能够激发孩子的学习兴趣，还能让孩子对所学内容理解得更加深刻。

### （三）趣味游戏，巩固知识不枯燥

兴趣是做好一件事情的最大动力，如果数学作业能激发孩子的兴趣，那么完成的效率和效果都会得以改善。其实家里的很多东西都可以利用起来，帮助孩子一起学习一些数学知识。比如扑克牌，它的用处可大了。在孩子小的时候可以用来玩数的组成、20以内的加减法、数的大小比较；大一点可以用来玩24点比赛、可能性的计算等。还有家中大大小小的盒子，可以用来认识基本的几何形状，如牙膏盒、喜糖盒等，还可以在立体图形中描出平面图形；也可以用牙签和橡皮泥自己搭一搭正方体、长方体；用硬纸板做钟等。借助玩的方法，作业的趣味性大了，枯燥感少了，孩子的参与度和积极性高了，对数学学习也会越来越有兴趣。

应用题，一直是让部分孩子头疼甚至害怕的题型。为了克服孩子的害怕心理，"一起作业"的绘本作业将应用题隐藏在生动有趣的绘本故事中。"一起作业"以童话故事（低年级）、生活中的数学（中高年级）为主题，按照同步教材的进度，精心设计了一大批优质的数学绘本，有效激发了孩子的学习兴趣。

### （四）生活作业，回到生活会运用

数学作业的目的就是让孩子掌握了知识后能运用到生活中去。设计情境式作业能让孩子在生活中利用所学到的数学知识，并巩固所学。比如在孩子学会了100以内的加减法后，设计"今日我当家"的情境活动，让孩子利用周末的时间到街上买东西，算一算带的100元钱够不够，花了多少钱买了哪些东西，还剩下多少钱？因为孩子们的家庭情况不一样，因此这些练习的内容也不一样，但是难度大体相等。通过这样的作业方式可以明显激发孩子的学习兴趣，不少孩子甚至在完成教师布置作业的基础上又计算了其他一些相关的内容。完成这样的作业，孩子会觉得学好数学是很有必要的，而且在此过程中，还为自己掌握了这些知识而感到骄傲，体会到学好数学的成就感。

---

**点拨与提示**

1. 作业形式需要精心设计，避免出现重复、单一、枯燥的练习，内容上需要做到形式多样且有趣，一些操作性作业要简单易操作。

2. 作业评价需跟进，评价的形式力求多样化，坚持使用过程性评价与活动性评价的形式来评价孩子们的作业成果，这样对孩子们的学习兴趣才会有长久的激发作用。

（撰稿者：张洁）

## 第 16 招

## 温故知新：让复习课绽放异彩

所谓温故知新，就是温习旧的知识，得到新的理解和体会。只有经常温习学过的知识，才能有进步。正所谓"前事不忘，后事之师"。数学课中复习课也很重要，它为孩子提供了一个巩固知识和提升能力的机会。

### 背景与问题

复习课在教学中有着举足轻重的作用，上好复习课，对孩子能力的提升有着积极的作用。教师作为一个点拨者、引导者，要学会让孩子自主梳理、构建知识网络。只有把复习课上好了，才能充分调动孩子们在复习过程中的主动性和创造性，努力焕发他们在数学课堂中的生命活力。然而，现在的复习课却存在着以下诸多问题：

1. **没有切实可行的复习计划。** 在复习课期间，大部分教师很少有规划。由于复习时间短，难以面面俱到，部分教师就会把一些重点的知识、概念简单梳理一遍，但这样的复习极少考虑学生的认知水平和知识体系构建。

2. **不注重教学设计的研究。** 一节复习课能让孩子有哪些新的认识，如何在最大程度上将孩子们的一些"零散"知识，逐步形成系统化、结构化的数学知识体系是我们教师所要思考的。因此教案的设计很有必要。

3. **不注重教法和学法的研究。** 教师的复习课授课方式比较单一、枯燥，孩子们听着也觉得累，更别提能复习进去多少内容。整节课和之前的课堂没什么两样，只是新授部分少了些，多了些做题答题。

因此，如何让复习课做到温故知新，很考验教师的能力。虽然都是一些旧知识，但是如何上出新意，让孩子觉得有趣又有用，让他们真正在复习课上得到新的理解和体会。

## 理念与意义

我们平时点点滴滴的教学内容就像一个个小零件，复习课就是要引导孩子组装这些零件，把那些有内在联系的知识点在分析比较的基础上串联起来，构建良好的知识体系，找到每一题的解题规律，总结解题方法，使孩子能真正将知识融会贯通，提升他们的综合能力，学会分析问题、解决问题。这就是我们所讲的温习旧的知识，得到新的理解和体会。复习课的意义主要体现在以下三方面：

### （一）有利于提高孩子自主建构知识的能力

不管是单元整理或是考前复习，都是一个疏通知识的过程，只有把知识都弄明白，理解它们之间的联系，由"点"到"面"才能真正将知识内化为孩子们自己的东西。"学生的数学学习和活动应当是一个生动的、主动的和具有个性的过程"。在复习课教学中应让孩子们亲身经历梳理、自主建构知识网络的过程，给予他们充分展示自己个性、独立思考的空间，使他们人人参与学习过程，这样孩子的情感、态度、学习能力才能得到培养和发展。

### （二）有利于提高孩子解决问题的能力

用数学解决问题的能力不仅包括会用数学知识解决现成的问题，更重要的是能够发现或者提出问题，并能从数学的角度运用所学知识和方法去解决它。其实很多时候孩子们喜欢一些有挑战性的题目，如果总是做同一类型的题目，那么他们很快就失去耐心了，这样的复习课不仅没有发挥其应有作用，反而影响了孩子们学习的热情。复习应当给学生以新的信息，即使是"旧"题也要"新"做。因此复习范例应做到数量少、容量大、覆盖面广、启迪性强，最重要的是要关注本质。

### （三）有利于教师关注个体进行查漏补缺

在复习阶段，老师往往很注重做历年的复习卷，每天基本上是做卷子讲卷子，可是有些学生还是一错再错，这张卷子讲过会做了，但是下次数据改一改，又会犯错。因此教师也要做个有心人，把孩子们一些经常错的题时常拿出来变一变，让他们当堂练一下，特别要关注那些经常出错的学生，找找出错的原因，是哪个知识点没有弄明白，及时查漏补缺，让他们学会将知识由浅入深地慢慢掌握。

要想真正上好复习课，教师首先自己要有转变，设计一堂有意义的复习课，其次才是让孩子们在不断巩固旧知的基础上，有新的认识和理解。复习课的目的在于孩子们能把学过的知识系统化，使这些知识在头脑中形成知识网络，并且提高他们的思维能力，以及分析和解决问题的能力。

## 实践与操作

复习课要真正落到实处，并不是一件轻而易举的事。如果没有认真安排、精心设计，就达不到预期效果。这样既浪费了时间，又会让孩子们觉得索然无味。因此要达到温故知新的效果，需要教师从以下几方面来——实践：

### （一）复习形式多样化

复习课应该是将信息进行传递的过程，在这个过程中，孩子作为主体，教材是客体，教师是媒介，起着沟通孩子与教材的作用，是引领者。教师要把平时上课"灌输式"的讲课方法转变为由孩子自主复习，教给孩子复习的方法，恰当地组织复习内容，把握课堂教学生成。教师要让孩子掌握复习的主动权，而不只是由自己推动着复习，这其中包括改变学习时间、学习方法、学习组织方式等，使所有孩子在较高程度上进入复习状态。在复习方法上，低年级可以设置游戏、卡片、情境故事等有趣的内容，高年级则可引导制作"思维导图""结构图""错题卡"等。旧知若以不一样的形式呈现，能让孩子们耳目一新，学得更快乐。

### （二）复习内容个性化

数学作为一门基础学科，必须体现素质教育以孩子发展为本，实现人人学有价值的数学，人人获得必需的数学的理念，让不同的人在数学中得到不同的发展。让孩子在数学课堂中进行个性化学习，是课程改革中数学教学的一项重大工作，也是实现高质量素质教育的必由之路。那么复习课同样可以进行个性化的教学，每个孩子的基础不一样，可以让孩子自己选择需要复习的内容，可以是书本上的内容，或者是自己找的好题，出一些举一反三的题目，这样也能更有针对性，从而达到温故知新的效果。

### （三）复习知识开放化

复习课应有一定的延伸和拓展，其练习必须综合灵活，更具开放性和拓展性，让不同层次的孩子有不同程度的发展。"数学的学习是从厚到薄，又从薄到厚。"复习课中可以添加一些平时课后的拓展题，给孩子一些动脑思考的机会，但切忌太难，否则会打消他们的积极性。复习课在设计练习的时候也要与新授课的练习有所不同，应多联系孩子们的日常生活，解决一些实际问题。现在的题目大多数都很灵活，要多提供一些综合性较强的题目，提高孩子的综合解题能力。复习课还要做到"下要保底，上不封顶"，让不同层次的孩子都有不同程度的提高。孩子们通过解决实际问题，体验到数学就在身边，生活中处处有数学，他们学习数学的兴趣就会更加浓厚，也会品尝到创造思维带来的乐趣。

## 课例与分析

本学期，我尝试了新的复习课的方法，根据班级孩子们的一些基本情况，主要通过以下几方面进行：首先是帮助孩子整理所学知识，理清知识的来龙去脉，构建知识体系，使他们能更加全面、系统地理解、掌握相关知识；其次是对孩子的知识掌握情况进行查漏补缺。通过复习方法指导，培养孩子自主学习、自主复习的能力，从而达到个性化复习的目的；最后，提高孩子应用知识解决问题的能力，能将复习的知识拓展开来，灵活解决各类问题。

### （一）完善学生认知结构

复习不等于重复，教师要教会孩子如何正确梳理数学知识的结构体系，形成整体性的数学"认知框架"，进一步完善孩子的数学认知结构，提高孩子综合运用知识分析问题和解决问题的能力。

比如，在复习《运算定律》时，孩子们对于它们之间的应用经常出错。于是我让他们自己试着写一写学过的运算定律，然后汇报。很快大家就写好了，大部分学生都能写出来。我又进一步提问，那要如何记住不容易错呢？这时大家有些手足无措，不知道该怎么记忆更方便。此时一个小男孩举手，我就请他来回答，他说其实很简单，老师平时课上都有讲过，我们可以把类似的放在一起，比如加法和乘法都有的运算定律放一起，除法和减法也是分类记，这样记忆起来就比较方便。于是我就顺着他的思路教大家用了思维导图的形式来帮助记忆，见图4-1。

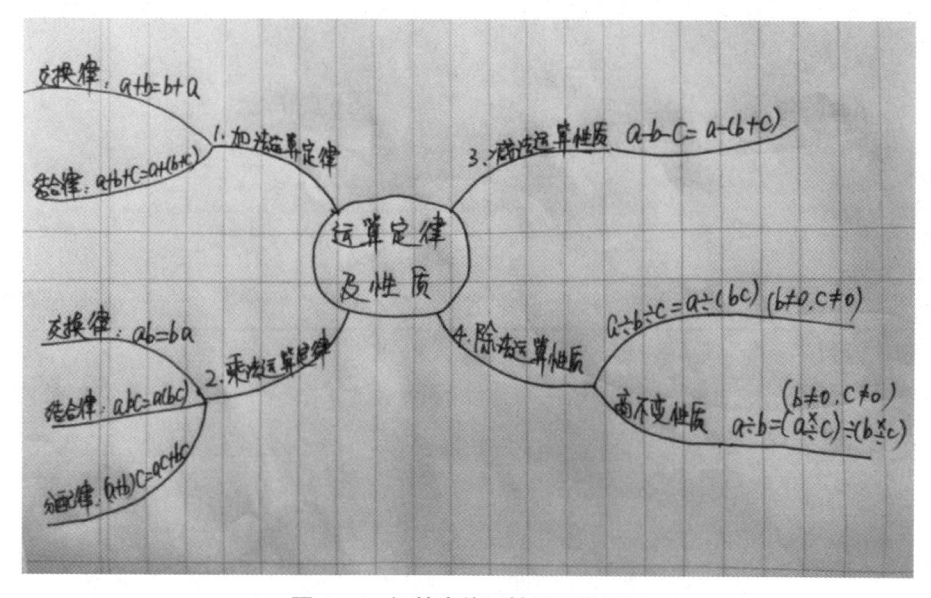

**图4-1 运算定律及性质思维导图**

通过导图，孩子们对于这些运算定律和性质有了更清晰的认识，也能帮助他们记得更清楚。

再如，在学习了基本平面图形之后，对于平面图形的面积计算，还是有孩子会混淆，因此在复习的时候有必要将所学过的平面图形串联起来，找到它们之间的相互联系。

首先我让孩子说说已学过的一些平面图形，有长方形、正方形、平行四边形、三角形、梯形，然后让他们尝试用一张图把这些图形联系起来。一开始他们有些无从下手，于是我给了一点提示，以一个长方形入手，让孩子自己来画一画，根据长方形的面积公式可以推导出哪些图形的面积，如可将长方形的一条长变短，变得和宽一样长，这样就形成了一个正方形（图4-2），再推导出公式即可。

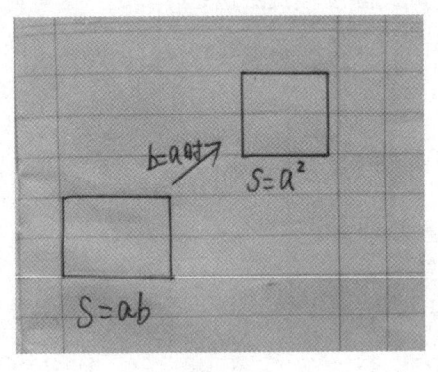

图4-2

图4-3

大家很快就得出了正方形的面积公式，又将长方形的四个角变成不是直角，得到了一个平行四边形（图4-3）。

在推导三角形和梯形面积时，大家都想到了要用两个完全相同的三角形和梯形才能拼成一个平行四边形。那么三角形或者梯形的面积就是同底等高的平行四边形面积的一半（图4-4）。

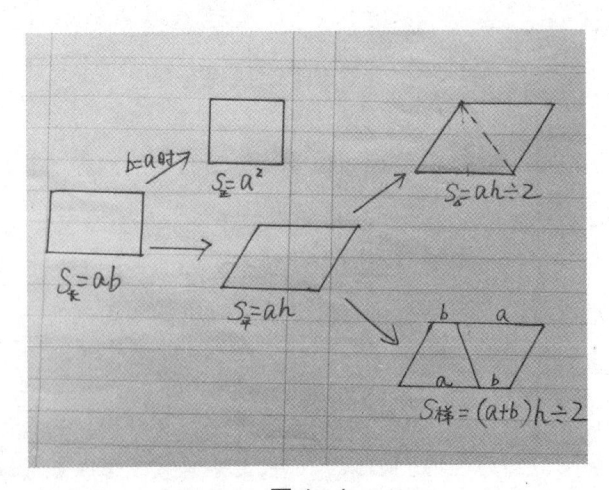

图4-4

### （二）学会寻找书本上的好题

我虽然已经有几年教龄了，但对于复习课还是存在着一些困惑。以前复习时，我总是习惯性地把书翻一遍，然后把我认为重要的知识点和孩子们在课上提一下。一般情况，我是边说边让他们翻书记录重要的知识点，以此对孩子进行强化点拨。这样做可能会有一些效果，但这只是对那些认真听讲的小孩子有用，能帮助他们回忆起一些忘记的知识点，但对于后进生来说效果欠佳。

复习课上大多数重点内容在平时的学习中基本上都已经强调，不会做的学生不会因为一次复习而改变什么，老师的一厢情愿不能给他们带来什么新鲜感。

因此在组织孩子们复习时，我就想改变一下策略，将回家看书作为孩子们的作业，要求他们复习周期间，每天回去复习一个单元，边看书边做好标记，将他们认为书上特别需要引起注意的好题目或者是最值得注意的知识点圈出来，第二天在课上一起交流。

比如在五年级的课本中，孩子对于包装纸如何包最省这一类题目经常会出错，于是很多孩子把这道题记录了下来。例题如下：将长 3 cm，宽 2 cm，高 1 cm 的两个巧克力盒子包成一包，哪种方法包装纸最省？

课上我便请一个孩子来说一说他觉得这题应该如何解决。他说，在解决空间图形的题目时，通过画图的方法是很容易理解的。将两盒巧克力盒叠起来，会出现三种情况，可以左右重叠，可以前后重叠，也可以上下重叠（图4-5）。在计算的时候只要找到哪种情况下被重叠掉的面积最大，就是最省包装纸的方法，这也是他不用计算，一看就能看出来的原因。

这个孩子能很好地运用自己的理解和方法来解决问题。其实，在高年级的学习中，结合具体的问题，恰当地让孩子们自己进行解题策略的讲解，可以提升他们的学习水平。像画图这样比较直观的方法，是很容易被孩子们理解和接受的。

顺着这个孩子的思路，我又引导他们尝试着来表达课本中另一题的题意，也是一道包装的问题（图4-6），是将这样三盒巧克力包成一包，会出现几种方法，怎样最省？

于是大家很自然地想到了刚才的三种，并且选择叠掉最多的面，但是小巧

将长3cm，宽2cm，高1cm的两盒巧克力组合

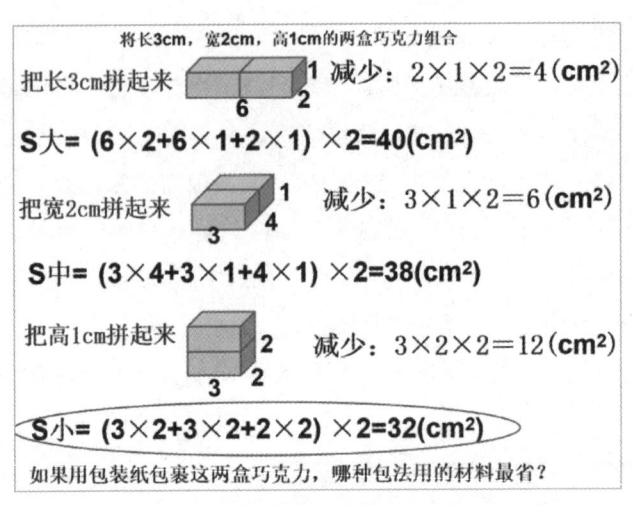

把长3cm拼起来　　减少：$2×1×2=4$(cm²)

S大$= (6×2+6×1+2×1)×2=40$(cm²)

把宽2cm拼起来　　减少：$3×1×2=6$(cm²)

S中$= (3×4+3×1+4×1)×2=38$(cm²)

把高1cm拼起来　　减少：$3×2×2=12$(cm²)

S小$= (3×2+3×2+2×2)×2=32$(cm²)

如果用包装纸包裹这两盒巧克力，哪种包法用的材料最省？

图4-5

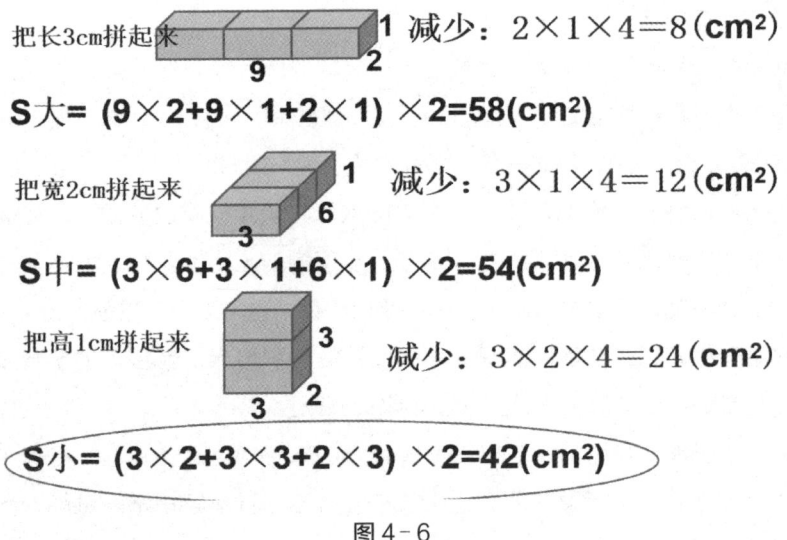

把长3cm拼起来　　减少：$2×1×4=8$(cm²)

S大$= (9×2+9×1+2×1)×2=58$(cm²)

把宽2cm拼起来　　减少：$3×1×4=12$(cm²)

S中$= (3×6+3×1+6×1)×2=54$(cm²)

把高1cm拼起来　　减少：$3×2×4=24$(cm²)

S小$= (3×2+3×3+2×3)×2=42$(cm²)

图4-6

却用了一种不一样的方法（图4-7）。这里书本上设计的意图其实也是为了让孩子们在解题时有更多的思路。

（三）设计变式练习拓展思维

孩子的数学能力不仅在于对知识的掌握，更在于能否应用知识解决实际问题。复习课教师必须精心设计练习题，使知识的应用更具综合性和灵活性，使

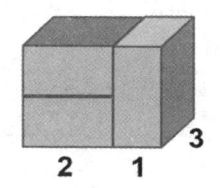

减少：$3×2×2×2=24(cm^2)$

S小= $(3×3+2×3+3×2)×2=42(cm^2)$

图 4-7

孩子牢固掌握知识的同时，培养学生的实践能力。

　　对于包装盒的问题，我还设计了一道变式练习，想要孩子们在解题时运用多种方法去解决。我将立体的图形变成平面图形，设计这样一道题：有一个长是 11 厘米，宽是 6 厘米的长方形，将它剪成长是 3 厘米，宽是 2 厘米的长方形，最多可以剪几个？部分学生很快算了一下，说应该是 9 个，长里面可以剪 3 个，宽里面可以剪 3 个，$3×3=9$ 个。也有学生反驳说旁边剩余的部分还可以剪 2 个，应该有 11 个，于是我让学生想想之前书上的这道包装的问题，小巧的方法就是巧妙地将三盒巧克力拼叠起来，又做到了最省。我让大家试着画一画，很快大家就得到了答案，的确是 11 个。看来书本上的题目还是要好好斟酌一下出题者的用意。这也是帮助我们拓宽思路的一个好方法。

　　总之，复习课不应该只有老师的讲解，要让学生也参与其中，不能让课堂上的一问一答变成仅仅是几个头脑灵活的孩子在回答，更要关注全体孩子，让后进生也能动笔、动脑思考。通过这样整理知识，训练不同的变式，可以让分散的知识点整合起来。孩子就算忘记了，也能从其中的联系回忆起来，下次练习时碰到类似的题目也会做了。因此，温故知新对孩子来说是很有必要的，不仅能温习旧的知识，还能将其中的联系结合在一起，让他们复习起来事半功倍。

---

**点拨与提示**

复习课切记不要上成统一的模式，要时常更新方法和内容，让学生有内容可复习，有新题可以做。每节课都能有新的收获。

　　1. 复习课需要教师精心安排，合理设计。要坚持做到复习周也要有课可备。此外，要给孩子复习的范围和内容，而不是盲目的复习。如每天规定回去至少看一个单元的内容，找到合适的复习方法。

　　2. 复习课要富有新意，不能只求练习，不求质量。否则，长此以往会挫伤孩子们的积极性，复习效果也不佳。

　　3. 个性化复习更适合中高年级孩子。到高年级时，孩子的自主能力有所提升，可以逐渐自己整理知识点。教师则可以适当地点拨，让其学会更系统化地整理，并能与大家分享自己复习的乐趣。

　　4. 复习课的形式要经常更新。除了以知识梳理为导向的复习课，教师还可以尝试以孩子们易错题为研究的复习课；以解决问题为主导的复习课；以练习为主的复习课，避免单一的训练形式给孩子们带来枯燥感。

（撰稿者：诸洁）

第 17 招

## 匠心独运：巧用绘本资源提升阅读教学

英语课中的绘本资源是指以图文并茂的形式,用重复的、简单的、儿童能看得懂的语句讲述简单的故事,反映社会生活等的儿童英语图画书。它的运用在当下的小学英语课堂中十分广泛,它打破了课本教材的局限。精美的插画,简练的文字,生动的人物,有趣的故事吸引着儿童的眼球,为课堂教学润色不少。所谓匠心独运,也就是独具创新地运用精巧的心思,以教学目标和学生学情为基础,将原有的绘本进行开发和创造,将这些英语绘本中纯正的英语语言渗透到我们的小学英语教学中。绘本作为夯实儿童阅读能力的拓展文本,能深化儿童的阅读体验和学习体验,以促进儿童阅读能力目的的评价方式为辅助,很大程度上提高了小学英语课堂教学的效果,有利于发展他们英语阅读的能力。

### 背景与问题

在传统的英语教学中,教师比较注重对儿童词汇和口语交际能力的培养,在教学方式上也只是通过教材内容照本宣科地进行讲解,很难提高其学习兴趣。而英语绘本资源的出现正好解决了这个问题,绘本教材是通过图片和英文相结合的模式,以图替文或者图文相辅相成的方式向儿童展示知识。因此,图片不再是起到点缀和美观的作用,而是向儿童呈现知识。这样以图片的形式来吸引儿童阅读、学习,可以潜移默化地让他们掌握知识,提高英语阅读能力。

英语绘本资源虽益处颇多，然而许多问题也随之而来。

1. 我国英语教师自身对绘本的认识度不高，不太深入。因此他们对于绘本资源在小学英语阅读教学过程中起到的作用也无法准确地认知，而且感知不到英语绘本教学的优点和意义，无法为课程做出适切的教学设计，课堂的教学成效差强人意，儿童的阅读水平也无法提升。

2. 传统教学中，教师英语教学模式过于单一，教学方式还是无法得到改善。在教学中只要求儿童对绘本进行自主阅读，硬性的灌输、枯燥的课堂，都会影响他们学习英语的兴趣，他们因为缺少进一步的指导与分析，无法深入学习。这种单一的教学模式还影响了儿童的学习兴趣，教学效果也无法得到提升。

3. 绘本教学起源于国外，我国在这一领域很多方面都不够完善，欠缺经验。绘本课程在英语教学过程所占的课时较少，大部分教师的绘本教学方法匮乏，不能够理解绘本教学，导致教师无法通过绘本教学有效地向儿童传授英语知识。而教师在摸索学习的过程中，没有找到适合儿童的英语教学方法，不利于儿童的英语学习。因此英语教师对于此方面的探讨研究也较少，不成熟，需要更多的时间与精力去研究如何将绘本资源妥善地运用于英语阅读教学，发展儿童的阅读能力。

由此可见，如何能够匠心独运地将绘本资源作为有利的教学辅助工具，营造良好的阅读氛围，创新英语阅读形式，让儿童饶有兴趣地参与英语阅读，释放学习潜能，彰显学习活力，激活想象力，让儿童的阅读能力进一步提高，值得我们教师深思。

## 理念与意义

2011版《小学英语课程标准》中提到：语言学习需要大量的输入，丰富多样的课程资源对英语学习尤为重要。英语课程应根据教和学的需求，提供贴近儿童、贴近生活、贴近时代的英语学习资源。而优秀的英语绘本在图画和文字的设计上充分考虑了各个年龄段儿童的认知特点与认知需求，具有儿童性、直观性、生活性、故事性、情感性。在这种符合儿童阅读趣味的人物塑造、情节铺陈、结构安排以及构图中，儿童更易于产生阅读兴趣。这种原汁原味的英语阅读也能够帮助他们形成良好的英语阅读习惯。当今课堂，英语绘本资源广受好评，老师们屡用不鲜。笔者认为，匠心独运地运用英语绘本资源在阅读教学中的优势主要体现在以下三个方面：

### （一）匠心独运，丰富学习资源

绘本资源的主题鲜明，内容易于理解。众所周知，绘本的一切都是基于儿童，根据不同年龄层的认知情况，打造他们喜闻乐见的主题。紧凑且有趣的故事揭示着深厚的道理，比起老生常谈更能让孩子吸收与接受。因此，它对于丰富儿童的课程资源有着重要的意义。绘本资源能够提高儿童学习英语的积极性，促使他们对于教学内容更加熟悉。对于儿童而言，他们有一定的英语知识储备，可以将绘本资源当成是辅助阅读的小帮手，通过整合教材内容，在绘本的助推下，更好地理解与掌握所学内容，对于他们发展自身的阅读水平有着积极意义。

### （二）匠心独运，激发语言习得

英语绘本资源图片精美，语言简练。绘本中大部分的图片，都是名作家绘制的，这就使得这些图片具有构图精心、色彩明丽、绘画精美的特点，能有效促使儿童在视觉的冲击下，实现学习兴趣的激发，而且图片与图片之间的联系也十分合理科学。相较于文字，鲜艳的图片更能吸引孩子的眼球，博取注目，特别是低年级孩子识字少，孩子可以通过图片大概了解故事内容，由此可见图片对于英语绘本的重要性。英语绘本阅读，开辟了儿童课外阅读的新空间，让他们快乐阅读，并在一定程度上弥补了纯文本阅读的局限。英语绘本资源用一张张色彩鲜明的图片，一句句简练地道的语言，一段段引人入胜的故事内容来提高儿童学习的积极性。然而，如今对儿童英语语言运用能力培养欠缺的问题浮出水面。笔者认为，英语绘本资源能够帮助儿童在阅读上获得一定的学习经验并且通过有效的语言输出，提高学习英语的阅读兴趣，并对其自主学习有很大的帮助。此外，英语绘本资源具有突出语言的表意功能，有助于完善儿童综合的语言运用能力。

### （三）匠心独运，提升阅读素养

绘本资源贴近其生活，趣味性强，能激发儿童的阅读兴趣，激活他们的想象力。根据他们已有的知识基础做出一定的拓展想象，一定程度上能提升他们的综合能力。英语绘本资源能够激发儿童的阅读兴趣，并在此基础上助推阅读能力的发展。教师自身应储备一定的英语绘本意识，通过绘本教学，帮助儿童培养良好的阅读习惯。英语绘本通常使用押韵的语言和重复的句型描述主题，儿童在这种生动、活泼的英语语境中，能够获得视觉和听觉的双重享受，自觉地模仿绘本语言进行交流和写作，从而自然而然地形成英语的语感。开展英语绘本阅读教学的过程，也是培养儿童英语听、说、读、写能力的过程。此外，阅读体验的增强也归功于绘本的有效利用。绘本的故事性较鲜明，儿童读完后印象深刻，教师可以组织儿童进行阅读分享，各抒己见。他们在阅读交流的同时既能提高自我表达的能力，也能倾听小伙伴的阅读感受，沉淀一定的阅读体验。类似的阅读交流活动能够帮助儿童习得良好的阅读习惯，对于阅读素养的提升有积极意义。

## 实践与操作

绘本的合理运用是教学吸引学生的关键所在，一门高效实效的英语课堂需要绘本知识的合理穿插。绘本作为英语教学的重要工具，以其自身的生动形象带动课堂学习氛围。如何匠心独运，高效利用绘本资源呢？笔者认为，教师在教学过程中，应注重教学模式应多样化，在课堂教学中穿插绘本内容，通过插图和故事情节帮助儿童尽快学会新知。教师将课堂教学系统化，提高绘本的利用率，发挥自身优势，打破传统教学模式，真正做到对儿童学习兴趣的培养。英语绘本资源运用于课堂，教师应该正确地引导儿童在课堂或课后阅读，激发他们阅读兴趣，发展阅读能力。根据教学实践，一般包括以下几种可操作的方法：

### （一）英语绘本的选择与开发

首先，教师应该根据年龄层的不同来挑选英语绘本资源。低年级儿童适合主题鲜明，道理浅显的绘本，而高年级的更适合锻炼其逻辑思维发展的绘本。对于儿童而言，词汇量的不足一定程度上阻碍了阅读能力的发展。教师在挑选英语绘本资源的时候，应认真考虑儿童的语言基础及能力，避免挑选绘本中生词较多或内容较难的资源，以防绘本资源的难度阻碍他们阅读兴趣及积极性。

其次，教师应根据教材的话题选择与其主题贴切的英语绘本资源。绘本的内容可以根据教材的话题进行选择和整合，它可以作为教材内容的补充和拓展。要注意的是，儿童的专注力持久度不高，教师应该尽量挑选一些主题鲜明，故事内容生动有趣，儿童较感兴趣的绘本资源，这样才能让他们阅读兴趣维持的时间长一些。基于教材的英语绘本混合式学习将英语绘本和小学英语教材有效整合，这样既保证英语绘本学习得以持续开展，又拓展了儿童对主题的理解，使语言学习富有趣味性，最终发展他们的学科素养。最后，教师挑选的绘本需具备启迪性。儿童阅读绘本的时候，不仅仅是获知故事内容，吸取一定的知识养分，更多的是锻炼其思维能力。而不同的绘本蕴含着不同的思维逻辑，能够提供给儿童更广阔的视野，很好地激发他们原有的知识储备，为发展他们的阅读能力搬砖加瓦。

但是能否将绘本整个照搬呢？其实不然。教师必须要依据教学目标以及学情，并以此作为重要考量点，合理地开发原有的绘本，让它的优势最大地体现出来。首先，教师需要对现行英语教材进行充分的解读，深刻地挖掘，参照教学基本要求，进行绘本的开发和教学的研究。其次，教师可以依据儿童的心理特点、发展需要和教材实际需要对原版英语绘本进行整合或改编。当有些绘本故事的语言句式不是儿童现阶段应掌握的，或超出其能力范围内的，教师应予以替换；当绘本故事比较难懂、句子较长、生词较多时，教师应改编使之适合学生阅读。改编时，教师可以利用原版绘本故事情节，也可以依据实际需要进行适当变化，在语言选择上尽量运用与儿童知识相近的语言。最后，当现行教材中有些话题不容易找到相关绘本时，教师可以借助与此话题相关的图片进行联想，从而进行绘本的创造性开发。

### （二）英语绘本的阅读体验深化

绘本的学习过程不是说教的过程，需要教师一步步地将儿童带入文本、带入故事情节，让他们成为故事中的一部分，引导他们切身体验不同角色的喜怒哀乐，从内心深处生出各种各样的情感或体悟，这样才可能有真知灼见和真情流露。阅读是儿童生活、生长的自然需求，绘本是儿童喜闻乐见的阅读资源，阅读能力更是儿童与生俱来的天赋。因此，课前预读可以更好地让儿童沉浸在故事文本中，满足他们个性化的阅读需求，帮助他们更有准备地参与课堂学习。依据教学内容和教学计划的不同,教师也可以在课前预读阶段给儿童布置一定的学习任务。这样可以更好地培养儿童的自学能力,教师也可以在课堂上进一步聚焦核心内容和关键问题,提高课堂教学的效度。模仿、表演是将儿童带入故事情节,引导他们体悟情感的最直接和最重要的学习方式。但是,在课外绘本阅读的教学过程中,不宜将大段的故事让儿童表演。一是因为儿童无法一次记忆大段落的故事文本;二是因为大篇幅的表演会占用大量的教学时间,导致后期他们思考、表达、拓展的实践不足,同时过多的表演也无法突出故事学习的重点。因此,在教学过程中,教师可以精选一些篇幅不长但具有较高体验性的段落来指导儿童表演。有针对性的活动设计和儿童之间的有效互动并不是他们进行深度体验的唯一途径。在课堂上,教师还可以充分利用各种硬件设施来烘托学习氛围,而板书是其中最简单易行也最有效的方法。除了这种脉络呈现式的板书以外,教师也可以依据学习内容的不同,灵活运用难点突破、语用拓展等多种形式的板书设计来深化儿童的阅读体验和学习体验。

### (三) 英语绘本的多元评价

不同于传统的英语评价模式,以促进儿童阅读能力目的的评价方式也非常重要。传统意义上主要以词汇、句法、语法为主的评价方式急需改变。绘本的阅读评价旨在激励儿童的阅读兴趣。首先,阅读评价可以侧重在阅读理解和输出运用两个方面。教师的评价语言应贯穿课堂始终,语言需情、趣、理融于一体,以此来激发儿童的学习兴趣。对于他们而言,童趣化的语言更易于被接受,儿童每次作答后教师给予肯定赏识性的评价,或对儿童思考后做出的反馈融入友好的认同感,能一下子拉近师生距离,教师用与朋友对话的方式更能激励他们勇于表达。其次,可以采用丰富多样的教学环节来检测儿童对于绘本的理解。如视听说等种类各异的任务可以从多角度对他们的学习进行评价。最后,绘本不可或缺的评价活动便是模仿与表演。这不仅能检测出儿童对于绘本的语言知识掌握及理解能力,而且能表现出他们对故事人物的情感体验,形成自己的见解,并联系自身,有所思考。学生可以小组PK竞演的方式,以竞争促进步。他们以3—5人为小组,组内成员围绕着绘本展开表演竞赛。通过比较,有助于儿童发现彼此之间的差异,互相帮助,从而考察他们阅读的理解力和语言的表达能力。

英语绘本有利于儿童高效、快乐地学习英语，也体现了教育不断改革的趋势。因此，在实际教学中，要匠心独运地加强对英语绘本教材的选用。教师应转变传统的英语教学方式，注重英语的实用性，这样才能促进阅读能力的发展。

## 案例与分析

本文以沪教牛津版 4AM2U3P3 The lion and the mouse 的语篇教学为例，探讨如何在小学中高年级英语阅读教学中匠心独运地利用绘本资源发展儿童的阅读能力。

### （一）绘本的正确选择和合理开发

绘本资源虽然有很大的价值，但是并非所有的英语教学中都能找到合适的绘本资源，不是所有的绘本都适用于英语教学。这时，教师应当结合英语教学来创作合适的绘本教材，或者根据原有的绘本进行相应的改动，使绘本教材适用于英语教学。

在学习 4AM2U3P3 The lion and the mouse 这一课时中，课本教材故事较简单，头尾交代较少，因此我选取的英语绘本出自伊索寓言 The lion and the mouse。首先，此英语绘本符合四年级孩子们的认知水平，语言内容并不难，生词不多，适合学生的语言基础和能力，而且绘本插画精美，故事情节生动有趣，孩子很感兴趣。其次，绘本故事与教材主题相似，故事内容相似，是在教材简单文本的扩充和丰富。第三，故事具有启迪性。每个孩子读完故事后的情感体验有所不同，发散了他们的思维。绘本故事的寓意说法各异，如"看似微不足道的却有可能提供巨大的帮助""强者也会有需要弱者的时候"等。而本单元的主题为 I have a friend，如何利用本课教学促进单元教学，就要搭建起这两者之间的桥梁，即 friends。教学设计前，我们必须明确单元的主题，才能挑选与之匹配的绘本资源。教学设计过程中，并不能完全依赖绘本本身，可以根据学情，将教材与绘本做一个比较与融合，取其精华，发挥 1+1＞2 的效果。这就需要教师好好观察，认真思考如何做到真正的物尽其用，使绘本资源服务于我们的课堂。教师可以基于标准，基于目标作出创造性的修改，将课本与绘本自然地融为一体，这样才能达到绘本的最大成效。总之，想要发挥绘本资源在英语教学中的作用，必须灵活运用绘本，使得绘本资源的设计能够贴近儿童的学习范围和生活，更容易被他们接受，真正促进他们阅读能力的培养。

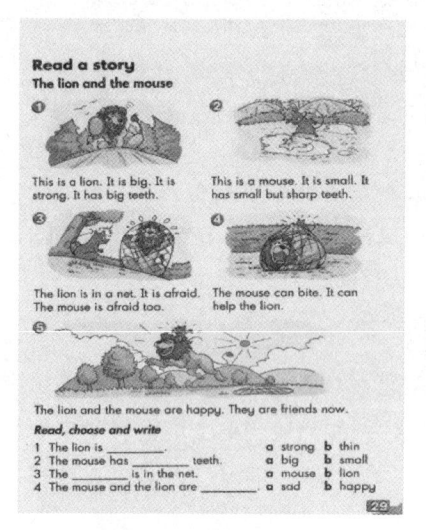

图4-8 课文内容　　　　　　图4-9 利用绘本资源整合后的文本

## （二）绘本阅读体验的情感升华

绘本故事中隐藏着许多信息及矛盾冲突的地方，儿童在阅读时应仔细观察，以防错过。教师在教学时应引导孩子观察绘本，对绘本设置一些层次性的问题，让他们进一步获取信息，并针对问题进行思考与交流，活跃思维。英语绘本阅读教学不仅仅是让儿童记住其中的知识，更重要的是要将情感教育渗透其中，提升其审美层次，升华其情感。

在学习4AM2U3P3 The lion and the mouse 这一课时中，从课一开始我让孩子扮演Bryan描述自己的朋友，再提出以下问题"人与人之间会成为朋友，那么动物之间呢？"，引导孩子根据动物的体型、习性、本领等，尝试说说哪些小动物能够成为朋友，由此进一步引出"相差巨大的狮子和老鼠能成为朋友吗？"这一看似矛盾的问题，正式进入故事的学习。孩子通过课前英语绘本的预读，对此有了一定的认识，回答问题的时候特别积极，答案也各不相同。在故事的开始阶段，他们模仿狮子、老鼠及其他动物进行表达，体会"This is a proud lion."及"This is a shy mouse."，体会到狮子和它的朋友们不屑与小小的老鼠做朋友。而当狮子掉入网中后，儿童开始思考"一开始狮子和老鼠的心理活动是怎样的？最后又是怎样的？"最后读完故事结局，他们得出结论："afraid"及"happy"。那么，为什么最初狮子和老鼠会感到害怕？为什么最终它们又感到快乐？带着这样的问题，儿童继续阅读语篇，提取相关信息，并找出答案：最初狮子和老鼠感到害怕的原因是狮子掉入了网中，而最终它们感到快乐的原因在于成为了朋友。那么熊跟河马是狮子真正的朋友吗？由这一问题，孩子们又从故事结局回到故事进程，通过剖析原因，得出结论：老鼠才是狮子真正的朋友，因为只有它留下来帮助了狮子。在这一过程中，孩子模仿朗读各角色的故事内容，体会这些动物的心理活动，带着问题思考产生这些心理活动背后的原因。在板书中，狮子和老鼠从害怕到快乐的情感变化，也正是孩子对于"friends"认识的加深。从前两课时学到的"friends play together, friends know each other, friends love each other"，认识到"friends help each other"，从而进一步加深对朋友的理解。本课的情感同学们比较熟悉，能够感同身受，因此最后的教学效果还是不错的。试想，如果换一个孩子们比较生疏的情感目标，他们是否能够完全体会其中的含义呢？因此，情感目标的达成并不是简单的"喊口号"，而是要融入课堂、融入文本，最终自然而然地过渡到情感目标的升华。

图 4-10 A proud lion

图 4-11　A shy mouse　　　　　　图 4-12　板书

## （三）绘本评价的多元化

为了使儿童持续保持对英语绘本资源的阅读兴趣，教师应积极对他们实施多元化评价。除了关注儿童对英语词汇、句型的掌握情况外，还应将他们在阅读过程中的交流、合作、兴趣、态度等方面的表现纳入评价指标。在笔者阅读教学过程中采用了多种评价方式来对儿童的学习情况进行评价，如课堂提问、纸笔测试、评价活动等。

首先，教学过程中可以通过一系列课堂提问，评价儿童是否能够运用所学语言进行回答并讲述。这不仅是用来教授本课语言知识点，也是检测和评价他们是否能听懂并运用本课词汇与句型进行讲述。故事后，还可检测儿童是否能正确理解故事含义，并对他们产生的情感体验给予评价。在故事的推进过程中，通过"Listen and tick、Think and circle、Read and underline"等纸笔测试，来评价他们是否能够根据听到和看到的内容，获取正确的信息。此外，评价活动还可以穿插在教学过程之中，以此检验儿童是否能通过学习，达成各项评价目标，并及时为教师提供教学反馈，同时结合孩子在日常学习中所熟悉的评价标准，将本课相关核心语言融入评价之中，伴随教学的整个过程。除了采用以上评价方式外，教师在儿童的学习过程中也不断作出评价，如用激励性话语、肢体动作等及时有效地对儿童的学习情况进行反馈。最后，孩子通过角色扮演狮子和老鼠，帮助他们理解和掌握语言知识，又使孩子在表演中体验故事里不同角色的情感态度。他们在反复阅读中深入理解文本含义，根据情节表演揣摩文本价值。

**点拨与提示**

1. 教师在选择文本故事时要高度重视绘本中图画的价值。绘本中的图画丰富多彩，可表达不同的情感，传递出的相关信息更容易被儿童接受。此外，图片组成的元素有线条、构图、色彩和创意等，能有效引导儿童的审美，方便其轻松地体会作者表达的情感。

2. 教师要重视英语绘本教学中文化意识培养的目标，可以借助英语绘本中的文化因素，帮助儿童理解文化内涵，为培养其国际视野奠定基础，也可以让儿童通过绘本中的语言文字去了解异国文化，多方面吸收异国文化的精髓，让其感受到英语文化的底蕴。

3. 教师可以采用多种英语绘本教学方法如动手绘画法、歌曲演唱法等。首先，借助图片辅助教学，引导儿童将学习收获画出来，使之成为绘本学习的有效延伸。儿童在绘画中感受作者的情感变化，不断强化自己对绘本内容的理解。其次，教师可以引入音乐元素，将歌曲演唱法运用于其中，让儿童在优美的歌曲中理解绘本的故事情节。最后，教师还能引导学生对歌曲进行创编，对绘本进行表演，让儿童的智慧与文本进行碰撞，实现学习的有效延伸。

（撰稿者： 蔡丽娅）

## 第 18 招

## 添砖加瓦：以任务导学单优化教学

添砖加瓦，原来指建造房屋时不断地添砖块加瓦片，以达成目标；后比喻做一些工作，尽一点力量。利用任务导学单的方式进行教学，可以成为高效课堂的一个推手，能激活儿童已有的生活常识和跨学科知识，推动课堂进程，激发学生学习的积极性。任务导学单，即在课前、课中或是课后由教师根据教学环节所设计的符合学情、基于教材、基于单元目标的任务型清单，可有多种形式，就如同一层建筑无法缺少支架和砖块。任务导学单的出现，可以为高效课堂添砖加瓦。

### 背景和问题

某位名人曾说过，"It is necessary to drill as much as possible, and the more you apply it in real situations, the more natural it will become."意思是在学习语言的过程中，需要反复操练，若是能把所学的东西运用到实际生活中，就会学得更自然更扎实。在教育改革日新月异的今天，教师不再是单方面的传授者，儿童成为了课堂学习的主体。所谓"一切为了每一位学生的发展"，教师应当基于儿童发展的顺序性、阶段性、不平衡性、互补性和个别差异性开展相应的教育教学活动，应当用发展的眼光去看待每个儿童，对其进行形成性评价。因此，英语课堂中也产生了一些问题：

1. 部分孩子英语学习兴趣不浓。一些孩子只在课堂上开口讲英语，一堂课时间有限，如何在有限的课堂中尽可能高效地提升儿童学习的兴趣和能力呢？

2. 部分孩子语调平平，没有感情。那么如何培养儿童良好的语音语调，使他们能拥有初步运用英语进行简单日常交流的能力呢？

3. 部分孩子无法做到自主思考。他们能根据老师的口令或提示来表达，但在自主探究阶段不能独立思考，这也成为了一大问题。

任务导学单的制定可以成为一种有效途径，通过教师精心准备的任务导学单，儿童可以预知下一课时的学习内容，对此有大致的了解，能激发其兴趣和自信，从而为课堂教学铺路。在正式授课过程中，教师也可以根据导学单内容，检测其预习情况，可使之进行简单的交流，培养其主动探究、自主交流的能力。

## 理念与意义

活动单导学模式在英语学科中广为运用，在小学英语课堂中利用任务导学单的形式引导课堂教学，有以下优势：

### （一）任务导学，有利于提高英语课堂实效

与传统的预习作业有所不同，通过完成任务导学单，儿童可以逐渐建立起信息采集、自主探究、自主思考的能力，有助于其思维品质的发掘。而在正式上课的过程中，通过课前几分钟的交流，他们也可以培养倾听、对话、答疑的能力。在课后，他们能对导学单内容进行修改完善，对学得内容进行及时巩固，这样做可以提高英语课堂时效。

### （二）预知学习内容，有利于激发儿童学习自信

在课堂上，常见有些儿童怯于举手回答问题，原因一是对自己的想法不自信，二是对新课时内容没有预知。而在预习过程中完成任务导学单，他们能预知学习内容，对所要学的文本内容有一个整体感知，这会在极大程度上激发他们的自信；在完成导学单的过程中，他们会思考问题，自己找寻解决方法，搜集筛选信息，这也一定程度上培养了他们信息采集的能力。而导学单的形式十分多样且富有趣味性，能有效激发其学习兴趣，提高学习的积极性和创造性。

### （三）儿童乐于交流分享，有利于提高其口语表达能力

某些导学单需要儿童在课前做简单的交流，儿童也很喜欢这个过程。他们乐于分享自己的成果，其他人也能专注地倾听他们的发言。有时有不同的声音出现，他们也能踊跃表达自己的观点，对他人进行互动评价。这为儿童创造了一个小小辩论会、分享会的条件，用英语去处理遇到的问题，用英语介绍关于自己的东西，用英语去评价他人，积极互动，以此加强他们的英语交流能力。

### （四）课后反馈，有利于促进儿童自主思考

导学单不仅帮助儿童进行预习工作，还可以作为一种反馈方式。在课后，可让他们根据本课时所学的内容，在原来的位置旁边用不同颜色的笔进行修改。看看通过一节课，是不是对某一问题有了更深刻的思考，或是学到了更优化的表达方式。这个小小的举措可以在一定程度上促进、激发儿童自主思考的能力。

## 实践与操作

任务导学单形式丰富多样，操作步骤清晰有序，以激发学生学习兴趣为起点，以培养学生自主学习能力和综合素质为目标，如同一幢房屋的砖瓦，推动课堂向高效发展，下面将对其操作步骤进行阐述。

### （一）选择合适的导学单形式

任务导学单的形式是多样的，有写话、绘画、连线配对、绘制思维导图等方式。教师要结合儿童的年龄特点进行设计，低年级学生对绘图、连线式等有趣味性的形式较为感兴趣，而中高年级的学生有了一定逻辑能力和思考能力，可侧重于设计能启发其思维方式的形式，如绘制思维导图、写话、趣味阅读等。由于不同孩子的学习能力也存在差异，因此教师首先应当在设计任务导学单时考虑周全，设计符合学情、有趣味性的形式，必要时采取分层的方式，帮助他们更好地理解和操作，促进其个性化发展。

### （二）制定具体的实施步骤

小学是儿童接触英语知识的启蒙阶段，大部分儿童对英语充满好奇。但在学习英语时，如果没有预先学习，课堂教学时就会缺乏活力。

课前导学单可以引导他们分三步进行预习，首先，让他们通过泛读课文了解学习内容，找出旧知，记下自己认识的单词或句子。然后，把自己在学习过程中无法理解的内容标出来，并对这些内容进行分类。在预习中采用任务导学单的方式，引导他们独立学习，通过回顾旧知识到新知识学习的过程，让他们主动进行探索，提高其英语语言表达能力和自主学习能力，为之创造一个新的学习平台。

在课堂上，教师引导学生，根据课堂教学环节，由学生进行交流和分享，并以小组或同桌两人为单位进行互评。在课后，学生根据本课时所学的内容，在原来的位置旁边用不同颜色的笔进行修改和完善；有时也能让学生进行角色扮演的游戏，培养他们的口头表达能力。

## 案例与分析

下面就以《4B Module2 Unit1 Sports》这一单元为例，谈谈如何通过任务导学单来优化课堂教学。

"Sports"这一单元分为三个课时进行授课，要求孩子在谈论"Sports"的语境中理解、学习并运用单元核心词汇"play football, play table tennis, play volleyball"等描述一些常见的体育运动项目；在谈论"Sports"的语境中能够熟练运用一般疑问句"Do/Does … like（doing）?"的句型询问某人的运动爱好，并会用"Yes, … do/does. No, … don't/doesn't."进行正确的回答。而"Sports"这一话题也较为贴近他们日常生活，在二、三年级时也接触过"run, swim, ride a bicycle, skip a rope, skate, ski"这些关于体育运动的单词或词组，孩子的学习兴趣较为浓厚。

在研读了书本后，我结合学生学情进行文本的整合，将课时主题定为："My hobbies, Let's join sports clubs, My favourite sport."这样划分符合逻辑，较有条理，也符合学生学习新内容渐进的特点。那么如何在相关语境下制定相应的任务导学单呢？

第一课时主题为"My hobbies"，要求孩子在相关语境中，感知理解核心词汇，能用核心句型"Do you like …? Yes, I do. /No, I don't. I like（doing）

……"来对体育运动项目的喜好进行问答。由于是新授的第一课时,孩子接触的是崭新的核心词汇,因此在导学单的设计上,我选择了让孩子画一画自己的兴趣爱好,如画画、跳舞、滑滑板、骑自行车、游泳、打篮球等,再用几句简单的话来描述一下自己的兴趣爱好。这些词汇他们在二、三年级接触过,符合其学情,他们能用"I like... How...!"的句型熟练描述。孩子的兴趣较为浓厚,在课堂展示介绍自己的兴趣爱好时,都踊跃举手,有些画作还细心地上了色,显得活泼生动。他们能在这一环节中回顾旧知,并自然而然地过渡到新授课程中。通过自己的行动,他们能更为深刻地意识到兴趣爱好给自己带来的快乐,并且能较为积极地和同伴交流,达到能运用英语进行简单日常交流的目标。在交流后,孩子还可以在导学单上进行自评,如果回答正确勾一个笑脸,回答流利而富有感情勾两个笑脸,以此促进其自我评价的意识。

图4-13

第二课时的主题是"Let's join sports clubs",要求孩子在相关语境中,进一步巩固使用核心词汇,初步使用核心句型"Does... like...(doing)?Yes,... does. /No,... doesn't."来对他人体育运动项目的喜好进行问答,使用"I can... I like... It makes me... /It's so much fun. I would like to join the..."来描述自己的喜好和想加入的体育俱乐部。这一课时主题贴近学生的校园生活，能激发其共鸣。为了使孩子更好地沉浸其中，在导学单上，我设计了一些体育俱乐部招人的海报，让他们通过观察图片，了解一张海报所包含的内容，如俱乐部名称、招募语（吸引人的原因）、活动时间等，从而自然地引入到新课主题，也让孩子们对参加俱乐部有更深刻的代入感，可谓语境带动语用体验。

图 4-14　　　　　　　　　　　　图 4-15

在导学单中，我还预留了两个部分在课堂中完成。课上，我创设了 Danny、Peter 和 Kitty 三人看到学校公告栏里一系列招新海报后一起讨论自己想加入的社团的情境。在此情境中，由孩子们谈论自己的技能、所喜爱的运动、为何喜欢的原因以及想加入的俱乐部，通过听、问答、填写报名表、角色扮演等方式，层层递进，由扶到放。而在导学单中，我设计了通过绘制思维导图的方式来回顾这一课时内容，并添加自己的技能、爱好、热爱的原因及想加入的俱乐部。另外，我还加入了一张报名表供孩子们完善，从而使他们学会如何从能力、爱好、原因的方面去描述自己想参加的俱乐部，促进其思维品质的培养。在课后，部分同学还进行了角色扮演，他们拿着填写完成的报名表去向"面试官"报名，非常有趣。有些同学对热爱某项体育运动的原因也有了更具体深层的认识，对报名表上"Reason"这一栏用醒目颜色的笔进行了修改和完善，并贴上相应体育运动的贴纸，足见其兴致和用心。

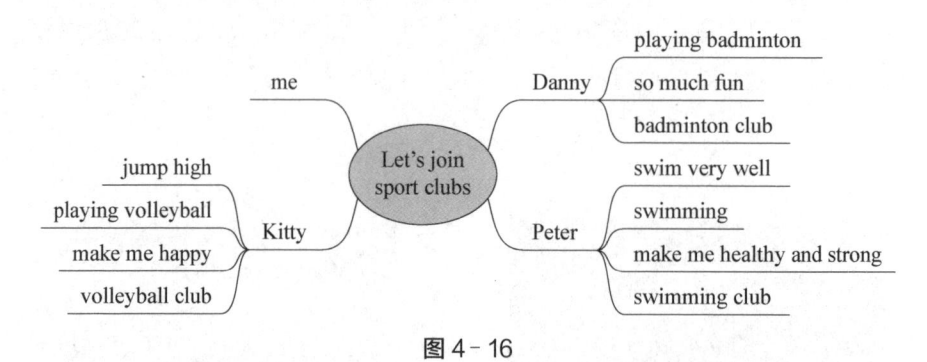

```
                                            playing badminton
                          me        Danny   so much fun
                                            badminton club
           jump high    ┌─────────┐
    playing volleyball  │Let's join│       swim very well
     make me happy  Kitty│sport clubs│Peter  swimming
     volleyball club    └─────────┘        make me healthy and strong
                                            swimming club
```

图 4-16

Name: _____
Ability: _____
Hobby: _____
Reason: _____
Club to join: _____

Swimming Club  Volleyball Club Welcome!
Basketball Club Let's join!  Badminton Club So much fun!
Football Club Join us!  Tennis Club So much fun!  Table tennis Club Join us!

图 4-17

第三课时的主题为"My favourite sport"，要求孩子能在相关的语境下，熟练运用核心词汇，在语境中能较熟练地运用目标语言，并结合自身情感描述自己最喜欢的体育运动项目及其带来的快乐和益处。基于前两课时的铺垫，这一课时的话题较开放，目标更高，孩子们的感受也更为深刻。在任务导学单上，我设计了小组调查的方式，让孩子们在课堂上分为四人一组，通过"Do a survey"版块，让他们写下自己最喜爱的体育运动及原因，在小组内介绍，再通过询问不同小组成员的方式操练单元核心句式"Does ... like ... (doing)? Yes, ... does. /No, ... doesn't."这一举措提高了孩子的积极性，也提升了他们的口头表达能力。在介绍完毕后，请他们在小组内进行互评，并推选出表达流利、准确的同学，给予他们表扬和奖励。

```
Do a survey

Name: _____
Ability: _____
Hobby: _____
Reason: _____
```

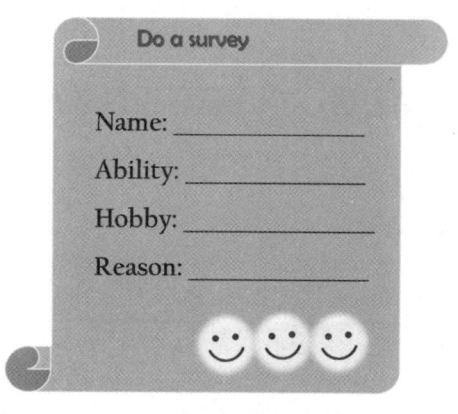

图 4-18

## 点拨与提示

1. 导学单的形式应当是多样的，需要结合学生的年龄特点进行设计，低年级孩子对绘画等有趣味性的形式较为感兴趣，而中高年级的孩子有了一定逻辑能力和思考能力，可侧重于设计能启发其思维方式的形式，如绘制思维导图、写话、阅读等。

2. 由于不同孩子的学习能力也存在差异，在设计任务导学单时应当考虑到这一点，必要时采取分层的方式，有利于其更好的理解和操作，促进其个性化发展。

3. 导学单的检验方式有很多，但实施时易忽略孩子之间的自评和他评，需要教师适当加以引导和完善。

（撰稿者：单晨霄）

## 第 19 招

## 循循善诱：以问题导引促进教学

所谓循循善诱，即在教学过程中有步骤地引导孩子进行学习。针对小学英语阅读教学的改进，教师可以采取循循善诱的方式，用一个个问题有步骤地引导孩子，帮助孩子进行阅读学习，从而达到教学目的。

### 背景与问题

在如今的英语教学中，教师不仅仅要对孩子进行语言知识的教学，还应该在教学中激发孩子的学习积极性，让孩子在英语课堂中的主动性得到提高。英语阅读教学也应符合以上要求，通过精彩的语境，孩子能够积极参与到课堂教学活动中，能够营造良好的课堂学习氛围。此外，英语阅读教学能够让孩子在学习语言知识的同时，形成综合语言运用能力，帮助孩子了解各国文化的差异，形成正确的价值观、人生观。同时，孩子在小组合作的过程中能够养成良好的学习习惯，形成自主学习的能力以及小组合作的能力。然而，如今有不少小学英语阅读教学存在以下问题：

1. 教师教学形式枯燥。在英语课堂中，有不少教师在处理阅读教学时采用讲解式的教学方式，讲解形式枯燥，使得孩子学习兴趣下降。

2. 教师过分注重语言知识的讲解。在英语阅读教学中，许多教师的关注点都在语言知识上。教师过分注重对阅读中出现的语言知识点进行教学，使得阅读教学变成了枯燥的语法知识点的讲解课。

3. 教师缺乏阅读方法的指导。许多教师在进行英语阅读教学时不注重学法的指导，没有引导孩子从语篇的层面对阅读的内容进行理解，导致孩子的阅读理解能力无法得到提高。

**理念与意义**

奥苏泊尔曾经提出，学习分为机械学习与有意义的学习。机械学习，即不加理解、反复背诵的学习，亦即对学习材料只进行机械识记。有意义的学习强调在新知识的学习中，孩子原有的知识能与新知识产生联系。有意义的学习需要具备两个条件：孩子要具有有意义学习的意向，即把新知识与认知结构中原有的知识关联起来的意向；学习材料对学习具有潜在意义，即学习材料具有逻辑意义，可以和孩子认知结构中的有关观念相联系。这两个条件缺一不可，否则会导致机械学习。

奥苏泊尔针对讲解式教学提出了"先行组织者"教学策略。所谓先行组织者是指安排在学习任务之前呈现给学习者的引导性材料。奥苏泊尔认为，能促进有意义学习的发生和保持的最有效策略，是利用适当的引导性材料对当前所学新内容加以定向引导。这类引导性材料与当前所学新内容之间在包容性、概括性和抽象性等方面应符合认知同化理论要求，即便于建立新、旧知识之间的联系，从而能对新学习内容起固定、吸收作用。

根据奥苏泊尔提出的"有意义学习"的理念，可以看出在小学英语阅读教学中，采取循循善诱的问题导引具有以下意义：

**（一）有利于引导孩子进行有效学习**

循循善诱的教学方式有利于发挥教师的主导作用，同时也能凸显孩子的主体地位。在教学中采用问题引领的教学方法能够有效引导孩子进行学习。

在课堂中运用引领式的、循循善诱的问题引导孩子进行学习是一种较为科学的教学方法。问题引领式教学法的起源可以追溯到苏格拉底的对话式辩论。问题引领式教学模式是指通过充分发挥教师的主导作用，创设主体、和谐、民主的课堂氛围，把孩子置于问题之中，让孩子自主地感受问题、发现问题、探究问题，为孩子充分提供自由表达、质疑、探究、讨论问题的机会，孩子通过个人、小组、集体等多种解决问题的活动，达到润物细无声的教学效果，促进孩子认知、能力、情感全面发展的一种有效教学模式。

### （二）有利于孩子思维的发展

循循善诱的教学方式能够帮助孩子进行有效的思考。孩子的思维发展是非常重要的，在英语课堂中我们可以运用各种形式展现阅读课所需解决的问题，有步骤地引导孩子对每个问题进行思考，通过一个个循循善诱的问题引导孩子进行有意义的学习。

由于小孩子的思维能力有限，教师需要在课堂中帮助孩子拓展他们思维的宽度和广度。这时，问题的引导可以很好地发散孩子的思维，在孩子们思考受限时，教师可以用开放式的问题引导他们，这些开放式的引导问题能够在整节课中循循善诱地帮助孩子们从多个维度进行层层深入的思考，从而提升孩子们的思维能力。

### （三）有利于提升孩子的阅读理解能力

对于小学中高年级的孩子来说，阅读理解能力是非常重要的，而阅读理解能力在英语阅读教学中可以得到充分培养。教师在英语阅读课堂中，可以通过阅读方法的精准指导，帮助孩子们提高他们的英语阅读理解能力。在进行阅读方法的指导时，教师可以精心设计一些与阅读内容息息相关的问题，让孩子们通过一个个问题了解阅读内容的主线发展情况，从而循循善诱地引导孩子们掌握正确的阅读方法，提升孩子们的阅读理解能力。

## 实践与操作

教师们在英语阅读教学中能够使用循循善诱的教学方式，帮助孩子进行有效的学习，接下来我就来谈谈如何运用问题循循善诱地引导孩子进行有效的学习。

### （一）边问边答，推动阅读教学

问题引领式的阅读教学指的是教师在备课时精心设计问题，用一个个问题来引领孩子了解阅读文本的脉络，从而进行学习。在进行阅读教学时，教师可以一边向孩子们提问，一边让孩子们阅读。每一段文本都让孩子们带着问题去读,边阅读边回答教师的问题。孩子们在边问边答的过程中,能够较好地了解整篇阅读文本的内容。此外,通过边问边答,可以让孩子们始终处于问题之中,让他们在课堂上针对阅读内容的发展而出现的一个个问题进行自由的讨论和发言,从而促进他们对整个语篇的理解,提升他们的阅读能力。同时,在这个过程中,他们已有的语言知识会不断复现,使得他们能够在阅读的情境中更好地理解与运用语言知识。

（二）互问互答,启发孩子思考

在小组合作学习的英语阅读课堂中,教师可以让孩子们分别阅读整篇文本的不同部分,然后通过与小组成员互问互答,从而获取自己需要的信息。教师可以提前出示孩子们需要互相提问的问题,从而通过问题循循善诱地引导孩子们去寻找自己所需的文本信息。在这个过程中,孩子们在不断地自主思考,不断地通过教师出示的问题以及自己得到的信息,在自己的脑海中将整个阅读文本进行整合,从而了解整篇阅读文本的内容。在这个过程中,教师通过问题,有目的性地引导孩子们互问互答,引导孩子们将文本内容进行整合,同时,也让他们较好地梳理了自己的思路。这样的思维训练如果能够长年累月的坚持,那么孩子的思维能力以及阅读理解能力、查找关键信息的能力都会得到很大的提升。

（三）课前自主提问,引导孩子自主学习

由于英语阅读教学中,图片资源丰富,孩子们能从图片资源中读到许多关键信息,因此,教师可以在英语课的 pre-task 阶段,将本课阅读文本中的关键图片展示给孩子,让孩子们通过读图进行自主提问。孩子们可以小组合作,精选问题,提问的内容是孩子们想通过阅读了解的内容。教师可以将孩子们提出并写下的问题贴在黑板上,作为本节课孩子们需要自主回答的问题。在这样的教学过程中,孩子们可以进行自主学习,教师起到引导作用,当孩子们提出的问题太局限时,教师可以进行一定的引导,同时,教师也可以引导孩子通过读图自主预测阅读文本的主线发展,从而引导孩子自主阅读、自主学习。

教师可以通过以上不同的问答形式,灵活运用各种有引导性的问题,循循善诱地帮助孩子们在学习中提升阅读理解能力、启发自主思考能力以及读图的能力,孩子们在教师的循循善诱之下,能够越学越灵活。

## 案例与分析

接下来，我将根据以上方法，通过几个实际教学案例来进行课例分析。

**（一）边问边答，提升孩子的阅读能力**

以牛津上海版教材 5AM2U1P3 Little Red Riding Hood 这一节课为例，这节课的阅读内容是大家耳熟能详的小红帽的故事，孩子们对这个故事已经有了一定的了解。针对这个故事，我在备课时准备了许多问题。在第一个片段的教学中，我提出了以下几个问题："Who is the girl?　Where is she going?　Why?　Who sees her?　How does she feel?　How does LRRH think of the wolf?"孩子们在观看图片、听图中人物对话的过程中，对以上几个问题进行了思考和讨论。我通过一个个问题展开了阅读教学，以问答的形式，让孩子们进行思考，并让他们在阅读中寻找信息。在阅读内容的推进过程中，孩子们对问题的理解和思考也有所差异。针对"How does LRRH think of the wolf?"这一问题，有的孩子认为大灰狼是个好人，就如同故事中小红帽认为的一样，觉得大灰狼让她给奶奶摘花是好心的建议。而另一部分孩子从图中大灰狼的表情以及他说话的语气推测他是故意为之。在这个问答和思考的过程中，虽然没有过多对语言知识的教学，但却让孩子们运用到了很多所学的语言知识。孩子们认真思考、努力组织语言进行表达，让他们更好地理解和运用了语言知识。

接着，在狼外婆和小红帽对话的片段中，我又提出了一些问题："How does LRRH feel?　What does the wolf have?　What does he want to do?　How does LRRH feel?　What can Little Red Riding Hood do?"在这一片段的教学中，我先用问题让孩子们对狼外婆与自己外婆的外貌进行了对比，在这个过程中潜移默化地将阅读中涉及的感叹句："What strong arms you have! What sharp teeth you have!"进行了教学，孩子们在循循善诱的思考、问答的过程中比较轻松地运用了所学的语言知识。在故事的最后，我又问了一遍"How does LRRH think of the wolf?"这时，孩子们通过阅读整个故事，看到了大灰狼展露的真实面目，对人物的看法有所转变，从一开始大灰狼让小红帽给奶奶摘花的场景中，部分孩子觉得他是个好心，到看到他凶残的真面目，孩子们对阅读的理解也更加深刻。

在 Post-task 环节，我又提出了另外几个问题："How do you think of LRRH? Do you like LRRH? Why? If you are LRRH, what will you do when you meet the wolf? If you meet suspicious people in your life, what can you do?"在故事的最后，我将问题循循善诱地引到孩子们自己的身上，让他们通过讨论，发散思维，发表自己的看法。在这个过程中，孩子们不仅要在充分理解故事内容的情况下进行讨论，同时他们还需要自己组织语言。在这个过程中，孩子们以往的旧知得到了复现，同时对故事有了更深一步的理解。

孩子们能够在老师循循善诱的问题引领下，慢慢得出一个个问题的答案，从而更加了解故事内容，更好地进行学习和思考。

（二）互问互答，提升孩子的思维能力

以我执教过的牛津上海版教材 5BM3U2P3 The weather I like 这一节课为例，这一节课中三位主人公 Kitty, Ben 和 Uncle George 在讨论各自喜欢的天气以及原因。在这节课中，我让女孩子们读了 Kitty 喜欢的天气以及原因（文本内容见图 4-19），让男孩子们读了 Ben 喜欢的天气以及原因（文本内容见图 4-20）。孩子们自主阅读完自己的文本之后，需要互相提问，获取对方文本中的信息。为了帮助孩子们获得有效的信息，我出示了他们可以互相提问的问题（见图 4-21）。

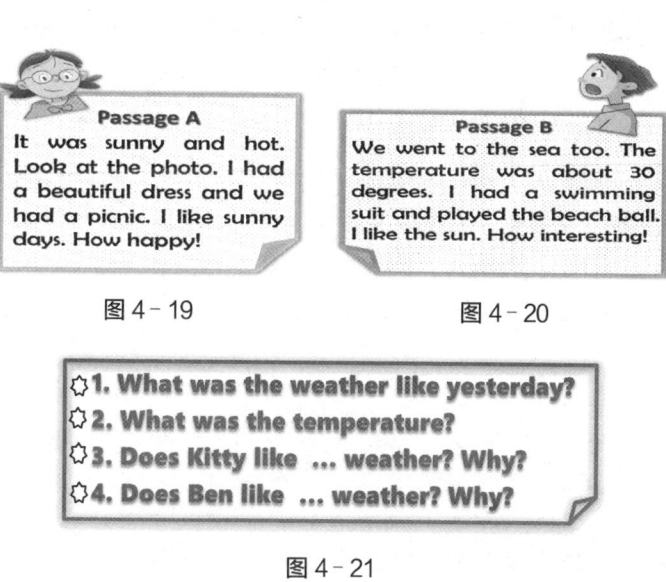

**Passage A**
It was sunny and hot. Look at the photo. I had a beautiful dress and we had a picnic. I like sunny days. How happy!

图 4-19

**Passage B**
We went to the sea too. The temperature was about 30 degrees. I had a swimming suit and played the beach ball. I like the sun. How interesting!

图 4-20

1. What was the weather like yesterday?
2. What was the temperature?
3. Does Kitty like ... weather? Why?
4. Does Ben like ... weather? Why?

图 4-21

孩子们通过互问互答，顺利地了解了对方阅读文本的内容。在这个过程中，教师运用提示性问题，引导孩子们在阅读文本中查找信息，并将信息进行整合。整个过程中孩子们在不停地进行思考，思维能力得到了提升。

### （三）自主提问，提升孩子的自主学习能力

以牛津版上海教材 3AM2U2P2 Peter's family 这一节课为例，这节课通过 Peter 的一家人展开，教材中为我们提供了 Peter 每一位家人单独的照片。我经过剪辑拼接，将 Peter 的全家福展现给了孩子们。孩子们通过观察这张图片有了许多自己的思考。这时作为教师的我引导孩子进行自主提问，孩子们问出了许多问题，如："Who's the girl? How old is Peter's father? What can Peter's mother do?"孩子们通过观察，每个人想知道的信息都各不相同。在读图观察时，我引导孩子们把自己想知道的问题记录下来，在学习的过程中一一自行解答。孩子们的学习兴趣一下子被激发了起来，他们由一个个自己提出的问题引领着，在教师的引导下，找出了一个个问题的答案。在一个个教学文本和图片资源中，孩子们渐渐了解了 Peter 的一家人，自己一开始提出的问题也在学习的过程中一个个迎刃而解。这样的学习是有意义的，孩子们在自问自答的过程中，将自己已有的知识与新知相结合。在老师循循善诱的引领之下，有意义的自主学习悄然发生。

总之，通过在小学中高年级的英语阅读教学中使用问题引导孩子学习的方式，能够有效地促进教学。教师可以根据不同的阅读文本，选择不同的提问方式，准备不同的问题，在课堂中通过问题循循善诱地引导孩子，让孩子在这个过程中进行潜移默化的学习。在这个过程中，孩子们也能够尝试运用所学语言知识表达自己的想法，孩子的思维能力也得到了锻炼。孩子在课堂中能够充分发挥自己的思维能力进行思考，提升自己思维的宽度和深度。同时，作为老师的我们可以在这个过程中对孩子进行精准的阅读方法的指导，从而提高孩子的阅读理解能力。

### 点拨与提示

虽然循循善诱的问题导引可以有效促进小学英语阅读教学，但是在教学过

程中还需要注意以下问题：

1. 教师需要注意自己设计的问题是否合适，是否有意义，要避免提出无意义的问题。

2. 教师需要思考自己设计的问题是否能够有效推进本节课的英语阅读教学，能否有效推动阅读文本的主线发展。

3. 教师需要思考自己设计的问题是否能够调动孩子的积极性，并让他们进行有效的思考和表达。

（撰稿者： 蒋诗瑶）

# 第五章

# 学习不是一蹴而就的

　　学习不是一蹴而就的，需要师生的共同努力与付出。青少年是人生的"拔节孕穗期"，最需要精心引导和栽培，教师应该牢牢把握因材施教原则，针对不同学生，采取多元的方法。教师应牢牢把握新时代教育评价要求，不仅要关注学生的知识获得，更应该关注学生"学习能力"和"思维品质"的培养。在细微处入手，积微成著；在成长中引导，拾级而上。采取多元评价，不拘一格降人才。

第 20 招

## 拾级而上：让英语学习更高效

拾级而上指的是儿童在进行语言学习的时候，能够借助支架，逐步达成学习目标，发展学科核心素养。如今，英语课堂除了要关注儿童的语言能力之外，更要关注他们"学习能力""思维品质"的培养。依托"拾级而上"的教学方式，着眼于儿童的"最近发展区"，通过支架的辅助，帮助儿童逐步达成语言学习目标，发展语言应用能力。在这一过程中培养他们搜集处理信息的能力，获取新知识的能力，分析和解决问题的能力以及交流与合作的能力，从而发展全面素养。

### 背景与问题

英语课程具有工具性和人文性双重特质。小学阶段英语课程的主要目的是激发儿童学习英语的兴趣，培养儿童一定的语感和良好的语音语调，使他们初步形成运用英语进行简单日常交流的能力。可见，英语教学不只是简单机械的读与背，要关注的是儿童语言能力、学习能力、思维品质等方面的发展。然而，现实的小学英语教学却不尽如人意，主要有以下几方面的问题：

1. 学习主动性不强。英语作为一门外语，大多数孩子都是从小学阶段才开始接触，由于缺乏相应的语言环境，英语学习对于处在小学阶段的孩子来说是一个不小的挑战。部分孩子害怕说英语，缺乏学习主动性，缺少英语学习的自信心和有效的学习策略，对英语学习存在一定的畏难情绪。

2. 教学活动缺乏层次性。随着信息技术的发展和教师教学水平的提升，英语课堂教学活动也变得丰富多样了。但在一些课堂中，教师一味追求多样的教学活动，忽视了各个教学阶段教学活动间的层次性和递进性，对孩子的能力要求忽高忽低，课堂教学显得杂乱无章。

3. 缺乏综合能力的培养。课堂中，教师较为关注的是英语语言知识的教学，对于儿童的学习能力、思维品质和文化素养方面的培养关注较少。孩子们的学习仍较为被动机械，课堂缺少灵动性。

基于对以上这些问题的思考，笔者尝试通过以儿童为主体的"拾级而上"的教学方式，激发学习兴趣，建立学习自信心，提高学习效率，让他们能借助"支架"拾级而上，让英语学习更高效。

## 理念与意义

"支架（Scaffolding）"是一种形象的比喻，原指架设在建筑物外部，用以帮助施工的一种设施，俗称"脚手架"。把"支架"的概念应用于教学，把教师的教学比喻成"支架"源于维果茨基的最近发展区理论。该理论认为，教学至少要确定个体的两种发展水平。第一种水平是学习者独立解决问题时的实际发展水平。第二种水平是指学习者在其发展的现阶段还不能独立解决问题，但却能借助老师或伙伴的指导和合作或其他相关知识达到解决问题的潜在发展水平。这两种水平之间的差异即称之为"最近发展区"。而老师或同伴的指导与合作就是"支架"。

在小学英语课堂中开展支架式教学具有重要的理论与实际意义：

### （一）拾级而上，支架式教学契合当前核心素养培育的需要

"支架式教学"主张从儿童的"最近发展区"出发，在创设的情景中，孩子能运用各种"支架"，如问题支架、图片支架、语言支架等，在老师或同伴的指导与合作下开展有效的学习，掌握一定的学习方法，从而形成一定的学习能力。而"学习能力"也是儿童核心素养的重要组成部分。由此可见，支架式教学不仅关注儿童的语言能力，同时也培养了他们的学习能力。这不仅契合当前

教学改革的需要，同时也是培育核心素养的一个有效途径。

### （二）拾级而上，支架式教学促进儿童主动学习

支架式教学采用的是"由易到难"的教学顺序，在每一小步都给孩子设立合适的学习目标，有助于减轻英语学习中的畏难情绪，让学习朝着主动、积极的方面发展。首先，这一教学模式遵循了儿童的认知规律。教师在每一个环节都给孩子设置了符合其"最近发展区"的教学目标，给孩子以进步的空间，又不至于目标过高而打击他们的学习积极性，让他们的学习能循序渐进。其次，这一教学模式有利于儿童英语学习兴趣的培养。在小学阶段，英语教学的主要任务是培养儿童的英语学习兴趣，减少他们对英语的畏难感。支架式教学中，教师在每一环节都给孩子以特定的助学支架，帮助他们完成学习目标，增强了英语学习中的自我认同感，激发学习兴趣，从而促进他们在课堂中主动学习的积极性。

### （三）拾级而上，支架式教学促使教师角色的转变

支架式教学模式与以往的传统教学模式不同，它强调以儿童为中心，在整个教学过程中，教师起到组织者、指导者、帮助者和促进者的作用，利用情景、协作、会话等学习环境要素充分发挥学生的主动性、积极性和首创精神，最终达到使孩子有效地实现对当前所学知识的意义建构的目的。由此可见，在这样的课堂中，教师的角色不是课堂的垄断者，而更多的是发挥"脚手架"的作用，是教学活动的监控者、参与者、协调者和信息提供者。在孩子们进行英语学习的时候，教师应当以扶助者的身份参与其中，适时地进行引导和提醒。此外，在教学过程中，提倡教师要运用各种文本、图片、视频和音频等教学辅助工具，通过不同的教学方法，提升学生的学习兴趣，激发思维表达能力，从而帮助孩子们不断建构语用表达能力和语言思维。①

总之，"拾级而上"的支架式教学设计能促使教师观念和角色的转变，有效地激发和提升孩子的学习兴趣，发挥他们的学习主观能动性，同时也培养了学习能力和思维品质，从而让核心素养能真正有效地在课堂中落实。

---

① 小学英语单元教学设计指南［M］.北京：人民教育出版社，2018：103.

**实践与操作**

在实际的教学过程中,"拾级而上"的支架式教学设计可以采用以下四个操作流程:

(一) 明确目标,拾级而上

支架式教学强调要在充分了解孩子的前提下,确定最近发展区,从而设定教学目标和教学重难点。因此,教师在课前要仔细分析和研究教材与学情,设定合理的单元教学目标、分课时教学目标甚至是教学环节目标,让孩子们能在合适的目标引领下,有机建构新旧知识间的联系,从而更好地开展新知的学习。

(二) 问题引领,拾级而上

问题支架是支架式教学中最为常见的一种支架。它是指用不同层次、角度、深度的问题搭建起来的学习路线图,路线图随着问题的不断解决、学习的逐渐深入而得到强化。[1] 教师在教学过程中要有问题引领的意识,通过设计主题问题为儿童建构学习的支架,从而让孩子们能一步步地从认识问题到理解问题,最后运用问题,拾级而上,从而实现语用。

(三) 协作学习,拾级而上

在教学过程中采用协作学习的方式,能有效降低任务的难度,缩小儿童间的差距,从而实现全体儿童的共同进步和提高。常见的活动方式有小组协商和讨论。通过讨论,孩子们能在共享集体思维成果的基础上达到对当前所学内容较全面、正确的理解,最终完成对所学知识的意义建构。

(四) 自主探索,拾级而上

在支架式教学中,教师要在合适的时机适时地撤走支架,让孩子们能够在没有支架的帮助下真正地去运用所学,从而实现语用。

---

[1] 王丽春. 支架式教学设计在小学英语教学中的应用与反思 [J]. 南京晓庄学院学报. 2016. 3.

## 课例与分析

本文将以牛津英语上海版三年级上册 Module 4 Unit 1 Insects 的第二课时 Insects I know 一课为例，介绍"支架式教学"如何在小学英语课堂教学中以目标和任务为引领，使儿童借助问题支架，拾级而上，实现语用。

**（一）分析学情，明确目标，拾级而上**

1. 学习内容与要求

单元学习内容与要求如表 5-1 所示：

表 5-1 单元学习内容与要求

| 主题模块 | 学习内容 | | | 学习水平与要求 |
|---|---|---|---|---|
| 语音 | 1.1.1 元音字母 Uu 的读音规则 | | | A |
| 词汇 | 2.1 核心词汇：ladybird, bee, butterfly, ant, fly, black | | | C |
| 词法 | 3.5 动词 | 3.5.1 种类：情态动词 can | | A |
| | 3.8 连词：and | | | A |
| 句法 | 4.2 句子种类 | 4.2.1 陈述句：It's... | | C |
| | | 4.2.2 疑问句 | 4.2.2.2 特殊疑问句 What is it?/What's this? | B |
| 语篇 | 5.1 记叙文 | 5.1.1 记叙文的基本形式：Look and say; Say and act; Ask and answer; | | A |
| | | 5.1.2 描述人或物：Play a game | | A |

2. 分析与反思：

我们知道，教学目标是教学活动实施的方向，是一切教学活动的出发点和归宿点。基于单元整体教学设计的理念，教师首先应结合《上海市小学英语学科教学基本要求》一书，整理分析教材中的单元教学内容，初步确定孩子们的学习水平与要求。

本单元的话题是 Insects，其主要功能是 Introduction（介绍）。本单元的学习内容围绕语音、词汇、词法、句法和语篇展开。在语音部分,孩子们接触了含有字母 Uu 的单词。在词汇部分,他们主要学习了一些常见昆虫的名称,除需要知晓他们的音、义、形之外,还要能在语境中灵活运用。在词法部分,他们接触了情态动词 can 和连词 and,了解其含义和在句中的基本用法。在句法部分,孩子们主要学习句型 What is it? /What's this?  It's . . . .。另外,孩子们还要能围绕主题 Insects 开展语篇学习,并能在语境中围绕话题进行表达。

通过分析单元教学内容,我们发现有些内容对孩子们来说完全是陌生的,属于新知,如字母 Uu 在单词中的发音(语音)。有些是他们在之前的学习中有过涉及的,属于略知,如句型 What is it? /What's this?,学生在 Module3 已有所接触(句法)。

随后,通过分析班中孩子的学习水平与要求,我们发现有些要求对于处于三年级阶段的儿童来说并不合适。如《上海市小学英语学科教学基本要求》一书中对 4.2.2.2 特殊疑问句一项的要求是 C(运用)[1],但针对的是五年级学生,因此考虑到孩子们的实际学习情况,基于"支架式教学"的最近发展区理论,我们将此项要求调整为 B(理解),并最终确定了本单元的学习内容与要求(表 5-1)。

"支架式教学"强调要在充分了解儿童的前提下,确定最近发展区,从而设定教学目标。[2] 目标设定过高易挫伤儿童学习的自信与积极性;目标设定的过低则让孩子停滞不前,没有收获。只有在合适的目标引领下,通过建构新旧知识间的有效联系,孩子们才能不断激活语言习得机制,建立学习自信,开展有意义的学习。

**(二) 巧设情境,问题引领,拾级而上**

1. 案例呈现

> 片段 1
> 在本课时 While-task 的教学阶段,针对第一个小语段 Busy bee,教师通过五个 "Wh-" 问题的引领,帮助孩子建构语言学习支架,厘清文

---

[1] 上海市小学英语学科教学基本要求 [M]. 上海:上海教育出版社,2017:43.
[2] 沈月中. 小学英语支架教学研究 [D]. 上海:上海师范大学,2015.

本脉络。

> T: Children, look at the first insect, <u>what is it</u>?
> 
> S: It's a bee.
> 
> T: Please scan this passage quickly. <u>What colour is it?</u>
> 
> S: It's yellow and black.
> 
> T: <u>What can it do?</u>
> 
> S: It can fly.
> 
> T: Please point to the passage and read again. <u>What does it have?</u>
> 
> S: It has a head, a body, two feelers, four wings and six legs.
> 
> T: Let's watch a video about the bee. After watching, <u>what do you think of the bee?</u>
> 
> S: It's busy/lovely/cute ...

2. 分析与反思

在上述教学片段中，教师通过五个问题支架"What is it?/What colour is it?/What can it do?/What does it have?/What do you think of it?"引领孩子们在图片、文字和视频材料中提取关键信息。接着，通过多样化的阅读手段如扫读、点读、默读、圈读，引导孩子们在阅读过程中学习语言知识，抓取关键词句，提炼核心语言。最后，教师带领孩子们整体朗读回顾文本，并从五个问题出发，提取并归纳出板书语义关键词"Names, Colours, Abilities, Body parts, Feelings"，帮助他们进一步厘清思维脉络，让他们能在随后的语用输出阶段进行有意义地、有逻辑地表达。

以问题为支架的教学设计可以明确传达给儿童如何感知、操作和思考教师所呈现的语言材料，进而使他们投入到清晰的语言学习过程中。因此，在教学时，教师应充分认识到设置有效问题引领儿童读懂并理解文本内容的重要性。当孩子们带着明确的问题阅读或聆听文本时，这些问题就会像"锚"一样帮助他们捕捉到文本的关键信息，并借助这些问题支架，运用获得的相关文本信息，达成预设的教学目标。

**（三）协作学习，尝试运用，拾级而上**

1. 案例呈现

---

片段 2

在完成第一个小语段 Busy bee 的学习后，教师呈现第二个小语段 Lovely ladybird。

T：Here's a passage about another insect. First, please point to the passage and read silently. Then work with your partner to find the answers about these five questions.

Q1：What is it? （Names）

It's a _____.

Q2：What colour is it? （Colours）

It's _____.

Q3：What can it do? （Abilities）

It can _____.

Q4：What does it have? （Body parts）

It has _____.

Q5：What do you think of it? （Feelings）

It's _____.

---

2. 分析与反思

在此片段中，通过与伙伴协作学习的方式，运用之前建构的语言支架"What is it? （Names）/What colour is it? （Colours）/What can it do? （Abilities）/What does it have? （Body parts）/What do you think of it? （Feelings）"，让孩子们在阅读过程中提取相关信息，抓取关键词句，完成第二个小语段 Lovely ladybird 的语言学习。

我们知道，语言学习不是一件一蹴而就的事情，是一个需要不断积累的过程。在上一教学环节中，教师通过问题为孩子们设定了语言学习支架。而建立支架的目的就是要让他们能运用支架学习新的语言内容。但考虑到孩子们在本环节的"最近发展区"，一下子放手让他们自主探索对于他们来说难度较大。因此，教师采用了协作学习的活动形式，降低任务难度，通过互相合作，学习能力较好的孩子可以帮助学习能力较差的孩子，从而缩小学生之间的差异，促使全体学生的共同发展。

（四）自主探索，支架内化，拾级而上

1. 案例呈现

---

片段3

在完成上述两个语段的学习后，教师呈现剩下的两个语段：Beautiful butterfly 和 Cute ant。

T: Here are another two passages. Please choose one passage to read silently. Then finish the table.

T: After you finish the table, please introduce the insect to your partner.

---

2. 分析与反思

通过上面两个语段的递进学习，孩子们已基本明确五个问题支架所指向的关键信息。为了促使他们语用能力的进一步提升与发展，在本环节中，教师呈现了最后两段新的文本内容。孩子们在自主阅读的过程中，运用之前建构与学习的语言支架，根据表格上的语义关键词，提取文中的关键信息。在完成表格后，孩子们能根据关键信息，有逻辑地介绍一种昆虫。

支架教学通过为语言学习者搭建教学支架，让学习者借助支架完成相关的语言学习任务。值得注意的是，在教学过程中所使用的支架是渐进的，是暂时的，其最终目的是学习者能将支架内化为一种语言思维。在上述连续的几个教学环节中，通过建构支架到运用支架，最终促使支架内化，形成语言思维，让孩子们能在脱离支架后自主学习并有逻辑地进行语用表达，促进其语用能力和语言思维的提升。

## 点拨与提示

"拾级而上"的教学方式在具体实践过程中须注意以下两点：

1. 教师在创设"问题情境"时，要关注到孩子愉快的、温暖的、敏感的心理氛围。因为只有在这样的氛围中，儿童没有压力，对活动的参与和对自己挑战的愿望才能达到最大程度。

2. 教师要在教学过程中找到合适的时机撤走支架，让孩子能形成自主语言思维和语用能力，从而有效地培养和发展他们的英语学科核心素养。

（撰稿者： 李超）

第 21 招

## 积微成著：给儿童插上阅读的翅膀

英语是一门语言，其语言技能包含听说读写以及综合运用。其中，阅读作为语言学习的重要方法与技能，对于小学阶段的语言初学者，其重要性不言而喻。根据上海教委会《小学英语教学关键问题指导》一书，儿童在小学阶段，需要掌握这些阅读基本能力：根据图片等提示认读，基本理解大意，理解语篇主要内容，借助图片理解具体信息，朗读，等等。[①]

那么，在小学高年段，随着儿童英语学习的深入，教师要有意识地、日复一日地坚持从以上几方面着手培养儿童的英语阅读能力，此过程即"积微成著"——积少成多，积跬步以至千里，由量变到质变的过程，在这一过程中，让儿童逐渐学会阅读、爱上阅读。

### 背景与问题

小学阶段英语学习一般是围绕着"听、说、读、写、画"等五方面展开。根据《上海市小学英语学科教学基本要求》（试验本）——小学阶段的语篇学习主要是在听和读的活动中获取信息，理解大意，增加语言积累，体验语言的文化内涵；并在学习过程中初步感知语言的多元功能，形成语篇模式的意识，提

---

[①] 朱浦. 小学英语教学关键问题指导［M］. 北京：高等教育出版社，2016：48.

高逻辑思维能力，增强文化意识。① 但是，在日常阅读过程中，儿童往往存在着诸多问题：

1. 基础知识掌握不牢固。有的儿童对课内知识掌握不够牢固，对课堂所学的基础——单词、语法掌握还不到位，阅读时无法激活旧知，无法联系上下文猜测，因而对语篇大意理解出现很大偏差。

2. 缺乏阅读兴趣。儿童普遍课业压力比较大，用于阅读的时间较少，同时网络、手机的普及，对儿童的吸引远远大于枯燥的书本阅读。

3. 欠缺正确的阅读方法。在阅读教学中，当语篇篇幅过长或者语篇中含有过多生词时，儿童往往会产生畏难情绪，阅读兴趣降低，对语篇的整体理解、细节把握就会比较欠缺。有的儿童对辅助的图片观察不仔细，或无法猜测个别生词词义，不会找中心句，等等，这些都导致他们存在一定的阅读障碍。

4. 中西文化差异较大。由于中西文化差异，儿童在不了解目标语言背景文化的情况下，无法调动生活经验、常识等辅助阅读，在跨文化阅读过程中容易出现理解障碍，进而影响儿童阅读质量。

这些问题迫切需要教师在平时阅读教学活动中一一解决，帮助儿童培养提高其阅读能力。因此，在小学高年段的英语学习中，随着儿童英语水平逐渐上升，词汇掌握量、语法知识的不断积累，思维水平逐渐提升，对其阅读能力的培养愈发十分重要。而阅读是一个"积微成著"的过程，在激发儿童阅读兴趣的前提下，引导儿童不断积累词汇量，掌握不同的阅读方法，量变成质变，方能有所收获。

## 理念与意义

教学应遵循"循序渐进原则"，即教学要按照学科的逻辑系统和儿童的认知发展的顺序进行，使儿童系统地掌握基础知识、基本技能，并形成严密的逻辑思维能力。英语阅读亦是如此，需由浅入深、由易到难、由简到繁、积微成著

---

① 上海市小学英语学科教学基本要求（试验本）[M]. 上海：上海教育出版社，2017：53.

地展开，如朱熹有云"循序而渐进，熟读而精思"。

《小学英语教学关键问题指导》一书指出： 在小学阶段，儿童主要掌握以下阅读基本技能——根据图片等提示认读，基本理解大意，理解语篇主要内容，借助图片理解具体信息，朗读。① 也就是说，儿童需要掌握不同的阅读技能，并能够基本理解语篇大意。

《上海市小学英语学科教学基本要求》（试验本）也指出： 小学阶段的语篇学习主要是在听和读的活动中获取信息，理解大意，增加语言积累，体验语言的文化内涵；并在学习过程中初步感知语言的多元功能，形成语篇模式的意识，提高逻辑思维能力，增强文化意识。② 那么，在儿童阅读过程中，不仅仅要理解语篇，还要在阅读中增强思维能力与文化意识。

### （一）积"微趣"成"大趣"，激发阅读兴趣

现代社会智能手机普及，各类英语学习 APP 不断涌现，其中不乏适合小学阶段儿童学习英语的 APP，如"一起学习小学生"。教师只要配合使用"一起学习教师端"，就能将各类经典原版绘本推荐给儿童。有声绘本配合精美的图画以及有趣的故事，让儿童每日坚持阅读、跟读、配音、练习等，积"微趣"成"大趣"，积微成著，有利于激发儿童阅读兴趣，让儿童爱上阅读。

### （二）积"小法"成"大法"，培养阅读方法

日常课堂阅读教学中，教师要培养儿童读图辅助阅读理解的能力，通过标题预测语篇大意的能力，理解语篇大意（skim）的能力，以及获取信息（scan）的能力。教师可培养儿童利用圈画等方式，辅助阅读，直接抓取关键信息。教师还可采用新颖的阅读教学方法，如拼图阅读法、图片环游法、故事地图（story map）等，帮助儿童理清语篇故事的思路。积"小法"成"大法"，积微成著，通过不断指导正确阅读方法，使儿童掌握正确的阅读方法。

### （三）积"小难"成"大难"，推进分层阅读

每个儿童的发展水平不尽相同。欧美著名的牛津树、Collins 大猫、海尼

---

① 朱浦. 小学英语教学关键问题指导［M］. 北京：高等教育出版社，2016：48.
② 上海市小学英语学科教学基本要求（试验本）［M］. 上海：上海教育出版社，2017：53.

曼、红火箭、usborne 分级阅读等，都是为不同阅读水平的儿童所编撰的。对于英语发展水平不同的儿童，有着不同的最近发展区，因此，教师也需要进行阅读分层，可以准备不同难度的阅读材料、阅读练习，因材施教，积"小难"成"大难"，积微成著，使班级所有儿童共同进步。

（四）积"小识"成"大识"，增强文化意识

21 世纪的儿童是面向世界的，他们在信息时代中受到各类文化的冲击，但对于小学阶段儿童来说，常常是"知其然而不知其所以然"，因而教师在课堂中需要向儿童渗透文化的内涵，积"小识"成"大识"，积微成著，通过层层递进的课堂环节，将复杂难懂的深层文化涵义，深入浅出地展现，有利于儿童跨文化意识的形成。

小学阶段作为英语学习的初始阶段，是儿童英语阅读能力形成的关键期。阅读，既是儿童获取知识、开拓视野、发展智力的重要途径，也是儿童语言和思维相互影响、相互促进的过程。而英语学习中很重要的一个部分就是跨文化意识。不同文化有不同的特点，儿童要借助阅读了解其文化背景，在提升文化意识的过程中，带动语言能力和学习能力的提升。

因此，要培养儿童阅读能力，教师需要指导儿童选择合适的阅读材料，激发儿童阅读兴趣，引导儿童学会灵活运用不同的阅读方式进行阅读，在"积微成著"的阅读过程中增强儿童思维逻辑能力与跨文化意识。插上阅读这双"翅膀"，对儿童今后的英语学习、思维发展、文化提升都有重大意义。

## 实践与操作

在小学高年级阶段，如何"积微成著"培养儿童阅读能力呢？笔者进行了以下实践。

（一）时间维度：化"长时"为"短时"，APP 有声阅读每日打卡

儿童与教师一起加入虚拟的"一起学习小学生" APP 端班级，教师根据教学情况，选择与课文相匹配的原版绘本，每日推送给儿童进行阅读、跟读、配音、练习。每日打卡内容耗时 10 分钟左右，化长时为短时，儿童易持之以恒，养成每日阅读好习惯。

APP端的有声绘本相比于单调的纸质书本，对儿童有很强的吸引力，精美的图片，辅以各具特色的音色朗读，时不时配合动画演示，更有生词翻译、实时学习。在阅读之后，儿童还可以自己录制绘本，进行配音，完成出色还能得到相应奖励，十分有趣。在教学时，教师要顺应小学阶段儿童的心理特征，保持阅读的趣味性，增强儿童自主阅读兴趣。教师可利用英语学习类APP便捷高效、趣味十足、碎片用时的优势，充分激发儿童阅读兴趣，积"微趣"成"大趣"，积微成著，帮助儿童养成每日阅读的好习惯。

（二）空间维度：化"课外"为"课堂"，分层阅读共同进步

对于语言学习来说，阅读量的提升对语言习得是作用巨大的。教师为儿童提供的阅读资源不应局限于书本课文，应结合书本单元主题，着眼广泛，化"课外"为"课堂"，推动分层阅读。

对于学困生来说，教材中的课文、词汇对他们也有一定难度，几乎不能完全掌握，那么，再强求课外拓展阅读就没有太大意义了，只需要把课内的语篇理解透彻，基本核心词汇、句型掌握到位就可以了。

但是，对于一些英语水平较好的儿童，教材的课文已经不能满足他们的阅读需求，对于这些学优生，要加大课外阅读量，增加阅读语篇难度，拓宽阅读语篇形式，如从题型单一的单选、判断、回答问题，到表格阅读，还要拓宽阅读语篇文体，从较单一的课文相关的记叙文，到阅读对话，或者海报、广告、邮件、天气预报等应用文，甚至难度较高的科普文，在阅读中积累课外词汇量，提升阅读水平。

教师可以配合教材，推荐英语水平较好的儿童同步阅读《英语学习报》。学习报上的语篇难度适中，题型丰富，个别语篇难度上略高于儿童水平，是大部分儿童能够跳一跳、够得到的"最近发展区"。在报纸阅读上，教师应作精细指导，引导儿童通过上下文"猜一猜生词意思"，通过划一划关键词、关键句，做做"找茬"游戏，简单讲解生词，做好阅读词汇积累，帮助儿童逐步克服"生词恐惧症""阅读障碍症"。

另外，还需要以课外阅读作为补充，选择适合儿童水平的双语分级阅读书。这些分级阅读系列的故事情节趣味十足，内容大多改编自英美传统儿童故事，在阅读过程中，儿童既能享受阅读故事的乐趣，也能了解到英美国家的文

化，增强文化意识。配合阅读，儿童可完成一份"Reading notes"，其形式类似于语文教学中的摘抄。儿童可以在阅读过程中，将不认识的新单词或者喜欢的好词好句记录下来，最后还可以写一写简单的读后感，对于写作水平较低的儿童，则可以画一画"读后感"。这个"画一画"的设计巧妙地让一些想读课外书，但对英语有畏难情绪的儿童，也勇敢地翻开故事书的第一页。

也就是说，对学困生要鼓励他们坚持课内阅读，对学优生要鼓励他们加大课外阅读量，化"课外"为"课堂"，积微成著，共同进步。语言学习是一个长期的积累过程，阅读能力的提升更不是一蹴而就。如何培养儿童阅读能力，还需要教师在实践中坚持不懈，不断突破尝试。

（三）方法维度：化"无法"为"有法"，阅读方法综合运用

在日常阅读教学中，阅读方法的指导至关重要。在开展阅读活动时，要让儿童不盲目、不迷茫，"有法"可循。

1. 读图预测法。对于小学阶段英语阅读而言，儿童的读图能力非常重要。教师在日常阅读教学中，应注重引导儿童观察图片、提出问题、猜测故事，在阅读的同时培养其自主思维能力。

2. 标题主旨法。教师应引导儿童重视标题的作用，通过标题对整个语篇进行预测、概括。同时，要指导儿童学会找"中心句"，利用中心句来理解段落大意。

3. 略读扫读法。教师应在听读活动中，坚持培养儿童理解语篇大意（skim 略读），获取信息（scan 扫读）的能力。这两个阅读技巧是最为基础的阅读方法，对于"略读（skim）"，一般是在课的一开始，让儿童整体感知文本，通过图片、视频辅助，帮助儿童理解课文大意。而对于"扫读（scan）"，多用于分段教学时，设计关键性问题，利用问题引导，以"问题导向"的方式引导儿童把握关键信息，笔头辅助伴随"下划线（underline）""圈画（circle）"等，帮助儿童学会准确提取相关信息。

4. 新颖阅读法。在传统方法之外，还可采用一些新颖的阅读教学方法，如拼图阅读法、图片环游法、故事地图（story map）等，激发儿童阅读兴趣。在运用拼图阅读法时，由于两组儿童阅读的是语篇的不同部分，两者间存在着信息差（information gap），这样的信息差能够让儿童产生两两对话交流的真实意

愿。在真实的语言交际问答中，儿童个体能够了解完整的语篇内容。在这个过程中，儿童能感受到阅读、交流的意义，迸发出阅读兴趣。

（四）文化维度：化"无形"为"有形"，跨文化渗透

对于土生土长的中国儿童来说，在学习英语语言的同时，要理解其背后的文化意义是较困难的，教师可在课堂中有意识地采用中西文化对比的方式，帮助学生理解西方文化。同时，可将无形的文化意识转化为有形的物质形态，如在重大西方节日时，引导学生布置教室，体验节日乐趣，了解节日意义。

## 案例与分析

根据以上教学思考，笔者尝试开展了一节故事型英语阅读课——A toothless tiger的教学。整堂课围绕老虎拔牙的有趣故事展开，采用多样化的趣味型活动贯穿整节课，注重指导儿童学会综合运用不同的阅读方法，激发儿童阅读兴趣，整堂课气氛活跃。

（一）课前预习：化"长时"为"短时"， APP有声阅读打卡预习

在课前，教师在APP端精选了《多多英语》系列中的"The Cavity Bugs"。故事讲述了小男孩Billy不爱刷牙引来蛀虫破坏牙齿，最终Billy爱上了刷牙，赶走了蛀虫。短短7页的故事，阅读时间大约在5分钟左右，词汇量是74个，涉及5个生词。对于班级大部分的儿童来说，不存在阅读障碍。通过在课前阅读这个有趣的故事，儿童对每日刷牙、牙齿健康有了一定的认识，对之后阅读课的开展起到了铺垫辅助的作用。

（二）课中指导：化"无法"为"有法"，阅读方法综合运用

首先，教师把枯燥的语音教学融入到课堂导入环节，通过四个故事中的单词"doctor, fever, world, hurt"复习/ə/,  /ɜː/两个元音，由"hurt"一词配合老虎牙疼的图片，让儿童运用"读图法"对故事进行预测，从而产生浓厚的阅读兴趣，激发阅读动机。

紧接着，将四个关于故事的简单的"wh-"特殊疑问句展示给儿童，并将儿童分成两组，分别阅读故事的不同段落，引导儿童采用"拼图阅读法"，巧妙地将"信息差（information gap）"融入阅读教学。儿童对于这个新颖有趣的阅读

形式感到新奇，不由自主地投入到认真的阅读中去，带着问题快速阅读。在核对答案时，平时学习马马虎虎，学习态度散漫的儿童，也能积极举手发言了。看来，有趣的阅读形式，趣味型的阅读方法，能够对激发儿童学习积极性起到一定的正向作用。

然后，儿童根据教师的问题（who，what，when，where，why，how），自主提炼出故事的梗概。此时，教师再利用"故事地图（story map）"帮助儿童梳理故事情节的发展，化繁杂的故事为简单的故事地图。英语基础好的儿童可以根据形象的"故事地图（story map）"讲故事，而基础薄弱的儿童则可在关键词的辅助下简单复述故事。

最后，教师又设计了两个互动性活动，一是假设儿童是老虎的好朋友，请儿童开动脑筋，为老虎提点意见；二是将课堂所学运用到实际生活中，请儿童结合自己的牙齿健康问题，给自己提点建议。这两个活动既结合了课堂所学，又富于趣味性，培养儿童勤思考、多动脑，活学活用，在阅读活动中培养思维逻辑能力，实现语言与阅读的相互促进。

**（三）课后巩固：化"课外"为"课堂"，分层阅读共同进步**

教师精心设计了趣味型分层课后阅读。

1. 儿童四人一组，熟读课文内容，并扮演故事中的角色，下节课上让儿童上台展示，巩固课堂所学，强化语音语调的训练。

2. 课后拓展阅读，课下教师又准备了一份地道的英文版护牙指南，进行了简化修改，并配套了相关图片和简单自测题，请学有余力的儿童课后阅读，增加阅读量。积"小难"成"大难"，在拓展阅读的过程中，学生既能积累丰富地道的语言，又能够了解更多的护牙知识。

**（四）课后思考：化"无形"为"有形"，感受中西方文化差异**

在学习了故事之后，儿童对牙齿健康有了更深的认识，教师在此时提出几个问题：中西方是怎样看待牙齿健康问题的？中西方人每年定期去几次牙科诊所？他们是怎样看待牙医的？教师留下这些问题，请儿童利用多途径查询资料，下节课一起探讨交流，让儿童在中西对待牙齿健康相关行为态度等具象对比中，了解中西文化差异，增强跨文化意识。

通过本节阅读课的尝试，印证了笔者上述的观点，儿童在进行英语阅读时经常会出现效率较低、理解困难的情况。究其原因，一是儿童缺乏阅读兴趣，二是儿童没有学会运用正确的方法进行阅读，三是语篇难度超出儿童最近发展区。俗话说，用对了方法，则事半功倍。那么增强阅读兴趣、指导阅读方法、分层阅读都是至关重要的。教师应坚持培养儿童阅读能力，积微成著，形成良性循环，为儿童插上阅读的翅膀，让其在美妙的语言天空中展翅飞翔。

## 点拨与提示

在"积微成著"培养阅读能力的实践过程中，教师可留意以下几点：

1. 适当激趣，把控课堂重难点。在富于趣味性的阅读教学过程中，课堂比起普通课堂环境更容易"失控"，教师要掌握好课堂"激趣"的度，把握好课堂重难点。

2. 阅读方法指导须常"复现"，真正实现"授人以渔"。阅读法繁多，对于不同类型语篇，应采用不同阅读法。教师要常常复现各类阅读法，使儿童在日积月累的实践中真正化为己用。

（撰稿者：王春艳）

## 第 22 招

## 拔节孕穗：养成良好的劳动习惯

稻、麦、高粱、玉米等禾本科植物到一定发育阶段时，主茎的各节长得很快，叫做"拔节"。孕穗，指禾谷类作物（水稻、小麦、玉米等）拔节后幼穗迅速伸长的过程。这一时期植株生长发育旺盛，需较多的水分和养分。青少年是人生的"拔节孕穗期"，最需要精心引导和栽培，抓住这一时期培养他们良好的劳动习惯，养成热爱劳动的高尚情操，对他们将来的学习和生活都会有极大的帮助，还能使中华民族勤劳的美德得以弘扬。

### 背景与问题

"2 班 480 克！"唉！我们班在每周五的一周行规反馈中又因为浪费太多食物被点名了。不论怎么苦口婆心地教育，告诉他们粮食得来不易，要珍惜别人的劳动成果；告诉他们要想营养要均衡，就不能挑食；告诉他们为了班级荣誉也要多吃一口，可是，最终换来的却是一句——老师我不爱吃，家里从不吃。

从孩子们挑食这一件事上，我发现现在孩子身上的许多"通病"。

问题一：缺乏生活技能。大多数孩子都是爷爷奶奶背书包陪孩子上学，外公外婆给孙子端碗送水；孩子不会戴红领巾，不会整理书包，不会系鞋带。

问题二：缺乏吃苦耐劳的品质。挑三拣四，学会穿名牌；吃饭挑食，不想吃的东西宁愿饿着也不吃。

问题三：缺乏责任感。体现在怕困难，怕受挫折，遇到困难就退缩；以自我为中心，只顾自己的利益，对他人毫不关心。

怎样能有效地让孩子们改一改这一身"娇气"呢？在我迷茫之时，一眼瞥见了学校的"二十四节气种植园"，能否借助它，来改变一下他们呢？于是我就将本学年的幸福课堂就定位在了种植中，希望通过一些活动，孩子们能有所改变。

## 理念与意义

劳动是每个公民的光荣职责。热爱劳动是一种高尚的道德品质，是小学阶段教育的重要任务之一。在我国宪法中明确规定：劳动是一切有能力的公民的光荣职责。只有全体人民勤奋劳动，社会主义现代化才能实现。社会主义制度才能巩固，国家才能富强，而每一个劳动者的物质生活和文化生活才能不断提高。笔者认为在小学阶段抓好劳动教育十分重要。只有从小培养孩子良好的劳动习惯，树立强烈的劳动观念，长大成人才会有所作为。我结合目前班中孩子们挑食的现象，选择了"种植"这种孩子们目前接触比较少的劳动形式作为切入口，具有以下几点意义：

加强劳动教育有利于促进孩子良好道德品质的形成。小学阶段是孩子道德品质形成的重要时期，良好道德品质的形成仅靠家长的言传和老师在课堂上的教学是远远不够的，需要家长和老师在课外引导孩子不断参加力所能及的有意义的劳动，亲身体验劳动的艰辛，享受劳动的成果，才能慢慢形成。要让自己的孩子投入到粮食耕种的劳动中去，只有让孩子亲自参加劳动，尝尝汗湿、腰酸背痛的滋味，才感觉到其中的辛苦，懂得劳动的分量，切身体会"锄禾日当午，汗滴禾下土，谁知盘中餐，粒粒皆辛苦"的真正含义，使之自觉地爱惜粮食。只有参加劳动，才能理解农民为城市居民提供粮食、蔬菜或者农副产品是为了什么，才会真正体会他们所付出的代价——劳累，是为了人们的幸福，是在为社会创造财富。同时，激发孩子对那些好逸恶劳、不劳而获、窃取别人劳动果实的人的厌恶感，从而加倍珍惜自己和别人的劳动果实。正如我国教育家陶行知先生所说"让孩子出自己的力，流自己的汗，吃自己的饭，才是英雄汉"。

加强劳动教育有利于增强人的体质，磨练人的意志。一个人有无劳动的兴趣和习惯，将影响自己的一生。大量事实表明，不论知识水平、家庭背景、经济收入、种族肤色如何，凡是从小做家务、热爱劳动的人到了中年以后往往特别能干，工作成就大，生活也很美满。劳动，可以培养孩子动手习惯和吃苦耐劳的精神，在营养良好的情况下，劳动能促进大肌肉、小肌肉的发育。劳动在培养完美体魄上所起的作用，同运动一样重要。许多劳动能显示体力与技能、技巧等多种多样的结合。苏霍姆林斯基认为：劳动不仅使人"心地正直"，而且能使人"身强力壮"。

少年儿童是社会主义建设事业的接班人，在实现"中国梦"的进程中会面临许许多多困难和挫折，这就要求孩子从小养成不怕困难、坚持不懈的精神。如果遇到困难就畏缩、害怕和逃避，我们为之努力的事情会半途而废、前功尽弃。怎样磨练人的意志呢？诚然，轰轰烈烈的斗争和艰苦的劳动、险恶的环境能磨练人的意志，但是平凡的生活小事也能。首先，让孩子从生活的一切方面锻炼意志，如遵守学习与生活制度、及时独立地完成作业、做事有始有终、坚持锻炼身体、待人始终如一等。其次，引导孩子做一些自己不愿做或不敢做的事，如让孩子在炎炎夏日跟随父母下地劳动，或在寒冬腊月用冷水搓洗衣服等，完成后及时给予表扬，这样可以让孩子建立战胜困难的信心和勇气。"冰冻三尺，非一日之寒"，坚强的意志就是在完成无数件小事中逐步培养起来的。

加强劳动教育有利于提高孩子的生活技能。在人类发展史上，劳动推动了人类的发展和社会的进步。由此可见，劳动教育不容忽视，在小学阶段，可要求孩子掌握简单的生活技能。低年级孩子学会自我服务活动，如穿衣服、削铅笔、洗手帕等；中年级的孩子可进行一些简单的家务劳动和社会公益劳动，如包书、整理书包、洗碗、扫地、擦窗、给花草浇水、在校内进行大扫除等；高年级孩子以家务劳动为主，如洗衣服、做饭、刷锅洗碗等，农村儿童学会农作物的种植，还有能参加学校的科技小组，在活的自然中学习，在实践中加强探索。只有让孩子持之以恒地去完成这些事，才能树立劳动观念，养成热爱劳动的好习惯，提高生活技能，为实现自己的理想奠定坚实的基础。

因此，在种植的过程中开展实践活动，可以使孩子从小认识劳动的意义，逐步培养劳动观念，养成劳动习惯，从而在劳动中培养孩子良好的行为习惯。

## 实践与操作

首先，让孩子在实践中得到充分的体验。为此，我向学校申请，成为"二十四节气种植园"的试点班级，利用每周五劳动课以及部分班会课的时间在种植园中开展劳动实践活动。另外，开展家校协同合作，开展家庭阳台种植活动，亲子共同参与，既促进亲子之间的交流，也能让家长意识到劳动教育的重要性和意义所在。

其次，推行"种植+"，使"种植"实践体验的空间得到延伸、拓展，多学科、多方位地促进和培养孩子的责任心等良好的品质。

再者，结合学校的相关劳动课程以及劳动争章活动将劳动成果转化，让孩子充分体会劳动带来的成就感，获得劳动带来的荣誉感，感受劳动带来的快乐感。

## 课例与分析

学校的二十四节气"种植园"，成为了孩子们自主种植的实践基地，也是孩子们孕育梦想的快乐天地。

我的菜地我做主。学年初，二十四节气种植园就成了孩子们的自留地、责任田，由孩子自主管理、精心呵护，陪伴蔬菜一同快乐成长。由于想让孩子们改掉挑食的习惯，因此开始种植的是一些孩子们公认的特别不爱吃的蔬菜，又考虑到季节的因素，我们选择种植萝卜、芹菜、莴苣等品种的蔬菜。为了让孩子们体会到各种蔬菜的得来不易，在刚开始的一段时间内，在种植方面，老师没有给予他们过多的指导。孩子们平时并没有接触过此类农活，在种苗时种得有点乱，种子播撒也比较随意，长出来的菜很密集，后续也没有及时地减苗移栽。经过了一段时间，种植出来的菜普遍比较瘦小，莴苣又细又长，萝卜光长叶子、杆子，地底下的萝卜还不及他们的半个拳头大。几块田地种出来的蔬菜还不够几个人吃一顿。孩子们倍感沮丧的同时，也明白了，原来蔬菜的得来是多么不容易，也让他们意识到平时挑食，浪费粮食是多么不应该。

我的责任我担当。在整个实践过程中，每一名孩子都亲身体验育苗、移苗、培土、浇水等所有环节。蔬菜从播种到发芽、成长、成熟，孩子们耐心等待，感受生命的萌动与成长。他们在"粒粒皆辛苦"的体验中，仿佛一下子长大了许多。"二十四节气种植园"成为孩子们学会担当、团结协作的精神家园。

我的问题我解决。在种植实践中，难免会遇到各种各样的问题，我们鼓励孩子将实践过程中遇到的问题，通过讨论交流、上网查询、请教老师等方式来解决，并且请有经验的家长担任种植技术指导。发现问题，解决问题的过程，就是孩子们探求真知的过程，形成严谨的科学态度的过程。

"种植"实践在孩子的心田播下了希望的种子，让热爱劳动、刻苦学习、勇于探究逐渐成为孩子们的自觉行为。

如何推行"种植+"，使"种植"实践体验的空间得到延伸、拓展，让每个孩子都能在种植实践中播洒绿色，收获成功，我们也进行了有益的尝试。

我的绿色我呵护。考虑到在学校孩子们还要学习，不可能每天去种植园近距离栽培这些蔬菜，因此我们在学校二十四节气种植园开展种植的同时也开展家庭种植。我们推荐一些比较小型的蔬菜，比如小葱、青菜、香菜、大蒜、生菜等，让孩子们在家中进行阳台种植。他们每天能够近距离观察，通过每天近距离接触，这些蔬菜仿佛成了他们的孩子、朋友一般。这样，激发孩子们对自然、对生命的探索欲望，让孩子们从教室走向自然、走向环保、走向绿色生命的世界。

我的课堂我代言。"种植"变身成为学科课堂，使课堂绿意盎然，妙趣横生。在学校种植基地，老师为孩子们讲解"植物的生长变化""种子的萌发"等等；老师带领孩子写生，用五彩画笔记录蔬菜开花、拔节的过程；为了制作完善记录表，孩子自主查阅学习蔬菜的英语单词；中队辅导员带领孩子举办形式多样的中队主题活动……在浸润着蔬菜清香的"种植园"，孩子们边学习，边实践，学到的不仅是知识，更是实践能力、生活能力，是快乐的成功体验。

我的成果我转化。"阿姨，买点青菜吧，这都是无污染的绿色蔬菜。""叔叔，我们卖的是爱心蔬菜，卖的钱都用来帮助有困难的同伴。"……校门口、社区中，孩子们热情地叫卖本班田里收获的蔬菜，他们用义卖所得的钱款帮助身患重病的小周同学。慰问老人时，他们亲手奉上自己种植的蔬菜。在节气小厨房里，亲自动手，品尝自己的劳动成果，平时不怎么爱吃的菜也变得格外可口。这些活动的举办，走出学科本位的窠臼，"种植"也早已超出了种植本身，使孩子们在真实的生活情境里丰富了体验，拓宽了视野，陶冶了情操。

通过一学期的实践，孩子们累积了一部分经验。本学期开学又是春种的好时节，于是，在上学期实践的基础上，我们找到不足之处，结合二十四节气的种植规律，有针对性地加以指导，上了一堂课题为《从种植到收获——节气种植小课堂》的主题班会。首先，从节气入手，了解节气与农事活动的关系，知道什么时节应当从事什么农事活动。其次，回顾上学期的种植活动的开展过程，寻找问题，以便改进种植过程中的不足。接着引导他们仔细观察，培养学习、搜集、分析和运用信息的能力，最后再动手实践。在育苗、移苗的过程中，孩子的责任心越来越大，养成做事细致、仔细观察，认真思考的习惯，体会到培育小生命的不易，从而增强生命意识、劳动意识，并在实践中体会生活，在实践中幸福成长。以下是这堂课的部分教学实录：

师：孩子们，你们看，这算是——（生：萝卜），这是——（生：油菜花——青菜），这是——（生：大蒜），这是——（生：莴苣）。

师：还记得这些蔬菜小时候长什么样子吗？蔬菜们可要考考你们了。我们来做一个蔬菜配对游戏。以小组为单位，合作找出与蔬菜相对应的种子和小苗。

生以小组为单位活动。

师：（找对），真棒，完全正确！

师：（找错），再仔细看看，这下对了！

师：这些蔬菜都是我们上学期种的，大家也记得它们以前的样子，那经过了一个冬天，它们有什么变化？

生：萝卜长高开花，结种子了。

生：大蒜从白白的大蒜头长成了绿油油的大蒜苗。

生：青菜长出了长长的茎，并且开花长种子了。

生：莴苣长得更高，叶子更多了。

师：是呀，它们都长大了，你们对它们的长势还满意吗？

生：它们都长得比较瘦弱。

生：莴苣的茎比较细。

生：大蒜黄叶较多。

师：（拿出事先准备好的菜场买的莴苣与自己种的莴苣比较）如果在菜场买，会买我们种的这种蔬菜，还是老师从菜场买的这种？

大多数生：菜场买的。

有一生：（指着自己种的）我会买这种，因为这是我自己种的。

师：看来你已经懂得珍惜劳动的成果了。

师：萝卜花开得很旺，但地底下有没有萝卜？（拔出一个）

生：没有。

师：你们知道吗？大家这段时间种的萝卜还不够我们班级一桌孩子吃一顿，你们想一想平时倒掉的萝卜，农民伯伯要种多久吗？

生：沉默……

我们希望通过种植实践，解决孩子生活中的一些问题，使孩子养成良好的行为习惯。从课堂的反馈看，当老师问孩子会买哪种莴苣时，老师的预设是孩子应该会选择那根菜场购买的、比较好的莴苣。本意是想让孩子通过选择，明白种植比较理想的蔬菜是一件不太容易的事情。但有一个孩子却做出了出乎意外的回答，选择了那根自己种植的，看上去瘦弱得多的莴苣。从他那认真、肯定的眼神中，老师和同学都读懂了，经过一学期的种植体验，孩子收获的不光是蔬菜，更是一种成功收获劳动成果的体验，通过自己劳动获得的一种满足感、自豪感。

其次，通过种植萝卜的失败经历，再联系平时自己浪费的食物，孩子在懂得珍惜自己劳动成果的同时，也明白了各种食物得来不易，我们也必须尊重别人的劳动。

**点拨与提示**

培养孩子良好的劳动习惯，从长远来看，是一个关系到全民族素质的大问题，需要引起学校和家庭两方面共同的重视。

1. 通过精心策划并实施的种植实践活动，我们引导孩子们主动实践，生动实践，快乐实践，增强了孩子的劳动意识，培养了孩子良好的劳动习惯。

  2. 把种植实践活动延伸到家庭中，让家长也参与到种植活动中，提高家长的劳动教育意识，家校协同，培养孩子良好的劳动习惯。

（撰稿者：高嬿）

## 第23招

## 不拘一格：多元评价激发学习兴趣

不拘一格是指不局限于一种规格或一个格局。体育与健身课程重视以评价促进学生的学习与发展，帮助学生在教学评价中认识自我，树立自信。教学评价要坚持全面性、科学性、多元性的原则，因此教师在评价过程中不仅要考查学生的学习成果，还要关注学生的学习过程与学习态度。因此教师应不拘于一种教学评价形式，合理设计多元化的评价手段。

### 背景与问题

以往的体育教学中，对儿童成绩的评价主要通过体育教师根据统一的体育达标标准对其进行考核，忽略了儿童个体的身体差异性，没有对儿童的学习习惯和学习表现给予充分的关注。体育教师在考核评价的内容上偏重于体能类项目，通过一次测试成绩对儿童进行终结性评定，从而作为最终的评价结果。采取上述评价方式主要是体能类项目，它们有统一的评价标准，教师在评价过程中易于操作，但是对于儿童来说却缺乏一定的公平性、合理性。学校原有评价方式还存在以下几个问题。

1. **评价内容过于单一。**教学评价的内容主要集中在对体能和运动技能的评定，忽略了儿童在学习过程中的表现和进步，这样的评价会打击儿童对体育学习的兴趣，同时单一的评价内容也造成了评价与学习目标的脱节。教学目标中除了要求学生掌握基本的运动技能外，还有诸如"培养学生良好的锻炼身体习惯"，"锻炼学生顽强的意志品质和团结合作的意识"等目标。因此教师在评价儿童时只关注体能和技能的学习成果，就会使得评价不够全面。

2. 评价标准过于单一。学校体育教学考核以上海市中小学生体育达标标准作为参考，同时为了配合区学生体质抽测工作，教师在平时的教学中主要按照区体质抽测的项目对儿童进行教学指导和练习，这在一定程度上打击了儿童对体育学习的积极性，统一的评价标准对于部分儿童缺乏一定的公平合理性。

3. 评价方法过于单一。在教学评价方法上，教师主要是通过学期结束对儿童的学习成绩进行终结性评价。这样的结果很难看出他们在学习过程的学习态度、进步程度和参与度，忽视了对儿童的过程性评价，存在一定的片面性。

## 理念与意义

《上海市中小学体育与健身课程标准（试行稿）》中从四个方面提出了教学目标要求，即身体发展、知识技能、心理发展和社会适应四个方面。在教学评价指南中，要求教师从学习兴趣、学习习惯、学业成果三个维度出发对学生进行评价。为了激发儿童的学习兴趣，培养其良好的锻炼习惯，教师应设计多元化的评价手段，同时考虑儿童的身体素质的差异化，从不同的观察点对其进行个性化的评价。利用不拘一格的多元化评价方法对促进儿童的体育学习具有一定的实际意义，主要体现在以下三个方面：

1. 有利于提升学习自信心。对儿童的学习表现，教师应以鼓励、表扬等正面评价为主，采用鼓励性的语言给予他们即时评价，特别是对个别身体能力较差的儿童，课堂教学中教师及时给予指导与帮助，能极大提升儿童的自信心，促使其敢于尝试，勇于挑战，能够积极主动参与到运动技能学习中。

2. 有利于激发学习兴趣。著名作家托尔斯泰曾说过："成功的教学所需要的不是强制，而是激发学生学习的兴趣。"只有儿童喜欢教师设计的教学内容，才能够促使其主动参与到学习中，而不拘一格的评价手段更能激发儿童的学习兴趣，促使其主动参与学习，乐于表现，以获得教师和同伴的认可。

3. 有利于培养锻炼习惯。在教学中教师根据儿童的基本情况，尊重他们身体素质上的差异，从他们的学习态度、学习进步程度、学习习惯等多方面考察，对他们采取有针对性的个性化评价，帮助他们找出需要改进的地方，同时给予正确锻炼的指导方法，促进他们养成良好的锻炼习惯。

**实践与操作**

为了更科学、合理、全面地对儿童进行教学评价，教师打破了以往终结性评价方法，采用不拘一格的、多元化的评价手段，通过课堂上的即时评价、过程性评价、信息化评价等多种评价方法给予儿童科学合理的评价，帮助儿童养成良好的锻炼习惯，促进他们健康快乐的成长。

（一）即时评价

对于大部分低年级儿童来说，他们有强烈的好奇心，但注意力不够集中，也就是我们平时所说的"三分钟热度"。因此，在教学中教师可利用体育小游戏吸引他们的注意力，并根据儿童的实际情况，对于练习提出不同的要求，区别对待，因材施教。在评价中也可不拘一格，让评价更加多元化、个性化、合理化。在练习中教师要善于发现儿童身上的闪光点，通过即时评价对他们进行口头表扬，对他们的学习表现，及时给予肯定与点评，树立他们的自信心，让儿童在面对困难时能够更加自信，敢于尝试。

（二）星级评价

在体育教学评价过程中，为了给予儿童更公平、合理、科学的学习评价，学校设计了"等第制＋评语"的评价方式，评价标准采用五星级（☆☆☆☆☆）评价，评价方法采用师生评价、小组互评、自我评价三种；在课堂教学中，教师要发挥儿童的主观能动性，让他们做好小评委进行互评，同时鼓励他们积极练习，争当"摘星小达人"。这样的教学设计能够激发儿童的学习兴趣，提高学习主动性。

（三）信息技术评价

随着信息技术的不断发展，越来越多的信息技术被广泛应用到教育教学之中，丰富了教学手段，而当评价遇上信息技术后，评价也变得更加多元化、有趣化、高效化——那就是"班级优化大师"。

班级优化大师软件是一种针对儿童课堂行为优化的游戏化课堂管理工具。

它为每一位同学设定专属卡通角色，通过加减分、随机抽选进行角色升级，配合游戏化的规则、界面及音效，激发儿童的好胜心与创造力。抓住孩子课堂学习的闪光点，创建积极活跃的课堂，让每个儿童在课堂上看到即时评价。这样的个性化评价能够让儿童详细地了解自己的学习情况，同时教师给出指导建议促进其进行有效的科学锻炼，逐渐养成良好的锻炼习惯。

## 案例与分析

为了验证学校的体育教学校本化评价模式，提高校本化教学评价的利用价值，我们依据学习兴趣、学习表现、学业成果三个维度为导向，设计了不同的教学内容进行案例教学实践。同时对案例进行分析，在课堂中采取了不拘一格的评价手段，让儿童能够了解自己学习情况与学习目标之间的差距，让他们能够及时调整努力的方向，找到自我发展的特长，促进他们积极主动参与到体育学习中。

（一）即时评价提自信

在两年级的前滚翻学习中，小刘同学因为身体太胖，学习动作时不敢做，我发现后就找好时机走到他面前。

老师：刘××小朋友，怎么啦？

刘同学：我有点害怕，担心自己完成不了。

老师：你能行的，老师相信你，来试一试，加油！

在老师的鼓励下，刘××同学进行了尝试练习。虽然动作还不够标准，但是他勇敢挑战了自己的极限，相比以前有进步了。

老师：你的动作还是很不错的，继续努力，注意在滚翻的时候身体再抱得紧一点，要像圆球一样，就更加连贯了。

经过及时有效的沟通，刘××同学的自信心有了提高，练习的热情也更高了。

老师：同学们，今天这堂课刘××小朋友表现很勇敢，他的前滚翻现在也做得很不错了，我们请刘××同学给大家展示一下好不好？

学生：好的。

老师：刘××同学的前滚翻动作怎么样？大家评价一下？

学生1： 他的脚蹬地没有力量。

学生2： 他滚得不够直。

学生3： 他的团身还不错。

老师： 三位同学说得很好，刘××同学动作还一些不够标准的地方，但是老师看到他的进步还是很大的，我们要给他取得的进步一点掌声。

在大家的掌声中，刘××同学露出了笑脸。

在课堂教学中，教师要善于观察学生的举动，重点关注个别身体能力不强的儿童，主动与其交流，用具体的话语表扬他，说明他的进步点在哪里，比如说"你的前滚翻团身很紧""你的前滚翻能够成一条直线""你的蹬地很有力"等等，而不是笼统地说"你做得很好！你真棒！"，让每个孩子知道自己的具体优点，借以提升他们的自信心，激励孩子们更积极地投入到练习中。

### （二）星级评价促成长

星级评价主要针对儿童整个学习过程中的表现，具体的评价内容主要参考以下三个方面：1. 儿童的遵守纪律程度（出勤情况）。2. 参与学习程度（比如积极性、认真程度）。3. 互动程度（包括师生互动交流、儿童之间的互动交流）。教师在评价时参考标准，如表5-2所示。

**表5-2　课堂表现评价表**

| 评价内容 | 星 级 标 准 ||||
|---|---|---|---|---|
| | ☆☆☆☆☆ | ☆☆☆☆ | ☆☆☆ | ☆☆ |
| 守则 | 遵守课堂纪律，认真倾听和完成练习 | 基本能遵守课堂纪律，倾听和练习较认真 | 在教师的提醒下，能够遵守课堂纪律，基本能够完成练习 | 不够认真，在教师和同学的帮助下，能够按照要求尝试练习 |
| 参与 | 热情，主动，积极参与练习，动作技能完成好 | 比较热情，能够积极主动进行练习，动作技能完成较好 | 在教师的引导下，能够主动参与练习，动作技能基本完成 | 不够主动，在教师和同学的帮助下，能够完成动作要求 |
| 互动 | 表现积极，乐于和教师、同伴进行互动交流，一起活动 | 表现较活跃，能够和教师、同伴一起交流、活动 | 在教师的提醒下，基本能够与同伴一起活动 | 在教师和同学的帮助下，能够尝试与同伴一起活动 |

在对儿童进行技能考核、体能测试的情况下，教师主要还是依据学生的课堂表现进行评价。在运动技能知识学习的过程中，教师更加关注学生的学习经历与知识技能的提高，达标成绩仅作为评价的参考项之一。如表5-3是某位儿童的综合评价表。

表5-3 ×××同学《体育与健身》课程第一学期综合评价表

| 课堂表现 | 守则 | 参与 | 互动 |
| --- | --- | --- | --- |
| 星级 | ☆☆☆ | ☆☆☆☆ | ☆☆ |
| 学业成果 | 50米快速跑 | 1分钟跳绳 | 坐位体前屈 |
| 等级 | 合格 | 优 | 良好 |
| 评语 | ×××同学你上课认真，遵守课堂纪律，在每一项技能学习的过程中你都很积极投入练习，老师认为你真的很棒！希望你能够更主动地与其他小伙伴多一些互动，这样你会交到更多的朋友。你的跳绳非常好，身体协调性不错，不过你的速度和身体素质需要进一步提高，可以试试加强腿部力量的练习，加油！ |||

在星级评价过程中，体育教师能够不拘一格，从多个角度出发对学生进行考查，同时在教学中，结合儿童的课堂表现、运动技能掌握的程度、进步程度等对其进行过程性评价。另外教师给予个性化的评语，比如给跳绳较差的同学的评语："你这学期在跑步上有很大的进步，老师替你感到高兴，如果你的跳绳再进步一些就更好了，相信你一定行的！"给成绩优秀、纪律较差的学生的评语："你的体育成绩很优秀，真的很了不起，但是课堂上不够认真，希望你能遵守纪律，成为其他人的榜样，加油！"通过个性化的评语，让每个儿童看到成功的希望，这样既促进他们积极参与体育活动，对体育兴趣的培养也起到了一定作用。

### （三）信息技术评价养习惯

在信息技术评价的实际应用中，教师可以根据各单元项目学习的需求，设置不同的评价选项，在平时的教学中较多使用如下评价指标。（如图5-1）

在日常教学过程中，我们可以根据儿童课堂表现有针对性地选择不同的评价内容进行表扬，在课堂中主要以积极练习、遵守纪律、团队合作、积极思考

图 5-1

等指标作为评价选项。有奖励就有批评，对于课堂上特别调皮、不遵守纪律的儿童，教师可用优化大师软件的评价指标进行提醒，主要针对大声讲话、不守纪律、追跑打闹等行为进行批评。每次点评，表扬一次得一分，待改进减一分，最终累计得分。这样的评价方式既有趣，又激发了他们学习的乐趣，让低年级儿童在快乐的学习过程中养成良好学习习惯。

在一个阶段之后，教师会把儿童的学习情况在班级中进行反馈，让他们第一时间了解自己的课堂表现，如图 5-2 所示，是储梓涵同学在一个阶段的得分情况。教师还可以把他们的近期表现情况发给家长，让家长也关注孩子的成长。通过这种评价方式，能够帮助教师和家长更好地了解孩子在学习过程中的表现，共同关注孩子的发展。借助班级优化大师进行教学评价丰富了教师评价手段，使得教学评价更加多元化、合理化、全面化。

图 5-2

第五章 学习不是一蹴而就的

## 点拨与提示

在教学评价中，教师应采用多元化的评价手段，结合儿童的实际学习情况给予个性化的评价，发现儿童身上的发光点，激发儿童的体育学习兴趣。

1. 通过研究发现，在教学评价中，以往的教学评价没有发挥出儿童的主体能动性。建议教师在实施过程中，加强儿童的自主权利，鼓励他们积极参与课堂评价，在儿童互评和自我评价时，体育教师给予指导，要求他们自我完成。

2. 教师在评价过程还存在一定的主观意识，不能够从多角度评价儿童。建议在教学评价时，注重儿童的学习过程、学习能力与合作能力，采用多元化的评价方式，制定科学、合理的评价标准，实施公平、公正、公开的教学评价，促进他们的良好发展。

（撰稿者：郭仁强）

## 第 24 招

### 因材施教：以精准评价推进美术教学

因材施教是教学中一项重要的教学方法和教学原则，在教学中根据不同儿童的认知水平、学习能力以及自身素质，教师选择适合每个儿童特点的学习方法来进行针对性的教学，发挥儿童的长处，弥补儿童的不足，激发儿童学习的兴趣，树立儿童学习的信心，从而促进儿童全面发展。对于儿童绘画问题更是需要这样的教学方法和教学原则，通过在绘画过程中不同时期进行精准评价，针对不同儿童进行有效的评价及个别指导，让儿童能尽情地探索绘画世界。

### 背景与问题

美国当代著名美术教育家罗恩菲德将儿童绘画能力发展分为几个阶段：涂鸦期（2—4岁）、前图式期（4—7岁）、图式期（7—9岁）、写实萌发期（9—11岁）、伪自然主义期（12—14岁）、青春危机期（13—16岁）等。他主张对儿童的绘画教育要尊重儿童各个发展阶段的规律，让儿童自由发展、尽情表达，教师不要以自己的意志控制儿童的自然发展。

不同年龄的儿童绘画能力不同，那不同的儿童在美术绘画上的发展也是存在差异的。孩子们来自不同家庭，受到的家庭熏陶也是不一样的，对于审美的培养也有差异，正是因为如此，我们的每一个孩子都是独一无二的，需要因材施教。如今的美术课堂中，我们希望鼓励孩子尽情表达，也强调对孩子进行多元评价，但是还是存在了以下几个问题：

**问题 1：教师评价存在主观性。** 教师在欣赏儿童的画作时往往是以自己的审美角度来对作品进行评价，这样造成的后果往往是儿童为了画出老师满意的作品而改变自己的风格和绘画方式。

**问题 2：美术成绩与其他学科的评价方式并无区别。** 如今的普遍情况是，教师以简单的分数或者等第对儿童的作品或一段时间以来取得的成绩进行评价。而绘画作品的评价是多角度的，同时，教师也应当结合儿童进行绘画创作活动时所表现出的特有的心理和生理特点进行精准评价。

**问题 3：评价方式针对性弱，区分性少。** 如今教师对儿童绘画的评价比较宽泛笼统，对于不同年龄的儿童没有进行精确评价，相应的针对性弱。儿童绘画的特点与其生理和心理特点有很大的关系，而生理与心理特点随年龄的增长而发展，所以说，儿童绘画所表现出的特征与年龄有很大的相关性。因此，教育者需要根据不同年龄儿童有区分性的评价，通过精准评价达到因材施教的效果。

## 理念与意义

探索，不仅是儿童需要在绘画世界探索发现，教师在设定教学目标和进行教学时也需要探索尝试。教师应该联系儿童的心理发展水平和特点进行因材施教。因此，因材施教是当前教师需要研究和具备的重要素质。这有助于让儿童在学习美术的初始阶段就能真正喜欢上美术，让他们理解这是对艺术的学习，而不只是单纯的一门学科。在今后的学习中也不会将它视为负担，使儿童在绘画中充满强烈兴趣。

教师要对不同阶段的儿童施以不同的教学方法，对于不同类型的孩子施以不同的教学策略。针对孩子的作品寻求不同的评价方式，不以自己的审美去批判孩子作品，将评价这件事分给孩子共同完成，不以简单的分数为最后结果，这些都是迈出因材施教的第一步。那如何才能做到呢？

首先，国内外对儿童绘画特点的研究主要通过造型、构图、色彩三方面进行，同时结合了其心理和生理特点。6—10 岁儿童要掌握了一定的绘画技巧，又不失儿童所特有的创造力和童趣。教师需对他们的身心特点进行研究，从而站在儿童的角度理解儿童的画，制定出不同于以往的只注重于结果、笼统且模糊的教学评价标准，这样才能更有利于提高儿童对美术创作的兴趣，从根本上有所进步。

其次，罗恩菲德明确指出："对儿童影响最大的是制作过程而非完成品。"① 因此在过程中的评价，能为儿童的学习提供更多的帮助。过程中的评价者除了老师外，还应增加同学、本人等，这样既可以增加评价的多样性，对于评价者自身的表达能力、审美能力也有一定的促进作用。

最后，需要老师在教学过程中对儿童绘画特点进行观察，了解学生绘画特点后，针对每一个孩子的绘画过程采用过程性评价，从而得出相适应的精准评价方法，在实际中加以运用以达成因材施教。

## 实践与操作

许多不同老师的美术课，评价阶段大致是相同的。他们经常使用构图是否饱满、涂色是否均匀、线条是否流畅等语句来评价儿童的作品。有时，儿童作业上交后，老师就直接在上面打上了"优良中"的等第。久而久之，儿童在进行互评或自评时也习惯性地运用这些空洞的语句，而非真的能理解这些语句的意思。因此教师实际操作中可依据以下几点展开评价：

1. 小学阶段也可分为低、中、高年级，不同年级的儿童所表现的生理特点与绘画方法有着极大的区别，因此要做到因材施教。我们首先需要观察并探究出儿童绘画基本的规律特点。针对我们不同年级的儿童特点来制定相适应的教学内容与方法，这样才能展开有效的、有区别的精准评价。

2. 除了老师之外我们需要更多的评价者。除了绘画结果，我们还需要了解绘画过程。然而老师无法记录每一个孩子的绘画过程，而同桌恰恰成为了过程评价中最为恰当的人选，根据不同年级制定不同的评价表也是我们做到因材施教的具体方法。

3. 老师应当有智慧地评价每一个孩子，每个孩子的性格特点、绘画基础、

---

① 罗恩菲德. 创造与心智的成长 [M] 湖南：湖南美术出版社，1993：3.

成长环境、艺术潜能都是不一样的。有些孩子需要以鼓励为主，但不是简单的"你画得真好""你颜色涂得真棒"，而是要指出他画中具体的事物刻画得细致，画面的局部富有想象力等等。而有些孩子他们需要的不仅是鼓励，在鼓励的基础上，他们需要更多美术知识与审美能力的锻炼。这时候教师的评价需要更高的专业性，这样孩子才会思考研究，才能进步。通过对儿童精准评价的方式，才能达到因材施教的效果。

### 课例与分析

#### （一）不同年级儿童生理特点与绘画方法的特点

儿童的美术表现能力与生理特点有着密切的关系，并且呈阶段性的发展。小学低、中、高年级儿童由于生长发育和心智水平的不同，所呈现出来的绘画作品也是大不相同的。

1. 低年级儿童生理特点与绘画方法

小学低年级的儿童刚刚脱离涂鸦期，处于图式期刚开始的阶段，已经能有意识地画出一些物体或场景，运用线条和色彩进行表现。但由于手部骨骼发育未完全，小肌肉也还未充分发展，因此他们控制绘画工具的准确性和灵活度还不够高，只能用简单抽象的概括形式来表现他们心中的形象，在给画面涂色时，也经常是较为杂乱、不够均匀。此时他们的绘画造型具有笨拙、简化、随意等特点。

6、7岁的儿童对形状或大小的感知能力是较弱的，当他们在完全没有教师示范或者参照物的情况下靠自己的想象作画时，对物体的形态把握能力也较弱。加之生理发育的特点他们无法精准地控制工具，只能用简单的形状来表现对象。

为说明以上观点，我随机选取了一名一年级的儿童，在没有任何指导和示范的情况下，要求她"画两个人"（见图5-3）。

图5-3

我对提出的要求没有加任何的修饰，并没有要求儿童"画两个'一样的'人"，但从这位儿童的画中我们不难发现，她所画的两个人形状上几乎是一样的，并且基本上只用到了圆形、三角形和长方形这些基本形。这正是处于图式期的儿童所表现出来的普遍的绘画特点。

2. 中年级儿童生理特点与绘画形式

中年级儿童的操作能力有了很大的发展，更好地拥有了对脑中所想象的形象进行描绘的能力。这一阶段的儿童已经能用简单的轮廓线来概括图形，但这种能力受年龄特点的制约很大。形象思维的进步与肢体控制力的发展相结合，使他们的美术作品有了很大的不同。

我选取了自己在《侧面的头像》一课中儿童的作业来进行分析（见图5-4）。

图 5-4

可以看出，与低年级画的人相比，中年级儿童的作品中出现了更多变化的形。从生理的角度看，此时的儿童已经有能力将脑中所想用画笔较为准确地表现出来。这里说的准确，只是说儿童能够画出挺起的鼻子的形态、翘起的辫子的样子。从图中可以看出，他们对于画笔的掌控已经基本做到自如，不再是像低年级的时候，线条中还有明显的顿挫感。中年级儿童在画出流畅线条的基础上还能控制手腕力度和方向画出变化丰富的线条。此时他们已经有了一定的三维空间的概念，但要将物体的形把握得更加精确，则需要成长到更高的年纪。

### 3. 高年级儿童生理特点与绘画形式

高年级儿童形象思维发育已经相对成熟，此时生理特点对绘画的影响也相应减小。可以说，此时的儿童如果能接受一定专业性的教学，可以接近成人化的水平。但如果单从生理角度来分析其作品还是较中低年级有很大的不同。

我让一位高年级的儿童画了一幅出现在低年级课本《美丽的鱼》这一课中的内容（见图5-5）。

图 5-5

单单从绘画技巧的角度来看，这位儿童对线条的表现灵活、平顺、变化自如，明显优于低年级的儿童；在涂色时也均匀无留白，控制得恰到好处。这幅作品画面整齐、流畅，与中、低年级儿童相较更多了一些老练。

从我接触的小学美术（上教版）教材中发现，一年级的教学主要是以画为主，到了中年级则增加了很多手工制作、粘土、剪贴等课程，这与儿童生理发展特点相适应。低年级儿童手部发育还未完全，很多儿童在使用剪刀等工具时有困难，再加之工具具有一定的危险性，因此一年级以单纯画的课程居多。二至四年级开始增加剪贴画和轻质粘土等课程，此时的儿童在动手能力方面有了很大的进步，这类课程的增加也促进了动手能力的发展，是与儿童生理特点相适应的。到了高年级，教材开始回归绘画，但是对绘画的要求相对一年级则高了很多，需要考虑到形体、结构、空间等各个方面，开始要求向写实的方向发展。这些要求如果对涂鸦期的儿童提出自然是不适用的，儿童绘画的发展必然要考虑到儿童的生理特点。因此教师应适当调整教材中的绘画要求，根据班级孩子的特点进行因材施教的教学与评价，利用好评价表，让孩子在绘画中得到精准的评价并有所收获。

（二）精准评价对儿童的影响

经过反复的思考与尝试，在低年级的课堂中，我经常会使用如下这张美术课堂表现过程性评价表（见表5-4）。

### 表5-4 低年级美术课堂表现过程性评价表

（＿＿年＿＿期）
姓名＿＿＿ 班级＿＿＿

（颜色和谐：红☆；形象生动：黄☆；想象奇妙：蓝☆；合作愉快：绿☆；双手灵巧：紫☆）

| 过程性评价三阶段 | 构思画面 | 完成画面主体 | | | | | | | 完成作品 | | | | |
|---|---|---|---|---|---|---|---|---|---|---|---|---|---|
| 自评 | 画画前你思考了吗？ | 构图巧妙吗？ | 造型准确吗？ | 色彩丰富吗？ | 有创意吗？ | 有故事吗？ | 合作愉快吗？ | 有挑战吗？ | 画面完整吗？ | 造型生动吗？ | 色彩协调吗？ | 合作愉快吗？ | 你满意吗？ |
| | ☆☆☆☆☆ | ☆☆☆☆☆ | ☆☆☆☆☆ | ☆☆☆☆☆ | ☆☆☆☆☆ | ☆☆☆☆☆ | ☆☆☆☆☆ | ☆☆☆☆☆ | ☆☆☆☆☆ | ☆☆☆☆☆ | ☆☆☆☆☆ | ☆☆☆☆☆ | ☆☆☆☆☆ |
| 互评 | 画画前你思考了吗？ | 构图巧妙吗？ | 造型准确吗？ | 色彩丰富吗？ | 有创意吗？ | 有故事吗？ | 合作愉快吗？ | 有挑战吗？ | 画面完整吗？ | 造型生动吗？ | 色彩协调吗？ | 合作愉快吗？ | 你对他的作品满意吗？ |
| | ☆☆☆☆☆ | ☆☆☆☆☆ | ☆☆☆☆☆ | ☆☆☆☆☆ | ☆☆☆☆☆ | ☆☆☆☆☆ | ☆☆☆☆☆ | ☆☆☆☆☆ | ☆☆☆☆☆ | ☆☆☆☆☆ | ☆☆☆☆☆ | ☆☆☆☆☆ | ☆☆☆☆☆ |
| 师评 | | | | | | | | | | | | | |
| ★总评 | | | | | | | | | | | | | |

操作说明：

1. 在第一堂美术课上，教师给每位同学发一张"'小画家'的足迹"评价表，给儿童讲清楚填写的目的和意义，指导儿童填写好姓名、学校、年级、班级、性别等项目，并保存在成长档案袋里。

2. 每次作业后，先由儿童根据自己完成作品的特点和表现的过程给予评价，并根据要求在☆中填上不同的颜色。

3. 请同桌对自己的作品和表现也给予客观的评价，记录方法跟自评一样。

4. 教师在批阅完儿童作品后，随时在师评栏中记录。期末做一个总的评价统计，评价结果将纳入期末"小学生美术素质报告单"的"平时作业"栏，作为"综合等第"评价的依据之一。

评价表中我使用了自评、互评圈涂星星，教师采用评语的评价方式。通过运用评价表，学生开始关注自身画面或是作品的色彩搭配、造型准确、创意表现等方面，让学生在开始之前、画到一半、快要完成这三个时间段中有更多的思考，尝试一次比一次完成得更好。这不仅包含自身对于作品的评价，也有老师与同学的评价，不仅在于最后得了几颗星，重要的是了解自己在过程中哪些方面需要进步。

以上就是我们做的最基本的尝试，当然不同年级需要制定不同的评价表，不同基础的儿童适用的方式也不一样，我们仍然需要不断地去尝试探索，让因材施教渗透到日常课堂中去，让儿童能够更直观地了解自己的特点，发挥自己的潜能，弥补不足，使教学达到最好的效果，让儿童能自如地探索绘画的世界。

## 点拨与提示

人与人的差异造就了艺术世界的丰富多彩，正是因为我们的不同才有了多种多样的艺术表现手法与方式。作为一名美术教师，教师不是批量地机械地培养一批画画的能手，而应顺应他们天性，帮助他们形成自己的绘画风格与表现手法。我们最需要做的就是针对每个孩子精准评价，做到因材施教。

1. 当前老师需要拥有因材施教的教学素养，注重个体差异的培养，而不是一概而论、统一标准。这需要教师对于孩子了解得更多，细心发现每一个孩子的长处与不足，在绘画方面通过不同的教学方法予以增加和弥补。我们不需要培养每一个孩子成为艺术家，但是我们要让每一个孩子自由地探索绘画的世界。

2. 目前，小学美术教育儿童评价存在的问题主要集中在对评价主客体、评价原则、评价目标与标准等认识不足、把握不清，在评价方法上存在着简单化的倾向，导致评价效果不是很理想，有些甚至与我们的小学美术教育目标相违背，导致不能激发儿童美术兴趣、培养审美情趣、发展美术技能。

（撰稿者：陆佳园）

## 第六章

# 课堂可以有点"土"

　　课堂，可以是室内，可以是室外；教学，可以是静的，可以是动的；课堂教学，可以是单一的，可以是整合的。教师应该紧跟时代步伐，探索课堂教学新模式。与乡土文化相融合，画龙点睛；与动手实验相结合，事半功倍；与相关课程相整合，相得益彰；与劳动育人相结合，多劳多得。牢固树立五育并举的教育理念，通过丰富的内容与形式，促进学生的全面发展。

## 第 25 招

## 画龙点睛：让课程教学与乡土文化融合

画龙点睛，比喻说话写文章，在关键的地方用一二句话点明要旨，使内容更加传神有力。"画龙点睛"可以提高孩子小学阶段陶艺课程的学习能力，并通过进一步完善泥塑课程的知识内容，提升孩子的各项能力。

### 背景与问题

小学美术课程是以培养孩子们智力开发、个性发展，激发创造力为主要目的。作为一门基础教育阶段重要的课程，对今后孩子们的发展起着关键的作用。泥塑课程贯穿着整个小学阶段，从低年级开始的彩泥课程是结合孩子身边有趣的内容训练捏塑能力，而中高年级的陶泥课程则是让孩子们接触了真正的泥塑材料和工具，可以从小锻炼孩子的动手操作能力、造型能力、想象能力等。恰巧我们还可以利用我校的资源，让学生将捏塑的作品烧制出来留作纪念，给孩子们小学阶段的美术课程留下深刻的印象。

现阶段结合美术课程与乡土文化内容，以"画龙点睛"的方法拓展美术陶艺课程，不仅仅是借鉴当地乡土文化，更是要形成系列课程，以乡土文化为契机，结合美术课程内容，整合资源，让孩子们了解乡土文化的背景和内容。

嘉定，有着悠久的历史文化，拥有十余种非物质文化遗产和众多旅游资源。乡土文化是孩子们可以直接感受文化气息最重要的途径。通过小学美术泥塑课程与嘉定乡土文化内容相结合，可以加深孩子们对家乡文化的热爱。了解乡土文化，认识乡土资源，热爱嘉定，对孩子们进行审美教育。挖掘乡土文化资源，为创新美术教学提供了有效的资源。开发乡土特色课程，我们可以结合嘉定本土文化资源和美术课堂内容来进行设计。

我们针对小学美术泥塑课程与乡土文化的融合方法进行了分析，在开发课程前发现以下问题：

1. 乡土文化概念不清。 乡土文化是中华民族得以繁衍发展的精神寄托和智慧结晶。乡土文化无论是物质的、非物质的都是不可替代的无价之宝。其中包含民俗风情、传说故事、古建遗存、名人传记、村规民约、家族族谱、传统技艺、古树名木等诸多方面。日常的学习中，教师很少会提到"乡土文化"的内容。大部分孩子都不知道乡土文化的具体含义。

2. 乡土文化门类含糊。 乡土文化涵盖种类多，类别杂。目前对乡土文化的具体门类不清楚，导致课程的开发遇到了一些瓶颈。

3. 乡土文化脱离课堂。 学生在课堂上接触乡土文化的机会少，缺乏对乡土文化的认识。加上乡土文化内容脱离课堂，导致学生对乡土文化的具体内容不熟悉、不了解。

## 理念与意义

乡土文化就是在一个特定地域内发端、流行，并长期积淀发酵，带有浓厚地方色彩的物质文明和精神文明以及生态文明的总和，是一种意识形态，如民风民俗，包括我们出生、成长的地方的地域特色、自然景观等。"画龙点睛"——在乡土文化中搜寻到可以借鉴的文化内容，通过美术课堂中的陶泥进行表现，表达民俗知识。把原本难以理解的文化知识，采用泥塑的方法进行表现，能增添孩子们的想象力，加深他们对文化的认识。乡土文化与课程结合包含丰富的育人价值： 发展学生认识乡土、热爱乡土、建设乡土的认知、能力和情感。

中国的陶瓷艺术有着悠久的历史和深厚的文化底蕴，在世界文明史上占有重要地位。弘扬我国的陶艺文化，要把陶艺引进中小学课堂，并把陶艺教育与中国传统文化、现代教学、乡土文化有机结合起来，作为对孩子们实施素质教育的一种载体，这是一种非常有益的探究和尝试。陶瓷艺术要发展，陶艺教育是关键。而"陶艺"早就走进了大、中、小学课堂。实践证明，陶艺教育的价值很高，在中小学开设陶艺课程，要根据孩子们的基础，制定与年级相符的陶艺课程内容。例如低年级以彩泥为主，而中高年级以陶泥制作为主。具体意义体现在以下几个方面：

1. 有助于了解乡土文化涵盖的内容。通过陶艺课程学习，让孩子们了解身边的文化，起到画龙点睛的作用。

2. 有助于开拓陶艺课程制作的内容。通过课程与文化相结合，开拓了学习的内容，帮助学生更好地制作表现乡土文化内容的泥塑作品。

3. 有助于提高学生的观察动手能力。校本陶艺以特色发展为方向，传承民族文化和乡土文化，培养孩子们艺术素养与动手、创造能力。

4. 有助于提升孩子热爱家乡的文化。陶艺课程能促使孩子们热爱家乡，了解家乡的历史渊源。

乡土文化作为中华民族的文化根基，记载着中国文化的发展历史。而乡土文化具有现代文化所不具备的内涵和底蕴，包含了当地的风土人情、民间艺术、自然景观等丰富多彩的元素。本文主要从乡土文化资源的优势与小学美术泥塑课程的意义两个方面入手，研究论述传统的乡土文化与美术泥塑教学的有效结合，可以为一成不变的小学美术教学带来新鲜的元素，同时也有利于人们对传统文化的认识和保护。

## 实践与操作

根据校本课程的特色和乡土文化的知识内容，我们通过调查研究，明确开发课程的目标。

### （一）调查：寻找乡土文化资源

开发课程初期，孩子们对身边事进行了各种方法的调查研究，教师将孩子们所调查的乡土文化资源进行分类。目的在于通过实践让孩子们进一步了解乡土文化的含义。具体步骤如下：

1. 了解身边的乡土文化内容；

2. 通过书本中寻找有关嘉定的文化资源；

3. 通过网络，搜索乡土文化资源内容。

（二）梳理： 整理乡土文化内容

"乡土"作为相对的地域概念，是对本地本土文化的一种解释。乡土文化分为很多门类，将乡土文化的门类进行简单的梳理，有助于今后教学实践时，作为参考的依据。

1. 乡土景点

嘉定是一座历史文化名城。著名景点有很多： 古猗园、浏河岛、嘉定孔庙、汇龙潭、秋霞圃、吴兴寺等。这些身边的景点资源，可以为美术课堂增添更多的教学内容。同时，可以激发孩子对身边景点的深入了解和对家乡文化的热爱。

2. 乡土文物

乡土文物包括： 老民居、纪念馆、博物馆、桥梁、寺庙、陶器、瓷器等。通过资料收集，可以将其进行分类。孩子有意识地将这些乡土文物通过美术课堂用泥塑的形式表现出来，更增添了对古文物的理解，同时也锻炼了孩子的动手捏塑的能力。当乡土文物遇上了泥塑，便是用另一种形式将文物的"美"展现得淋漓尽致。

3. 乡土特色

我们熟悉的乡土特色有： 马陆葡萄、嘉定竹刻、嘉定白蒜、徐行草编、南翔小笼等。我们将熟悉的本地特色作为美术课程的资源，让孩子感悟体会到嘉定民间艺术文化的博大精深。

4. 乡土风俗

乡土风俗指本土的特色、风土人情、传统节日、生活习性等。它们既能带给孩子以文化的熏陶，又能为美术课堂增添教学资源，引导孩子可以用泥塑的形式来展现嘉定当地的风俗风貌。

（三）设计： 以乡土内容设计陶艺课程

课程的设计大多是以乡土文化、民俗文化和节气知识为主，根据课程的要求确定的一系列课程目录。其中包括很多嘉定的著名景点、乡土特色的食物、习俗等。考虑到课程内容可操作性的同时，还要根据陶艺课程的特点，结合知识与技法，使孩子们能在课程中循序渐进地掌握陶艺基本技法，体现课程的育人价值。具体内容如下：

1. 低年级彩泥课堂中结合本土美食、节气知识内容；
2. 中高年级陶艺课程结合节气知识、建筑物等；
3. 以课程内容的难易程度编排校本课程。

（四）开发：以乡土文化开发泥塑课程

自 21 世纪以来，我国基础教育全力开展课程改革，美术教育在基础教育中的地位和作用也逐步上升，对培养孩子的素质教育发挥着不可估量的作用。陶艺作为我们中华民族的文化瑰宝，长期影响着世界的陶瓷艺术。近几年来，陶艺教育在全国小学受到重视并开展起来，对基础美术教育有着重要的价值与意义。这不仅顺应了新课标的教育理念，而且对小学生在审美、实践和表达等方面都起着积极的作用。

图 6-1

要开发乡土特色课程，需要结合嘉定本土文化资源和美术课堂内容，从而形成一本独一无二、有特色的、乡土文化的陶艺校本教材。校本教材中的图片资源都采用当地的建筑物、风景、校园景色等。

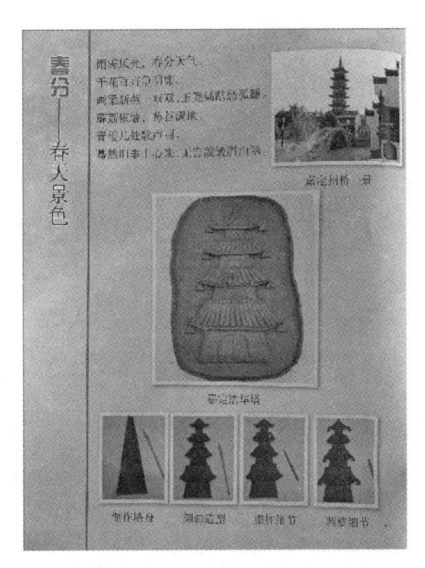

图 6-2

**1. 与地域文化相结合**

当地的地域文化包括嘉定整个地区的文化内容。每个地区的地域文化有不同的特色。依托嘉定的文化特色内容，既要体现文化的重要性，又要表现出对文化的传承和创新。这是我们开发校本泥塑课程的宗旨和目标。运用地域文化滋养美术课程和课堂，更是丰富了人文内涵。悠久的文化历史，众多的文化遗产，丰富多彩的乡土人情形成了独特的当地乡土文化。美术泥塑校本课程的开发和实施，就是根据当地资源就地取材，让孩子对地域文化有更深的认识和理解。

我们采用泥塑来表达对地域文化的了解，例如：用彩泥来表现平面的家乡建筑物、自然景观等；用陶泥来表现立体的乡土特色等；用彩笔在瓷器上描绘本土特色、人文景观等。诸如此类的乡土文化都可以用泥塑的手法来表现。因此泥塑校本课程的开发，是从题材内容上体现出"乡土"气息，从作品上展现具体制作内容，做成系列。我们还逐渐完善了校本教材内容。例如：（用陶瓷笔在瓷盘上）用国画的形式绘画出马陆葡萄；用彩泥制作浮雕形式的嘉定孔庙；用陶泥展现出历史悠久的法华塔，等等。当地文化资源让我们泥塑校本教材内容更丰富多彩。

第六章 课堂可以有点"土" 213

2. 与教师特色相结合

教师是校本课程开发的主力军。我们根据教研组成员的各自特长，分工合作。例如：有的老师擅长绘画，有的老师擅长捏塑，有的老师擅长创新等，我们充分利用每位教师的优势与特长，促进乡土美术泥塑校本课程的专业性和完整性。我们还将老师们的优秀作品作为每课的范例，供孩子学习。美术教研组作为一个团队，一位老师负责一项主要内容，其余教师则会出谋划策，让教师们的作品成为优秀的美术课程资源。

3. 与孩子需求相结合

促进孩子的全面发展，是校本课程开发的原则。校本课程让孩子除了学习课本上的美术知识外，更开拓了他们的视野，激发他们热爱自己的家乡。但是，教材的内容需要符合小学阶段孩子的认知水平，不可"随心所欲"，随便编写课程内容，应依照美术学科基本要求、当地地域文化、孩子与教师的具体情况，灵活利用资源，积极开发泥塑校本教材。例如：在低年级采用彩泥，拼拼贴贴完成建筑物；高年级运用陶泥捏塑制作鼎等。因地制宜，因材施教。

## 课例与分析

了解乡土文化，认识乡土资源，热爱嘉定，对孩子进行审美教育。挖掘乡土文化资源，为创新美术教学提供了有效的资源。

### （一）利用乡土资源，了解乡土文化

乡土资源的利用和整合，既可以培养孩子的因地取材的意识，又可以发展孩子的综合能力。在低年级教学时，要找到符合孩子年龄特点的教学内容，才会吸引孩子的眼球。我们尝试将看似枯燥乏味的知识内容转变成童趣好玩的教学内容。例如：上教版美术（二年级第二学期）第三单元的内容——《塑个浮雕动物》一课。原本教学内容是要用浮雕的形式制作小动物，但是在设计这堂课时，我联想起嘉定博物馆参与设计的孔庙门前的石狮，正巧"学宫狮"又是有它独特的含义，代表孔子的弟子。可爱的"学宫狮"的形象很适合用彩泥表现出来，和本校的陶艺特色有联系。因此，我设计了一堂既能体现陶艺特色，又结合了书本的教学内容，还兼顾了嘉定的地域文化。将乡土资源巧妙地运用

到美术课堂教学中，让孩子在课堂上更清晰地了解嘉定孔庙的背景文化，同时也对孔庙门前的石狮子进行捏塑制作。从作品上看，二年级的孩子作品完成度还不错，大多能借助小配件表现"学宫狮"的动态。

**（二）利用资源教学，完善课程内容**

嘉定当地有很多著名的场馆，例如：嘉定博物馆、嘉定汽车博物馆、嘉定图书馆、嘉定陆俨少艺术院等。每年学校都会组织孩子参观，利用外出活动节假日等，带领孩子感受享有地域文化特色的场馆。这些发现和感受各个场馆的经历给教学带来了新鲜血液。不仅仅是从美术学科角度，更多的是感受场馆的氛围，感受场馆造型美，了解场馆展品的艺术价值和当地的文化资源。校本教材的资源得到拓展，孩子的眼界得到开拓，孩子们走出课堂，从这些地方吸收了更多的知识。

学校是个"小社会"，有自己的办学理念和宗旨。陶艺课程作为本校的特色之一，也属于艺术教育范畴。利用好本校的资源和特色内容，也可以丰富我校泥塑校本课程，同时还可以丰富学生对地域文化的认识和理解。例如：上教版小学三年级美术第二学期《泥条小陶罐》。在之前的美术课上，我们利用本校资源，本班级的孩子基本掌握了陶艺的基本制作方法，如泥条盘筑等。学生对陶艺很感兴趣，在美术课或者社团活动时间，我们也会组织孩子在陶艺教室进行活动，训练孩子掌握一些基本的捏塑技巧。本校还有完善的陶艺制作需要的相关设备和工具，孩子制作的作品还可以烧制成成品，给他们一个完整的体验过程。

**（三）利用泥塑课程，提升各项能力**

陶艺正是以泥巴作为原材料。孩子们需要通过想象力，去塑造自己的作品，从而使想象力得到更好的发展。孩子完成自己的作品后，都会仔细地观察和欣赏自己的成果，不满意就会修改或者再造。在这个过程中孩子们学着去发现自己作品中的美，经常这样观察会让孩子提高欣赏水平和审美能力。陶土在孩子眼中就是一个非常有趣又变化多样的玩具，什么形状都可以通过自己的双手来塑造。陶艺需要手部、眼睛、大脑互相配合、协调，这些精细的动作需要孩子高度集中精神去完成，能有效提高他们的专注力。儿童的智力发展起源于动作，在精细的手工活中，能让大脑对身体的控制更灵活，思维也变得敏捷，同时还可以提高孩子的动手能力、观察力、创造力等。

### （四）利用课程特点，提高育人价值

"二十四节气"是中国劳动人民智慧的结晶，有着重要的教育价值。随着"二十四节气"的申遗成功，学校教育也提倡让孩子们更多地学习传统文化，让民俗文化传承下去。"二十四节气"作为本校的另一项科技特色内容，可以将"二十四节气"中的相关知识点与陶艺相结合，既让孩子在学习中认识了节气的具体内容，又发扬了节气中的民俗习惯与文化内涵。通过校本课程的开发实施，"画龙点睛"——让民俗文化更接地气，让陶艺特色与时俱进，让孩子更了解我国的二十四节气民俗文化。

### 点拨与提示

嘉定乡土文化凝聚了世世代代的智慧，是本地人民的智慧结晶。我们不仅要继续传承下去，更要画龙点睛，与时俱进，让后代人把握时代的脉搏，做到"推陈出新，革故鼎新"。教师在教学中要注意以下几点：

1. 立足本土文化，更新美术教育教学观念，以体现美术教学中多元素的发展需求。

2. 充分利用各种教学资源，吸纳更多乡土特色，发扬人文精神。

3. 以提升孩子各方面素质为宗旨，设计多样的活动提高孩子的创造力和创新能力。

（撰稿者：吕晓红）

## 第 26 招

## 事半功倍：实验让课堂更高效

所谓"事半功倍"，就是只用一半的力气，而收到加倍的功效。自然课是小学教育中一门重要的科学启蒙课程。小学自然课讲的都是些最基本的自然常识，但涉及面很广，天文、地理、物理、化学、生物等知识无所不包。由于所涵盖的知识面太广，教师在执教时往往不知道该采用什么教学方式才能达到高效、简洁的效果。实践证明，采用实验教学能达成这样的效果，在实验的过程中，儿童的收获也是多方面的，不仅可以体验到科学学习的乐趣，也可以增长科学探究的能力，养成尊重事实、善于质疑的科学态度。

### 背景与问题

培养儿童科学思维方式和科学思维能力是中小学科学教育的重要任务，也是小学阶段科学启蒙的重点。从儿童长远的发展需求来看，设法使他们形成持续学习科学的兴趣，学会运用科学知识的习惯和能力，是全面提高儿童的科学素养和终身学习的有效方法，而实验教学正是这样的方法之一。由于实验教学具有直观性，是儿童亲身经历的，在实际教学中收到的教学效果往往是事半功倍的，但目前的实验教学中还存在着以下几个问题。

1. **儿童对实验教学兴趣不浓，教学效果差。** 在自然课上开展一定的实验是当前每个自然老师都会采取的一种教学方式，但在实际操作过程中，儿童对于实验的本身可能不感兴趣。他们往往是对一些实验的设备、资料更感兴趣。如果教师在设计实验教学时没有考虑到吸引儿童的注意力这一点，就达不到很好的教学效果。

2. 只追求实验的外在热闹，生成思维少。新课程强调课堂教学要"动"起来，"动"即要求儿童能主动参与实验教学中，亲自获得直接经验。但如果只注重实验活动的外在性，不注重儿童的内在感受并引发他们的深层次思考，只是有活动，没有体验；有活动，没有思维，那么实验教学的价值也无法体现。

3. 实验环节合作目的不明确，能力提升弱。合作是实验教学中的一个过程和载体，也是目前教学中常用的一种方法。由于儿童的年龄特点，他们常常对合作的真实用意不明确，导致在实验过程中要么各自为政，要么大家抢着干，甚至忘了教师本来制定的实验规则，实验也无法达到预期。

## 理念与意义

实验，是一种借助仪器的间接观察。在小学自然课中的实验都是对做出的假设进行检验，这比直接的观察更具有结构性。因此实验教学最能反映科学活动，是科学探究过程中收集证据的重要环节，也是认识层面一种较高层次的探究活动，在自然课堂上采用实验教学往往能起到事半功倍的效果。它对课堂的作用来说，大体可以有以下三种。

（一）实验激趣，激发探究的欲望

爱因斯坦说："一个美妙的实验，通常要比我们头脑中提取二十个公式更有价值。"在自然教学中，虽然很多都是我们在学习前人的经验，但这些经验，只有通过实验才能转化成儿童头脑中自己的知识。俗话说"兴趣是最好的老师"，教师可以给儿童创设各种让他们感兴趣的教学情境，设计富有童趣的实验，激发他们的探究兴趣，开展有效的实验探究，从而使课堂效率大大提高。

（二）实验启智，增强创新的精神

科学探究是儿童体验科学过程、理解科学本质、培养创新精神实践能力的主要学习模式，通过这样的学习模式，有助于儿童深入理解科学知识，掌握科学技能，对培养儿童的科学素养有着不可替代的作用。这一操作过程与科学家在解决问题时的模式如出一辙，大致可分为8个步骤：（1）提出问题；（2）做出假设和猜想；（3）制定研究方案；（4）进行研究；（5）收集数据；（6）分析和解释数据；（7）得出结论和评价；（8）交流与展示。通过这样一个完整的科学探究实验，儿童观察、归纳和发现问题的能力，设计实验、动手实验的能力，收集和分析数据的能力，表达和交流的能力都得到了锻炼和提高。

（三） 实验增能，培养合作的意识

合作学习是当今国际教育改革的一个主流模式，越来越受到人们的重视。"学会合作""学会交流"正是新世纪教育的显著特征。合作学习是相对于个体学习而言的一种教学组织形式，儿童在小组团体内为了完成共同的任务而进行有明确的责任分工的互助式学习。在自然课的实验教学中，很多时候都需要这样的合作。在合作学习过程中，不同层次的儿童学会了表达自己的见解，学会理解他人的见解，学会相互接纳、争辩、互助，不断对自己和别人的看法进行反思和评判。通过合作，不同层次的儿童都可以看到问题的不同侧面和解决途径，从而对知识产生新的观察，对教材有深层的认识。

## 实践与操作

小学自然课中的实验教学都是以实验观察和活动操作为基础的。俗话说"耳闻不如目见，目见不如足践"，让儿童能通过亲自参加实验活动，获得观察能力和动手操作能力是获取科学知识的关键所在。目前在自然课堂中涉及的实验有两种，一种是教师的演示实验，主要是教师演示为主，在演示的同时配合讲解。演示实验主要是一些条件要求高，技术要求也较高，儿童能力不足以完成的实验。正因为儿童只是看了教师的演示，自己没有亲自参与，对相关知识的理解和掌握还是有所欠缺的。另一种就是学生实验，学生实验主要就是在教师的指导下儿童动手操作并自己完成的实验。通过动手操作，能够增加他们的感性认识，加深对所学知识的理解，培养动手操作能力。学生实验根据研究的方法不同，可以分为探究性实验、验证性实验、测定性实验等。

（一） 探究性实验要求高

此类实验对儿童的能力要求较高，它是一种探究在前，结论在后的研究方法，儿童在得出结论之前，先通过观察、测量等实验方法，总结规律，得出结论，从而发现知识，理解知识。

### （二）验证性实验最普遍

此类实验在小学自然课中开展的最多，它是推理、判断在前，实验在后的一种研究方法，即在教师的启发、指导下，用实验来验证有关结论、规律、定理。

### （三）测定性实验要精准

此类实验主要是测定某对象的数值，由于测定需要运用一些实验仪器和设备，因此，这些实验主要是让儿童能熟练掌握这些仪器设备的使用方法，并在实验过程中保证方法得当、数值精确。

学生实验由于儿童亲自参与，体验了实验的整个过程，对实验也有一个深刻的体验，因此其科学知识的获取更丰富、更全面。与传统的讲授教学相比，实验教学能获得事半功倍的教学效果。

## 课例与分析

根据以上所提到的几种在小学自然教学中学生的实验类型，笔者结合相关的课例分析如下：

### （一）探究性实验

探究性实验是通过一系列的探究活动，通过儿童的观察、思考获得科学知识。这种实验方法对培养儿童科学的学习方法、规范的实验能力都有很大的帮助。下面以《电磁铁》一课为例来说明探究性实验在教学中的作用。

《电磁铁》是小学自然牛津版四年级上册第四单元《磁》的第六课时，本节课要突破的难点是：设计方案探究影响电磁铁磁性强弱的因素。方法是：探究过程"重猜想与假设"。对于影响电磁铁磁性强弱因素的猜想，儿童可能会提出很多可能的影响因素，且表达的语言各不相同，如电池的正负极、电磁铁的粗与细、线圈缠绕方式等。教师在课上要注意引导儿童进一步思考各种猜想的具体指向，通过生生讨论、师生交流，最终将各种猜想归纳为几种表述明确且相互之间不存在实质性重复的因素。以此突破"影响电磁铁磁性强弱因素的猜想与假设"的难点，为后续儿童以小组形式开展"制订计划与分组实验""搜集证据与处理信息""解释问题与表达交流"奠定基础。其设计过程见表6-1：

表6-1 探究电磁铁磁性强弱影响因素的设计方案

| 儿童活动 | 教师指导 |
| --- | --- |
| 1. 对比：各小组制作的电磁铁吸引回形针的数量。<br>2. 思考：各小组所制作的电磁铁吸引回形针的数量不同，说明了什么？<br>3. 观察：使用回形针数量测试电磁铁的磁性强弱的演示。<br>4. 思考：为什么各小组所制作的电磁铁磁性强弱不同，影响电磁铁磁性强弱的因素有哪些？<br>5. 讨论：以小组为单位讨论，并确定所要探究的一种可能的影响因素，以及实验的具体操作方案。<br>6. 交流：各种可能的影响因素的具体操作方案。<br>7. 实验：针对猜想与假设，改变简易电磁铁的结构或电源组合，进行实验，并将活动Ⅰ和活动Ⅱ两次实验结果进行对比，判断所猜想的因素是否影响电磁铁磁性强弱的主要因素，及之前作出的假设是否正确。<br>8. 交流：实验过程及结果。<br>9. 总结：电磁铁的三个主要组成部分；影响电磁铁磁性强弱的主要因素。 | 教师将儿童在活动Ⅰ"制作简易电磁铁"的操作过程拍照并展示，促使儿童对吸引回形针的各种操作方式产生疑问。教师在儿童辩论的基础上，针对"一个接一个地吸引回形针"的方式，引导儿童回忆三年级学习的磁化现象。<br>教师简要介绍可以通过测量回形针数量这个量来反映电磁铁的磁性强弱。确定接下来使用回形针数量来反映和比较通电后电磁铁磁性的强弱。<br>引导儿童从电磁铁的简单构造进行思考，提出猜想。教师归纳儿童的猜想，并引导儿童进一步根据猜想，作出假设。<br>在儿童小组讨论时，引导儿童明确需保持哪个因素不变，需改变哪个因素，以及如何改变。<br>在儿童小组交流实验方案时，引导儿童小组代表说清楚各影响因素分别对应的实验过程。教师利用实验单的对比进行引导，进一步帮助发言小组明确，并引导全班注意"在实验过程中需明确哪个因素需保持不变，改变哪个因素"，突出"控制变量"的思想方法的使用。在生生讨论、师生交流讨论中共同形成较为完善的实验方案。<br>在教师引导→小组讨论→师生交流中，儿童思考并归纳得出影响电磁铁磁性强弱的主要因素。教师提醒：1. 实验条件的对比（线圈的圈数、电池的数量）有一定的差异性（如圈数不能过于接近）。2. 两组电磁铁分别要用"DIS磁感应强度传感器及数据显示模块"测量三次，再取三次的平均值进行对比，比较电磁铁磁性的强弱。3. 完成实验后，儿童小组需完成实验单的记录。<br>归纳：（1）线圈圈数、电池节数（电流大小）、有无铁芯（导磁材料）是影响电磁铁磁性强弱的主要因素；（2）电池节数相同及都有铁芯时，线圈圈数越多，电磁铁的磁性越强；线圈圈数相同及都有铁芯时，电池节数多（电流更大），电磁铁的磁性越强；线圈圈数相同、电池节数相同时，有铁芯的电磁铁的磁性比无铁芯的电磁铁强。 |

从整个教学过程中，我们可以看到儿童经历了"提出问题与作出假设——制订计划与分组实验——搜集证据与处理信息——解释问题与表达交流"等科学探究的基本过程。使用小磁针的转向，对各种猜想进行实验、交流、归纳，自我建构出了对"影响电磁铁磁性强弱的因素"的认识，形成了较为严谨的科学

态度。

## （二）验证性实验

验证性实验主要是对实验前的猜测通过实验加以验证，这种实验对儿童加深知识的理解、牢固掌握所学知识有很大帮助。

例如《导体和绝缘体》一课，本课是小学自然牛津版四年级上册第五单元《家庭用电》的第二课时，学习本节内容之前，儿童已经掌握简单电路的连接，知道电路中的电流流向，知道有的材料容易导电，有的材料不太容易导电等知识。本节课中涉及的实验主要是测定导体和绝缘体。教师在教学时抛出问题，引导儿童进行猜测并设计实验，儿童经过猜测、设计实验、进行实验、分析数据、交流小结等过程，并最终得出结论，以此方式进行科学探究，结合体验游戏识别了身边常见的导体和绝缘体。活动设计单如下：

表6-2 活动任务单

导体请记√，绝缘体请记×

| 物体 | 猜测 | 检测 |
|---|---|---|
| 铜片 | | |
| 木片 | | |
| 铁片 | | |
| 塑料片 | | |
| 玻璃片 | | |
| 铝片 | | |
| 纸片 | | |
| 石墨笔芯 | | |
| 人体 | | |
| 自来水 | | |
| 醋 | | |
| | | |

选词填空（金属、塑料、木材、石墨、玻璃、水、人体、醋）
_____属于导体。
_____属于绝缘体。

通过活动过程，我们可以看到儿童通过合作学习和探究学习，以小组为单位进行了猜测、设计、实验、交流、再设计、再实验、交流、小结。教师引导儿童对实验的猜测进行验证，有利于培养儿童科学的探究意识，加深科学知识的理解，提高儿童的科学素养。

### （三）测定性实验

测定性实验对儿童的能力要求相对较弱，在小学阶段也是比较容易开展的一类实验，这种实验能培养儿童严谨的科学态度。下面以《力的测量与大小》一课为例来简单说明。

《力的测量与大小》是小学自然牛津版三年级上册第四单元《身边的力》的第三课时，本课的教学内容之一为使用弹簧测力计，具体要求为学会正确使用弹簧测力计，知道使用时的注意事项，通过小组合作能对多种物品进行估测并实测，培养对力的感觉。设计的实验过程是先让儿童通过测量提起一小袋同样重量的大米需要的力，发现力的大小不同，引发儿童认知冲突。接着演示弹簧测力计的正确使用方法及注意事项，最后，让儿童再次测量提起这袋大米所需用的力，巩固掌握使用弹簧测力计的方法。第二个实验环节时让儿童用1N、3N和5N的力拉一拉弹簧，并为儿童提供需用0.5N、1N、3N提起的物体作为估测时的参考标准，培养儿童对力的感觉，增加儿童估测的准确性，最后一个环节是测量提起多种物体所需要的力。通过所设计的三个实验环节，儿童对如何正确使用弹簧测力计有了深刻的认识。

**点拨与提示**

综上所述，实验在小学自然教学中的作用是意义非凡的，只要教师创新实验方法，正确把握教学重难点，积极调动儿童积极性，实验教学一定能取得很好的成效。在实际的操作中，还应注意以下几点：

1. 实验器材、材料的准备必须要贴合教学内容，并保证能达到最佳实验效果。

2. 实验教学要注重儿童主体性作用的发挥。
3. 设计的实验不要为了探究而探究,要重视探究的实质性。

(撰稿者: 潘宏瑶)

### 第 27 招

## 相得益彰：以课程整合促进教学

相得益彰指的是将信息科技学科中的知识技能运用于其他学科实际的学习过程中。在学习和尝试的过程中将知识技能与其实际用途融合贯穿起来，让孩子们更系统透彻地理解所学知识，从而提高孩子们的信息素养。

### 背景与问题

笔者自己基于对信息科技课程教学与其他课程整合理念的理解，探索了信息科技课在知识、工具和资源层面进行课程整合的策略。而如何将信息课堂教学与其他课程融会贯通，激发孩子们学习兴趣，增强教学实效，提高孩子们信息综合素养，这值得我们每一位信息技术教师去研究探讨。在常规教学中信息科技课程存在以下几个问题：

1. 信息科技教材中重技术轻应用，单纯讲解信息技术并操练对孩子们来说枯燥乏味，久而久之会失去学习兴趣。

2. 信息科技课程中的相关知识和技能在没有实际应用场景的情况下，孩子们无法学会活用信息技术，缺乏应有的信息素养。

3. 传统的信息科技课堂中，每一个知识点在教学时可能都会使用不同的情境进行导入，对于孩子们来说，这样的教学缺乏连续性，不利于孩子们对知识进行梳理。

## 理念与意义

信息技术与课程整合实质上就是一种基于信息技术的课程研制理论和实践，通过信息技术与课程的互动性双向整合，进而使信息文化与人的学习生活整合，构成融会贯通的信息化课程新形态，使信息技术与孩子们的学习生活成为有机的连续体和统一体。

信息科技这一门学科不同于语数英等传统的科目，其显著的差别在于信息技术具有较强的灵活性和实践性。若能将这些特点进一步放大，就能使其成为孩子们的优势之一。在教育模式上其能够将孩子们对科技的好奇心、求知欲激发出来，提高孩子们的综合素质能力，引导孩子们在信息技术的辅助下，汲取更多的知识，获得更全面的发展。

## 实践与操作

目前，信息科技课堂教学更多的是与语文学科的整合，例如在打字教学中对古诗名言的输入练习，word 软件中文字图片的处理，通过网络搜索与保存生字词的读音和含义等。通过类似这些方法将信息科技课堂中的知识与语文学习内容进行整合，能让孩子们充分感受到信息技术的魅力，既激发了学习兴趣，又提高了孩子们的综合能力。以下三方面的探索可以让信息科技教学与其他学科课程整合的课堂效率大大提高。

### （一）以信息科技知识层面为基点，进行课程整合

作为一名信息科技教师，在课堂中，我会有意识地开展信息科技与其他学科相联系的横向综合教学，把相关的各学科知识和能力要求作为一个整体，有机地整合到实际任务中进行学习。我会先了解本年级其他学科的教学内容和进度，有意识地把信息科技课堂中的"任务"向其他学科知识靠拢。这样孩子们在完成任务的同时，不仅掌握了信息技术技能，而且巩固了相关学科的知识，通过协调这些环节，培养了孩子们的信息意识和信息能力。

### （二） 以信息科技工具层面为基点，进行课程整合

在信息科技学科的教学活动中要进行精心的教学设计，将这些软件的部分功能挖掘出来，最好是与其他学科中具体任务的解决过程联系起来进行教学，这样的教学活动不仅对信息科技学科也对其他学科教学的提高有帮助。在这样的教学过程中，孩子们能够利用信息技术，发挥主体性、探索性、创造性地解决问题，有效地促进了孩子们身心和谐统一的发展。

### （三） 以信息科技资源层面为基点，进行课程整合

信息科技课中各种工具软件及其他学科的各种学习资源，对相关学科的学习活动具有非常好的支持作用。在信息科技学科教学中设计相关内容的教学时，教师应该主动地引导孩子们将其应用到支持其他学科的学习活动上来，提高孩子们利用相关的学习资源、环境进行学习的能力，帮助他们积累在信息技术环境下进行学习的各种策略，培养孩子们在信息技术环境下高效学习的素质。

## 课例与分析

通过以上提到的目前在小学信息科技教学中信息科技学科与其他学科的整合方式，结合相关的课例分析如下：

在结合"word"软件的使用进行这个单元教学设计时，我将信息科技学科与语文学科相整合，从语文预习这个情境出发设计了文章段落格式的设置、文字设置、插入脚注、设计表格、插入图片、文字输入这几个课时。用文字处理软件中的多种工具完成语文课文预习的要求。例如文章段落格式的设置可以对输入的文章进行段落设置并标出小节；文字的设置可以分别用大小、颜色、加粗、下划线等标出文中的生字词、好词好句、对文中内容的提问等；插入脚注可以帮助理解生字词；设计表格可以对课文学习过程中的生字词和好词好句进行归纳整理，方便复习；插入图片可以为古诗配上意境相同的插图；文字输入可以使用语音输入或扫描图片的方式将书本中的文字转换成电子文档，同时可以使用录音和音频编辑的方式记录课文朗读的情况。通过这样的课程整合，让孩子们能够在一个实际的教学情境中掌握文字处理软件中各种工具的使用方

法，使孩子们在活动中，提高自身的信息素养，培养孩子们的实践能力。

脚注作为其中的一课，该课的教学目标为要求孩子们能说出脚注及其作用，并能通过插入脚注对文档中的文字进行注释。在预习课文时，孩子们总会遇到不认识的生字词，传统的预习方式是花大量的时间去翻字典做笔记，而通过信息技术手段就可以让孩子们通过网络搜索的方式自主预习生字词，并且为了进一步提高预习的效果，教师通过任务的方式让孩子们在本课中掌握插入脚注的方法，最后通过观察对比发现 word 软件中的脚注相较于传统书本中的注释可以更便捷地帮助自己完成课文的预习。具体设计过程如下：

## 一、引入

（一）由学校的活动引出语文课文预习任务

**讲解**：前段时间学校里开展了"学习好方法"的征集活动，老师发现很多同学都认为课前预习是一个很好的学习方法，而且语文老师也经常会提出课文预习的要求。

**提问**：请同学们说一说，在预习语文课文时老师都有什么要求？

（二）将预习要求与计算机操作进行恰当的关联

**提问**：如果今天使用计算机来帮助你们完成这些预习要求，你们会怎么做？

（用表格出示预习要求以及对应的可以使用的计算机技能）

**生**：孩子们说出语文老师的预习要求。如通读课文，划出生字，理解词语的意思。

（三）尝试用已经学过的知识和了解的方法，完成预习要求

**回答**：孩子们尝试回答。

**设计意图**：1. 出于学科落实慧雅阅读项目，将编辑文档单元主题内容以语文课文预习为学习情境，提出学习要求。回忆并交流预习课文的要求，为后续的学习操作奠定基础。

2. 用编辑文档中字体设置等已会技能与预习中的部分任务相关联，

同时引出完成字音、字义注释的预习要求，为后续脚注的技能学习作好铺垫。

**二、 新授**

（一） 脚注及其作用

**讲解：** 在我们平时的学习过程中也能看到注释。

（媒体出示课文中范例）

**讲解：** 在文字处理软件中它叫作"脚注"，它通常出现在文档的底部，对文档中所标识的文本提供补充说明或解释。

（媒体出示计算机中的脚注，并用鼠标悬停显示脚注内容）

**提问：** 大家是否发现老师刚才的操作让计算机文档中的脚注内容出现和你们书本上的有什么不同吗？（教师根据孩子们的回答做说明）

（二） 示范添加脚注的操作

**要求：** 老师今天带来了一篇课文《鱼化石》，今天我们就来模仿教材中的课文，添加标题的脚注，注释说明它的作者。仔细观看老师的操作步骤，等老师演示完成后请同学来帮助老师归纳操作步骤。

**示范：** 为文章标题添加脚注，注释为作者名字——艾青

**板书：** 脚注操作的步骤

**示范：** 请孩子们上台演示"旺盛"一词的脚注步骤，并在演示之后提示脚注的序号。

（三） 任务一： 添加标题的脚注

**任务要求：** （媒体出示任务）请每一位同学尝试为《鱼化石》这篇文章标题添加注释作者的脚注。

**巡视指导：** 教师在孩子们操作过程中进行必要的巡视指导。

**生：** 1. 仔细观察，说出脚注的作用，对比后说出计算机中脚注和书本中注释的区别。

**回答：** 孩子们尝试回答。

2. 观看教师的演示，尝试复述添加脚注的步骤。

**观看**：带着要求仔细观看教师的操作。

**回答**：孩子们代表尝试复述操作步骤。

**听讲**：仔细观察孩子们代表上台演示操作。

3. 添加标题的脚注。

**听讲**：聆听教师的任务要求。

**操作**：孩子们模仿之前的演示操作，添加《鱼化石》的标题脚注，内容为作者姓名。

**设计意图**：1. 从语文教材中的注释认识脚注，了解脚注的注释作用。感受在计算机中增加脚注能提高阅读的便利性。

2. 通过教师的演示和孩子们的复述这两个层次的学习过程，使孩子们了解并尝试技能的习得。

3. 孩子们回忆教师的操作和板书的步骤，尝试完成添加标题脚注的学习。

（四）任务二（综合练习）：用计算机完成《鱼化石》课文的预习与阅读

**1. 任务要求**：（媒体出示）完成预习的第一步要求：阅读全文，用下划线标出自己不认识或不会读的字词。

**巡视指导**：教师在孩子们操作过程中进行必要的巡视指导。

**2. 任务要求**：（媒体出示）完成预习的第二步要求：通过网络搜索划出的生字词，用脚注注释生字的读音以及字义词义。

**巡视指导**：教师在孩子们操作过程中进行必要的巡视指导。

**3. 任务要求**：（媒体出示）完成预习的第三步要求：通过自己添加的脚注，再次阅读全文，理解课文意思。

**听讲**：孩子们观看和聆听教师对任务的要求。

**操作**：阅读文章并按教师的要求操作技能，标出生字。

**听讲**：孩子们观看和聆听教师对任务的要求。

**操作**：在第一步标注出的字词上添加脚注。脚注的内容由上网搜索、复制操作而得。

**听讲**：孩子们观看和聆听教师对任务的要求。

孩子们以个体学习形式，再次阅读全文。

**设计意图**：1. 使用字体设置的一种方法标出字词，为后续的脚注选择对象。这也是呼应了课开始时教师用表格汇总预习要求，用计算机完成的其中一个设置。

2. 通过为之前自己标注的生字词添加脚注，巩固插入脚注的方法，并了解插入多个脚注时序号自动编号，复制内容应在对应序号后。

3. 用计算机完成课文预习部分任务的同时，感受使用计算机技术进行预习和阅读的便利性。

**课堂总结**：通过今天的学习，同学们学会了用计算机更便捷地帮助我们完成课文部分的预习任务，其他预习任务如何用计算机完成？（出示媒体最后一页）今后如何在自己完成其他课文的预习时，将书本上的课文变成电子文档的形式？这些我们将在接下来的学习中逐渐完成。

从整个教学过程中，我们可以看到孩子们经历了"发现问题——制定计划——搜集资料与处理信息——解决问题"的学习过程。通过已有知识与新授知识相结合，解决了语文课文预习过程中遇到的问题，这样的课程整合，孩子们掌握了使用信息技术手段解决其他学科学习过程中遇到的问题。这不仅让孩子们感受到了信息技术的魅力，更提高了孩子们的综合能力。

## 点拨与提示

1. 在信息科技课的教学活动中，我们要把握好信息技术在课程整合中的角色，积极、主动地整合其他学科的相关教学内容。

2. 充实、完善信息科技学科的教学内容，丰富信息技术教学的实践，让信息技术从单纯的技术真正变为学习其他学科知识的工具。

3. 以单元化的教学设计，让孩子们在项目式的教学活动中真正掌握并学会使用信息技术。

（撰稿者： 汤淼清）

## 第28招

## 多劳多得：劳动育人的技巧

多劳多得，通过劳动来教育儿童。多多劳动会让学生受益匪浅，可以说劳动教育是教育改革的一个切入点，是教育观念转换的突破口，是一个极为重要、不容忽视的教育内容。"多劳多得"将劳动与学校的二十四节气厨房相结合，制定适合班级的劳动教育主题，通过劳动来育人。

### 背景与问题

以往不管是学校，还是家庭，乃至社会，对劳动教育都越来越淡化，普遍更加重视成绩，片面地理解劳动，甚至轻视劳动，使很多儿童的劳动意识日益弱化，没有养成良好的劳动习惯，也没有掌握应该具备的劳动能力。回归劳动光荣传统，重塑劳动教育理念，培养儿童的劳动兴趣，涵养吃苦耐劳精神，让儿童爱上劳动、理解劳动、尊重劳动已显得尤为重要和迫切。据笔者观察，当代儿童因缺乏劳动教育主要存在以下几个问题：

1. 动手能力差。儿童不能够很好地使用打扫工具，需要老师手把手地指导如何扫地、拖地、擦窗等。

2. 好逸恶劳。当代社会独生子女较多，家中也普遍比较溺爱，不让儿童在家进行家务劳动，导致儿童做一点事情就会叫苦叫累，普遍爱享受。

3. 身体素质差。缺乏相应的劳动导致儿童身体素质差，近视率也急剧增加。

## 理念与意义

在学生中弘扬劳动精神，教育引导学生崇尚劳动，尊重劳动，懂得劳动最光荣、最崇高、最伟大、最美丽的道理，可见劳动教育的重要性。"多劳多得"，通过多多劳动能让儿童受益匪浅，具体体现在以下一些方面：

（一）"多劳"能强化民族国家的意识

用节日美食为切入点，孩子们亲手烹制节日美食，了解了相关的节日、节气知识。通过这一系列活动，"美食+"中队的队员们，一个个都像是中国传统节日的"小博士"。这样一来也更好地渗透民族文化、中国传统节日文化，培养孩子们的爱国主义情怀。

（二）"多劳"能提高儿童的动手能力

通过一次次围绕中队特色的美食制作，我惊喜地发现孩子们从第一次的束手无策，一次比一次进步，到现在的娴熟，这都归功于劳动带来的收获！

（三）"多劳"能加强儿童的合作意识

孩子们在制作美食时相互帮忙，积极准备小队展示内容，从单一到丰富多彩的小队展示，孩子们思维的火花在碰撞，孩子们也在一次次的活动中学会分工、合作，越来越默契。

（四）"多劳"增强儿童对劳动的热爱

我们中队的孩子们大部分是独生子女，在家中受到父母的宠爱，很少做家务，但是在我们中队开展这一特色活动后，家长们反馈，孩子们在家中越来越乐于帮助家长分担家务，特别是美食制作方面，俨然是一个个美食小当家！

（五）"多劳"提升了中队的凝聚力

自从打造美食中队以来，孩子们以我们是"美食+"中队而自豪；孩子们在学校的各种活动中也拧成一股绳，想要为"美食+"中队更添光彩；孩子们的争执、吵闹也少了，更像是一个其乐融融的大家庭……中队的凝聚力很好地得到了提升！

（六）"多劳"让儿童们的快乐更多

在不知不觉中发现，孩子们期待美食制作，在活动时脸上总带着笑。孩子们说:"老师,我们喜欢做吃的,感觉一下子放松了很多!"在五年级繁忙的学业中,是美食制作,是劳动带给了他们放松和快乐!

(七)"多劳"让儿童更加珍惜劳动所得

揉面、擀面、包月饼、挑豆芽等种种过程,孩子们感受了劳动的辛苦,体会到了劳动成果的来之不易,他们和我这样说道:"没想到做吃的真不容易啊,我要把我们做的美食全部吃光!"是啊,"谁知盘中餐,粒粒皆辛苦"。他们更加珍惜所有的劳动所得!

有意义又有意思的劳动实践活动,让孩子们变了,变得热爱劳动、爱惜粮食、热爱集体、热爱国家……这就是劳动的魅力,在孩子们的心间悄悄地种下了一颗种子,这颗种子在潜移默化中慢慢发芽、开花、结果……

## 实践与操作

"多劳多得"的方法有很多,笔者主要进行了以下的几项实践与操作:

1. 结合队会课,进行每周一"劳"

根据叶小的二十四节气厨房,制定每周一"劳"主题,确定家长辅导员,通过节气厨房进行每周一"劳"的美食制作。

2. 结合小岗位,做到人人都劳动

从班级实际和需求出发,发挥儿童特长,弥补不足,考虑集体特点,设置多样岗位,促进儿童在岗位中不断完善和改变自我,充分调动儿童劳动的积极性,做到每个孩子都有劳动小岗位。

3. 家校联动,每周劳动打卡

利用钉钉打卡的软件,家校联动,相互督促,鼓励儿童们每周去做自己力所能及的家务劳动。而习惯的养成往往需要21天,通过钉钉打卡的形式,帮助孩子们逐渐养成劳动的好习惯。

4. 中队版面,展"多劳多得"

结合我们的中队特色、每月的微课程,孩子们们精心布置了教室外面的特色中队版面,用各种各样的劳动画面丰富了我们的中队版面、教室墙壁等。

5. 假日小队,以"劳"获"得"

通过雏鹰假日小队的形式,激发孩子的劳动兴趣,让他们通过展示节目或者评一评等方式来获取优先品尝的权利。同时,让孩子们不再拘泥于在学校中劳动,鼓励他们在家庭中、在社会中劳动。

**课例与分析**

笔者就"多劳多得"的实践与操作,简单举几个例子:

(一)每周一"劳",实现劳动育人价值

1. 确立每周主题。为了充分发挥劳动育人的价值,我们中队小手牵大手利用一节课的少先队活动时间开展了一系列活动。经过队员们的票选,选取他们感兴趣的中国传统节日或节气,结合我校二十四节气厨房,我们制定了五(2)"美食+"中队每月活动主题,如下表:

表6-3 每月活动表

| 月份 | 节日、节气 | 活动内容 |
| --- | --- | --- |
| 9月 | 中秋节 | 制作鲜肉月饼 |
| 10月 | 重阳节 | 制作重阳糕 |
| 11月 | 小雪节气 | 制作南瓜饼 |
| 12月 | 冬至节气 | 制作饺子 |
| 1月 | 腊八节 | 制作腊八粥 |
| 2月 | 元宵节 | 制作元宵 |
| 3月 | 春分节气 | 制作炒豆芽 |
| 4月 | 清明节 | 制作青团 |
| 5月 | 立夏节气 | 制作五色饭 |
| 6月 | 端午节 | 制作粽子 |

2. 聘请家长辅导员。每一个主题活动根据家长的报名情况,确定一名主要任课家长和多名助理家长,一同设计活动方案,商讨活动内容,准备活动材料等。

3. 节日美食制作。五（2）中队美食制作得到了家长们的热烈响应，第一个月在赵传润妈妈的指导下，孩子们制作了香酥可口的中秋月饼。孩子们兴致勃勃地制作月饼，同时开展中秋诗词大会，朗诵古诗，分享家书，唱一唱《明月几时有》。孩子们在学会做月饼的同时，也对中秋节有了更深刻的了解，中秋节从指尖到舌尖再到心间，不再是一个简单的节日，而是融入血脉里的文化传承。

（二）人人"多劳"，更会动手更爱班级

根据班级中的实际情况，我给每个孩子设置了班级小岗位，这些小岗位都是负责班级中一些最基本的小事情。笔者发现在做这些小岗位的过程中，孩子们的动手能力增强了，也更加热爱班级了，俨然把自己当成了班级中的小主人，孩子们的集体意识在班级小岗位的劳动中慢慢萌芽了。

表6-4　班级小岗位分工表

| 岗位名称 | 负责人员 | 岗位职责 |
| --- | --- | --- |
| 红苹果作业管理员 | 蔡敏彤、姚逸琳、曹梓懿、王浩 | 收发各科作业，收齐后交各科老师处 |
| 水蜜桃节电员 | 夏婉晴、陈可欣、熊煜轩、姚子怡 | 做到随手关门、灯、电风扇 |
| 小草莓服务员 | 赵凯译、徐梓涵、朱佳奕、徐允辰 | 每天午餐后排好椅子、擦干净桌面 |
| 酸柠檬邮递员 | 赵欣怡、杨依娜、陈美佳 | 按不同种类把报纸发到学生手中 |
| 紫葡萄监督员 | 王炜杰、钱程、丁子杭、陈奕帆 | 督促学生带好手帕、戴好红领巾，剪好指甲 |
| 大菠萝卫生员 | 毛舒宇、蔡政峻、李文杰、虞博超 | 课后及时擦干净黑板，放学后黑板槽里不留粉笔灰 |
|  | 张宸赫、林泽安、刘文玺、朱睿炎 | 窗台、窗框上不留灰尘 |
|  | 洪学远、李浩晨、石晨旭、吴思远 | 保持教室地板、走廊干净 |
|  | 邢珂馨、谭峻熙、刘海军、吴彦姝 | 保持桌子、讲台整洁 |
| 甜荔枝保洁员 | 张毅帆、鲁子毅、谢欣娣、刘雅可 | 保持教室门前干净无纸屑、无垃圾 |

续表

| 岗位名称 | 负责人员 | 岗位职责 |
|---|---|---|
| 小芒果管理员 | 胡思雨、刘思陌、杜明璐 | 管理图书角、生物角 |
| 注意：按7人小组为单位每天一扫，要求地面打扫干净，排好桌椅，清除垃圾，扫帚摆放整齐 |||

### （三）"多劳多得"，激发劳动兴趣

在每周的队会课上想要品尝大家的劳动成果，孩子们必须要认真准备节日知识，评选出的优秀小队才能享有优先品尝权。因此，孩子们都行动起来了，有的搜集了相关的古诗词，在中队会上为大家讲解、吟诵；有的制作了相关的节日小报，让队员们了解相关的节日知识；有的娓娓动听地为大家讲了相关的节日故事……一次次精心的准备，让孩子们对于每月主题节日的了解更加深入，对劳动也更加热爱。在一次次小队合作的过程中，各种精彩创意不断产生，比如有的小队想要举办古装汉服秀，有的想要教大家古代行礼的规矩等。雏鹰假日小队还将学会的美食制作、知识、故事、古诗词等带给家人，带给敬老院的老人们，带给社区的老人们……

---

**点拨与提示**

---

"多劳多得"，使学生树立正确的劳动观点和劳动态度。热爱劳动，养成劳动习惯的教育，是学生德智体美劳全面发展的主要内容之一。在具体实施的过程中，需要关注以下几点：

1. 劳动主题结合班级实情。每个班的情况不一样，班级的特色也不一样，因此要根据班级的实情对于劳动主题有所修改。

2. 劳动教育需要人人参与。劳动教育需要班级中的每个人都参与其中，不能只是个别孩子参与，而且老师需要关注到每位孩子的参与情况。

3. 劳动教育不能流于形式。要切切实实让孩子们去劳动，而不是拍拍照片就了事了，要让孩子们真正养成劳动的好习惯。

4. 劳动教育以鼓励为主。劳动教育过程中，只要孩子们去做了就应该给予表扬，不管结果是好还是坏。

（撰稿者： 诸晓玮）

# 后记

我们常说教学有法，教无定法，贵在得法。决胜课堂 28 法，是教师们课堂教学探索实践中的一朵朵小花。

在课堂教学改革中，我们以勤笃行，勤思勤研，在探索，在实践。我们相信会有更多的教改之花绽放，相信一朵朵小花会结出累累的硕果。我们期待：改变一点点，进步一点点。

本书是集体智慧的结晶，感谢所有教师的全程参与和深入探索！

本书是合作研究的成果，感谢上海市教科院杨四耕老师的细心指导！

本书是社会认可的标志，感谢华东师范大学出版社刘佳老师的严谨和细致！

本书编委会

2021 年 6 月

# "品质课程"阅读书目

| 书名 | ISBN | 价格 | 出版日期 |
|---|---|---|---|
| 学校整体课程规划 | 978-7-5760-0423-6 | 48.00 | 2022年1月 |
| 推进育人方式变革的区域教学改进研究 | 978-7-5760-2314-5 | 56.00 | 2021年12月 |
| 学校整体课程规划的七个关键 | 978-7-5760-0424-3 | 62.00 | 2021年3月 |
| 课堂教学的30个微技术 | 978-7-5760-1043-5 | 52.00 | 2020年12月 |
| 教学诠释学 | 978-7-5760-0394-9 | 42.00 | 2020年9月 |
| 原点教学：提升区域育人质量的策略研究 | 978-7-5760-0212-6 | 56.00 | 2020年8月 |

## 品质课程聚焦丛书

| 书名 | ISBN | 价格 | 出版日期 |
|---|---|---|---|
| 自组织课程：语文学科课程群新视角 | 978-7-5760-1796-0 | 48.00 | 2021年12月 |
| 数学作为学习共同体：一种新的数学课程观 | 978-7-5760-1746-5 | 52.00 | 2021年12月 |
| 学科育人的整体课程范式 | 978-7-5760-2290-2 | 46.00 | 2021年12月 |
| 聚焦育人质量的学科课程设计 | 978-7-5760-2288-9 | 42.00 | 2021年11月 |
| 活跃的学习图景：学校课程深度实施 | 978-7-5760-2287-2 | 48.00 | 2021年11月 |
| 学科文化：英语学科课程新视角 | 978-7-5760-2289-6 | 48.00 | 2021年12月 |
| 课程联结：学科课程群设计方法 | 978-7-5760-2285-8 | 44.00 | 2021年12月 |
| 数学学科课程决策：专业视角 | 978-7-5760-2286-5 | 40.00 | 2021年12月 |
| 特色项目课程：体育特色课程的校本建构 | 978-7-5760-2316-9 | 36.00 | 2021年12月 |
| 进阶式探究课程设计：学科整合视角 | 978-7-5760-2315-2 | 38.00 | 2021年12月 |

## 学校课程发展精品丛书

| 书名 | ISBN | 价格 | 出版日期 |
|---|---|---|---|
| 学科课程群与全经验学习 | 978-7-5760-0583-7 | 48.00 | 2021年1月 |
| 育人目标与课程逻辑 | 978-7-5760-0640-7 | 52.00 | 2021年2月 |
| 学科课程与深度学习 | 978-7-5760-0505-9 | 52.00 | 2021年2月 |
| 学校课程的文化表情：百花园课程的学科指向与深度实施 | 978-7-5760-0677-3 | 38.00 | 2021年2月 |
| 学校文化与课程变革 | 978-7-5760-0544-8 | 62.00 | 2021年2月 |
| 语文天生重要：语文学科课程群设计 | 978-7-5760-0655-1 | 44.00 | 2021年2月 |
| 五育并举的课程体系：致良知课程的旨趣与探索 | 978-7-5760-0692-6 | 48.00 | 2021年1月 |

| 学科课程与育人质量 | 978-7-5760-0654-4 | 48.00 | 2021 年 1 月 |
| 在地文化与课程图谱 | 978-7-5760-0718-3 | 46.00 | 2021 年 2 月 |
| 中观课程设计与学科课程发展 | 978-7-5760-0624-7 | 36.00 | 2021 年 1 月 |
| 大教学：英语学科核心素养培育的课程模式 | 978-7-5760-0462-5 | 46.00 | 2021 年 1 月 |

## 特色学校聚焦丛书

| 儿童是天生的探索者：360° 科学启蒙教育 | 978-7-5675-9273-5 | 36.00 | 2020 年 2 月 |
| 做精神灿烂的教师：教师自我成长的 5 个密码 | 978-7-5760-0367-3 | 34.00 | 2020 年 7 月 |
| 让教育温暖而芬芳 | 978-7-5760-0537-0 | 36.00 | 2020 年 9 月 |
| 快乐教育与内涵生长 | 978-7-5760-0517-2 | 46.00 | 2020 年 12 月 |
| 故事教育与儿童发展 | 978-7-5760-0671-1 | 39.00 | 2021 年 1 月 |
| 美好教育：学校内涵发展的循证研究 | 978-7-5760-0866-1 | 34.00 | 2021 年 3 月 |
| 把美好种进儿童心田 | 978-7-5760-0535-6 | 36.00 | 2021 年 3 月 |
| 倾听生命的天籁："天籁教育"的实践与探索 | 978-7-5760-1433-4 | 38.00 | 2021 年 9 月 |
| 为了每一个孩子的美好心愿 | 978-7-5760-1734-2 | 50.00 | 2021 年 9 月 |
| 向着优秀生长："模范教育"的理念与实践 | 978-7-5760-1827-1 | 36.00 | 2021 年 11 月 |
| 让个性自然发荣滋长："引发教育"的理论寻源与实践探索 | 978-7-5760-2600-9 | 38.00 | 2022 年 3 月 |

## 跨学科课程丛书

| 大情境课程：主题设计与创意评价 | 978-7-5760-0210-2 | 44.00 | 2020 年 5 月 |
| 社会参与素养的培育模型与干预机制 | 978-7-5760-0211-9 | 36.00 | 2020 年 5 月 |
| 大概念课程：幼儿园特色主题活动设计 | 978-7-5760-0656-8 | 52.00 | 2020 年 8 月 |
| 项目学习：进入学科的课程智慧 | 978-7-5760-0578-3 | 38.00 | 2021 年 4 月 |
| STEAM 课程的设计与实施 | 978-7-5760-1747-2 | 52.00 | 2021 年 10 月 |
| 幼儿个性化运动课程 | 978-7-5760-1825-7 | 56.00 | 2021 年 11 月 |
| 幼儿园特色课程的框架与实施 | 978-7-5760-2598-9 | 48.00 | 2022 年 3 月 |

## 核心素养导向的课堂教学丛书

| 转识成智的课堂教学：核心素养导向的历史教学 | 978-7-5760-0164-8 | 40.00 | 2020 年 5 月 |

| | | | |
|---|---|---|---|
| 学导式教学：学会学习的教学范式 | 978-7-5760-0278-2 | 42.00 | 2020 年 7 月 |
| 高阶思维教学的关键技术 | 978-7-5760-0526-4 | 42.00 | 2021 年 1 月 |
| 会呼吸的语文课：有氧语文的旨趣与实践 | 978-7-5760-1312-2 | 42.00 | 2021 年 5 月 |
| 高阶思维教学的核心指向 | 978-7-5760-1518-8 | 38.00 | 2021 年 7 月 |
| 磁性课堂：劳动技术课就这样上 | 978-7-5760-1528-7 | 42.00 | 2021 年 7 月 |
| 核心素养导向的作业设计 | 978-7-5760-1609-3 | 40.00 | 2021 年 8 月 |
| 语文，让精神更明亮 | 978-7-5760-1510-2 | 42.00 | 2021 年 9 月 |
| "六会"教学法：基于核心素养的课堂教学 | 978-7-5760-1522-5 | 42.00 | 2021 年 9 月 |

## 特色课程建设丛书

| | | | |
|---|---|---|---|
| 教师，生长的课程 | 978-7-5760-0609-4 | 34.00 | 2020 年 12 月 |
| 学校课程发展的实践范式 | 978-7-5760-0717-6 | 46.00 | 2020 年 12 月 |
| 丰富学习经历：如歌式课程的愿景与深度 | 978-7-5760-0785-5 | 42.00 | 2020 年 12 月 |
| 学科课程群设计方法 | 978-7-5760-0579-0 | 44.00 | 2021 年 3 月 |
| 学校美育课程的立体建构：菁华园课程的逻辑与框架 | 978-7-5760-0610-0 | 36.00 | 2021 年 3 月 |
| 关键学习素养与学科课程设计 | 978-7-5760-1208-8 | 34.00 | 2021 年 4 月 |
| 学校课程设计：愿景建构与深度实施 | 978-7-5760-1429-7 | 52.00 | 2021 年 4 月 |
| 生长性课程：看见儿童生长的力量 | 978-7-5760-1430-3 | 52.00 | 2021 年 4 月 |
| "慧阅读"课程：儿童视角 | 978-7-5760-1608-6 | 42.00 | 2021 年 6 月 |
| 诗意栖居的课程愿景：智慧岛课程的逻辑与深度 | 978-7-5760-1431-0 | 44.00 | 2021 年 7 月 |
| 每一个孩子都是最重要的人：V-I-P 课程的内在意蕴与学科视角 | 978-7-5760-1826-4 | 54.00 | 2021 年 8 月 |
| 给每一个孩子带得走的能力：井养式课程的旨趣与探索 | 978-7-5760-1813-4 | 42.00 | 2021 年 10 月 |
| 指向核心素养的课程统整框架：I AM BEST 课程的学科之维 | 978-7-5760-1679-6 | 48.00 | 2021 年 11 月 |